KB153651

기후피해세대를 넘어
기후기회세대로

기후피해세대를 넘어 기후기회세대로

인류의
미래를 위한
도전

이재형 지음

퍼블리온
Publion

박호정
고려대학교 교수
(전) 한국자원경제학회 회장

IPCC가 최근에 발표한 보고서에 따르면, 지구온도가 2℃를 넘어서서 무려 4.5℃ 이상까지도 상승할 수 있는 가능성이 상당히 존재한다. 과거 2100년 무렵을 기준으로 언급되던 기후위기의 대규모 피해가 이제는 2050년 수준으로 앞당겨지고 있다. 이러한 추세로 가다 보면 현 세대 역시 기후피해세대가 될지도 모른다.

과거에 기후변화 경제학 분야 연구는 현 세대와 미래 세대의 비용을 갈등적 구조로 다루었다. 기후피해를 받는 미래 세대와 이를 막기 위해 온실가스 배출 감축투자 비용을 부담해야 하는 현 세대와의 형평성이 대표적인 예다.

하지만 이러한 갈등구조 관점은 기후변화를 막는 데 별 도움이 되지 못한다. 우선 기후위기는 앞서 보았듯이 현 세대도 이미 경험하고 있는 실존적인 이슈로 다가왔다. 아울러 저탄소 생산과 소비 행위는 현 세대에 비용으로만 다가오는 것이 아니고 무형 유형의 편익도 현 세대에 제공할 수 있다는 인식이 필요하다. 곧 저탄소 경제를 통해 국가와 기업과 가계의 자본축적도 가능할 수 있도록 전략을 수립해야 한다. 여기에는 기존의 관점에서 벗어난 도발적인 발상이 뒷받침되어야 한다.

기후변화가 초래하는 전 지구적 생태계의 변화는 다시 원 상태로 돌이키기 힘든 비가역적인 성질을 갖기 때문에, 온실가스 배출을 줄이기 위한 우리의 행동은 지금 당장 요구된다. 이러한 배경에서 우리나라를 포함한 주요국이 2050년을 목표로 탄소중립을 이루겠다는 선언을 하고 나섰으며, 우리 기업 역시 다양한 온실가스 감축활동을 펼치고 있다.

이 책은 탄소중립을 위한 기업의 실천 과정에 실제 몸담고 있는 이재형 박사의 역작으로, 현장감 있는 생생한 메시지를 들을 수 있다. 이재형 박사는 국내에서 손꼽히는 기후변화 전문가로서, 온실가스 감축사업의 리스크 분석과 금융기법, 그리고 국제협상 등 다양한 분야에서 이론과 실무를 겸비한 21세기형 지식인이다.

독자들은 배출권거래와 해외 온실가스 감축사업, 그리고 최근에 는 ESG 분야에서의 경험도 녹아들어간 이 책을 읽다 보면 앞으로 탄소중립 지향 사회에서의 새로운 전략도 배우게 될 것이다.

무엇보다도 이 책은 자녀 세대, 그리고 그 이후의 미래 세대까지 도 향하는 무한한 사랑이 담긴 메시지다. 인류사의 거대 서사를 바 꾸는 것에 사랑만큼 강렬한 도구가 있을까. 이 책을 읽으면서 기후 위기를 극복하고 미래 세대에 희망을 제시하는 긴 여정을 같이 항 해하길 바란다.

다음 세대를 위한
준비의 시작

내 나이 마흔 살. 대한민국의 전형적인 40대. 매일 아침 지하철에 몸을 맡기고 생존 전선에 뛰어든다. 하루하루 바쁜 삶을 보내고 있으나, 점심시간에 아이들 사진을 보며 다시 에너지를 충전한다.

출근길 지하철에서 열어본 뉴스 앱에서는 코로나19 기사 밑에 '기후변화'라는 단어가 보였다. 일상생활과 먼 듯 보이는 이 단어들이 요즘 들어 부쩍 많이 눈에 띈다. 하나같이 우리 앞의 미래는 점점 암담해질 것이라 한다.

'2030년과 2050년 너무 먼 미래가 아닐까? 난 오늘 부장님께 할 보고가 더 중요한데…….'

딸 아이를 생각해본다.

'2030년이면, 큰아이가 스무 살, 2050년이면 마흔 살……. 아, 2050년이면 그 녀석도 나와 같은 나이구나. 금방일 수도 있겠다.'

내 나이 열세 살. 대한민국의 전형적인 초등학생. 매일 아침 책가방을 메고 학교에 간다. 하루하루 정신없지만, 쉬는 시간에 친구들과 노는 것이 제일 즐겁다.

오늘은 선생님이 '기후변화'에 대해서 수업을 하신다. 어제저녁 아빠와 같이 뉴스에서 본 내용과 같은 이야기를 해주신다. '우리 앞의 미래는 점점 암담해질 것'이라 하신다.

'2030년과 2050년 너무 먼 미래가 아닐까? 난 오늘 점심 메뉴가 더 중요한데…….'

내 나이를 생각해본다.

'2030년이면, 내가 스무 살, 2050년이면 마흔 살……. 악! 너무 늙었어! 잠깐, 2050년에 마흔 살이면 아빠 나이잖아! 그땐 어떨까?'

부모 세대와 아이 세대는 현재를 같이 살고 있다. 그러나 지금의 아이들이 부모가 되었을 미래에는 부모 세대가 경험한 현실과 전혀 다른 현실이 기다리고 있다. 기후위기가 일상화된 현실이 그것이다. 하루하루 현실에 치여 바쁜 나머지 기후위기를 막기 위한 노력을 현재 회피한다면 다음 세대는 기후위기 속에서 생존을 고민해야 한다. 반면 이러한 상황을 바꾸기 위한 노력을 우리가 시작한다

저자 서문

면 좀 더 나은 미래를 만들 수 있다.

기후변화는 과거부터 배출되어 대기 중에 누적된 온실가스가 일차적 원인이다. 온실가스는 자연발생적으로도 존재했으나, 산업혁명 이후 인류에 의해 급격하게 배출되어 지구온난화와 기후변화를 일으키고 있다. 기후변화는 산림생태계를 파괴하고, 영구동토층을 녹게 만들고, 해수면을 상승시키고, 이들은 다시 기후변화를 가속시킨다. 그로 인한 결과를 이젠 우리도 겪고 있다.

2021년 10월 세계기상기구(WMO)의 페테리 탈라스(Petteri Taalas) 사무총장은 "극단적인 현상은 새로운 표준(Extreme events are the new norm)"이 되었다고 선언했다. 기후변화로 인한 극한기후는 이제 우리의 일상이 된 것이다.

2022년은 극한기후의 대표적인 해로 역사에 기록될 것이다. 유럽은 평년 기온보다 무려 10℃ 이상 높은 고온과 가뭄이 지속되었다. 가뭄으로 말라버린 다뉴브강에서는 제2차 세계대전 때 침몰한 독일 군함 20여 척이 수면 위로 드러났다. 이뿐만 아니라, 유럽에서는 가뭄으로 강물이 마를 때만 보이는 '헝거 스톤(Hunger Stones)'이라 불리는 기근석(飢饉石)이 나타났으며, 중국에서는 양쯔강 가뭄으로 600년간 수면 아래에 잠겨 있던 불상도 나타났다.

반대로 극단적 폭우도 발생했다. 2022년 8월 우리나라 중부지방에 80년 만의 집중호우가 내렸다. 끝난 줄 알았던 '2차 장마'는 8~9일 사이 서울과 수도권 지역을 물바다로 만들었다. 서울 강남 일대가 잠겼고, 소양강댐은 2년 만에 수문을 열었다. 밤사이 내린 집중 호우로 발생한 사망자는 13명, 자동차는 1만 2천 대 정도 침수되었다. 다른 나라의 이야기이거나, 먼 미래의 일 같던 극한기후를 현재 세대도 이제는 몸으로 느끼게 되었다.

그런데 다음 세대는 우리보다 더욱 심각한 피해를 볼 수밖에 없다. 미래에 극한기후와 이상기후의 빈도는 더욱 잦아지고, 강도는 더욱 세질 것이다. 그 결과 다음 세대가 지불해야 할 기후변화로 인한 물리적 '기후재난비용'이 더 증가할 것이다. 다른 축으로는 온실가스 감축을 위한 '탄소중립비용'을 더욱 많이 지불해야 한다. 우리가 온실가스 감축 정책을 이행하기 위한 노력을 주저하고, 그 책임을 미래로 전가할수록 다음 세대의 기후비용은 더 증가할 것이다. 우리는 이러한 현실에 처하게 될 다음 세대를 '기후피해세대'라 부른다.

이 책의 1부에서는 기후변화의 개념과 기후변화를 맞이하고 있는 인류의 노력과 불편한 진실을 제시했다. 다만 과학적 사실과 정책적 흐름을 제시하는 장이라 개념적으로 어려울 수도 있기에 2부를 먼저 보면서 개념과 의미를 모를 때 1부를 사전처럼 살펴봐도 된다. 2부에서는 기후변화가 바꿀 미래 세상의 모습을 조망했다. 3부에서는 더 나은 미래를 만들기 위한 현재의 흐름을 제시했으며, 특히 탄소 의존적 사회를 탈피하고 온실가스를 감축할 수 있는 기술을 소개했다. 4부에서는 현재 세대가 다음 세대를 위해 남겨줄 유산으로 생활 속 기후친화적인 삶을 살 수 있게 만드는 실천방안을 제시했다.

이 책은 환경공학, 기후변화과학 및 경제학을 전공한 나의 고민을 담았다. 또한 ESG 전문가로서 내가 현업에서 겪은 경험과 생각을 담았다. 다양한 전공과 다양한 경험이 기후변화와 ESG를 업으로 하는 나의 삶과 생각을 더욱 풍부하게 만들어준 토대였다. 그리고 중요한 점은 두 아이의 아빠로서 다음 세대인 자녀들에게 더 나은 미래를 물려주기 위한 부모의 마음을 책에 담고 싶었다.

우리는 현재를 살지만, 우리 자녀는 미래를 살 것이다. 그렇기에 우리는 현재 상황을 개선하기 위해 노력하는 동시에 우리 자녀들이 마주칠 극단적 기후피해 상황에서도 살아가는 방법을 안내해야 한다. 이제 우리 세대가 다음 세대를 위해 더 나은 세상을 만들기 위한 여정을 시작하고자 한다. 그리고 그 시작을 이 책의 독자와 함께하고자 한다. 아직 기후위기를 '기후기회'로, 기후피해세대를 '기후기회세대'로 바꿀 기회와 능력이 우리 세대에게 있다고 믿는다. 그렇기에 다음 세대에게 더 나은 세상을 물려주기 위한 한 걸음을 같이 만들어가길 바란다.

2023년 새해를 맞아
서윤 서하 아빠 이재형

차례

1부
기후변화를
마주한 인류

1장
기후변화,
유례없는 전 지구적
대변화

2장
기후변화협약,
인류의 미래를 위한
도전

4부
미래 세대를 위해
어떤 유산을 남겨줄 것인가

1부

기후변화를 마주한 인류

기후변화,
유례없는
전 지구적 대변화

지금의 기후와
미래의 기후

현재와 완전히 다를 미래

인생을 살면서 미래를 안다는 것은 축복일 수도 있고, 불행일 수도 있다. 특히 부모라면 자녀들의 현재뿐 아니라 미래도 고민할 수밖에 없다. 그리고 현재보다 더 나은 미래를 자녀들에게 물려주려고 할 것이다. 누군가는 미래의 인구를 전망하고, 누군가는 미래의 직업, 누군가는 미래의 기술을 전망한다. 그러나 그것은 현재에 가용한 분석 방법론과 현재까지 관측된 자료를 바탕으로 시나리오라는 상상력을 더해 미래를 전망하는 것이다. 그렇기에 가까운 미래의 어느 시점에 다시 먼 미래를 전망한다면 그 결과는 달라질 수 있다.

기후변화에 관한 과학적 진실을 연구하는 기관으로 '기후변화에 관한 정부 간 협의체(IPCC, Intergovernmental Panel on Climate Change)'라는 곳이 존재한다. IPCC는 세계기상기구(WMO, World Meteorological Organization)와 유엔환경계획(UNEP, United Nations Environment Program)에 의해 1988년 설립된 조직이다. IPCC의 주목적은 인간 활동에 대한 기후변화의 위험을 평가하는 것이다. IPCC는 약 7년 단위로 기후변화에 관한 평가보고서를 발간하는데, 2021년에는 《제6차 평가보고서》를 발간했다. IPCC의 《제1차 평가보고서》는 1990년에 발간했는데, 평가보고서의 차수가 증가할수록 기후변화를 예측하는 방법론은 발전하고 있으며, 관측된 기상 정보 자료의 양과 질도 급속도로 늘어나고 있다. 전 세계 많은 과학자가 방대한 양의 데이터와 가장 최신의 기술로 예측한 미래의 기후변화 영향은 더욱 심각해지고 있다.

과학자들이 최근에 예측한 미래에 대한 전망은 7년 이전과는 확연히 달라졌다. 지구온난화의 속도는 가속화되고, 해수면 상승 속도는 가팔라지고, 극단적 이상기후는 빈번해지고, 생물의 종 다양성도 심각하게 위협받고 있다. IPCC가 예측한 2100년의 미래는 참혹하다. 그렇다고 해서 2030년, 2050년의 미래는 괜찮다는 의미는 아니다.

2020년 기준 대한민국의 첫 출생아 아빠의 평균 연령은 36세, 엄마는 33세[1]라고 한다. 2020년에 아이를 출생한 부모가 2050년이

되면, 아빠는 66세, 엄마는 63세 그리고 자녀는 31세가 된다. 자녀는 아빠, 엄마가 결혼하기 전 나이가 되어 있을 것이다. 2050년이 멀게만 느껴질 수도 있으나, 우리 부모 세대가 우리를 키운 것처럼 그때가 되면 30년이라는 시간은 금방 지나쳐갔을 것이다.

그런데 지구온난화를 막기 위한 현재 세대의 노력이 이루어지지 않는다면, 우리 다음 세대는 우리와 전혀 다른 미래를 겪게 될 것이다. IPCC《제6차 평가보고서(2021)》에 따르면 2020년은 산업혁명(1850~1990년) 시기보다 전 지구 평균기온이 이미 1.09℃ 정도 상승했다.[2] 2050년에는 가장 부정적인 기후변화 시나리오에는 평균기온이 산업화 이전 대비 2.35℃ 정도 상승할 것이고, 가장 긍정적인 기후변화 시나리오에는 평균기온이 산업화 이전 대비 1.57℃ 정도만 상승한다고 한다. 우리 아이가 지금의 우리 나이쯤 되었을 때 최악에는 우리가 겪은 기온 상승 폭(1.09℃)보다 훨씬 높은 평균기온 (1.57~2.35℃ 상승 폭)이 일상이 된다.

가장 긍정적인 기후 시나리오에서 2050년 평균기온 상승 폭 1.57℃가 주는 의미는 무엇일까? 하나는 우리의 다음 세대는 더 이상 우리가 현재 겪는 평균기온을 누리며 살 수 없다는 이야기다. 다른 하나는 그나마 우리 세대가 최선을 다해 노력한다면 과학자들이 지구의 지속가능성을 위한 최대 기온 상승 폭이라고 이야기하는 1.5~2.0℃ 상승 폭에서 다음 세대는 살아갈 수 있다는 것이다. 결론적으로 우리 세대의 노력에 따라 현재 수준에서 약 0.4℃만 상승한 미래를 물려줄 수 있고, 우리가 노력하지 않는다면 현재보다 두 배 정도 상승 폭이 높은 참담한 미래를 다음 세대들은 맞이할 것이다.

아이들도 아는 '기후변화'

'기후변화'라는 단어는 익숙히 들었으나 정확히 어떤 의미인지 모를 수도 있다. 당연하고, 지극히 정상이다. 대다수 일반인처럼 나 또한 처음에는 그랬다. 왜냐하면 부모 세대가 어릴 때 배운 환경 관련 내용은 프레온가스로 생긴 오존층 파괴와 산성비, 중금속 카드뮴으로 생긴 '이타이이타이병'과 같은 내용이었다. 그때는 '기후변화'에 대한 심각성이 부각되지 않았기에 교육과정에서 기후변화를 다루지 않았다.

우리 자녀들은 이미 '기후변화'를 정규 교육과정에서 배우고 있다. 초등학생들이 보는 《EBS 창의체험 탐구생활》 시리즈 〈환경을 부탁해〉에서는 동물 캐릭터들이 여행을 다니면서 겪는 이야기를 만화로 표현하고 있다. 다루는 주제도 기후변화, 기후적응, 미세먼지, 생태계, 생물다양성, 환경호르몬, 에너지, 재생에너지, 자원순환 및 재활용 등 방대하다. 특히 1장 '기후가 변하고 있어요'에서는 기후의 의미, 기후변화의 원인, 문제점 및 결과까지 초등학생의 눈높이에 맞춰 이해하기 쉽게 설명한다.

초등학생 자녀를 둔 학부모라면 누구나 아는 초등과학학습만화 'Why?' 시리즈에 《Why? 기후변화》도 있다. 주인공 꼼지와 엄지가 과거와 현재를 시간여행 하면서 기후변화에 관한 다양한 주제를 다룬다. 목차를 그대로 적어보면, 기후와 기후시스템, 온실효과, 기후변화의 자연적인 원인, 인위적인 원인, 국제적인 노력, 신·재생에너지 등이다. 이 책에서 다루는 주제이기도 한데, 심지어 'Why?'에서는 교토의정서(Kyoto Protocol)라는 국제협상까지 주제로 다룬다. 이만큼 미래 세대는 현재 세대보다 기후변화에 대해 더 많이 몸과 머리로 경험하고 있다.

아이들의 미래를 위해 현재 세대는 어떤 선택을 해야 할까? 우리도 우리의 과거 세대가 해왔듯이 온실가스를 무분별하게 배출하면서 책임을 다음 세대로 넘겨야 하는가? 아니면 현재 세대는 과거 세대와 다른 삶의 방식을 선택할 것인가? 답은 정해져 있다. 우리 세대부터 풀어가야 한다. 그래야 우리 자녀들에게 '결정된 미래'가 아닌 조금이나마 '개선된 미래'를 물려줄 수 있을 것이다.

지금부터 미래 세대에게 기후변화에 관한 '결정된 미래'가 아닌 '개선된 미래'를 물려주기 위한 노력을 시작하려고 한다. 시작은 미약할지 모르지만, 우리의 실천이 모인다면 더 나은 미래를 반드시 만들 수 있다고 믿는다. 그에 앞서 지금 우리가 겪고 있는 기후변화에 관해 먼저 살펴보자.

기후변화와
기후변화협약

기후와 기후변화

우리의 여정은 '기후변화(Climate Change)'라는 단어에서 시작한다. 기후변화에 대한 공식적 정의는 존재하나, 직관적으로 '기후'라는 것이 '변화'한다고 추측할 수 있을 것이다. 그렇다면 이어서 '기후는 무엇을 의미하는가?'와 '변화는 무엇과 비교해서 변화인가?'라는 질문이 꼬리를 물며 궁금증이 생길 것이다. 어린 자녀를 키울 때를 생각해보면 마치 아이들이 서너 살 때 특정 질문에 대해 "왜요?", "왜 그러는데요?"라고 끊임없이 질문하는 경험과 같다.

우선 '기후'의 개념을 살펴보자. 기후란 '어느 지역 또는 지점을 중심으로 약 30년의 기간 동안 지속적으로 관측한 기상조건의 평균적 특성'이라 정의한다. 특정 시점이 아니라 30년이라는 기간 동안의 평균을 의미한다.[3] 세계기상기구는 이 30년 동안의 기간을 1931년부터 1960년까지로 기준을 삼는다. 그렇기에 30년 장기적인 평균값인 기후는 매일 달라지는 단기적인 '날씨'와는 다르다.

다음으로 '기후변화'가 무엇인지 살펴보자. 기후변화와 관련해 가장 중요한 국제협약인 '유엔기후변화협약(UNFCCC, United Nations Framework Convention on Climate Change)'에서는 기후변화를 '인간 활동의 직접 또는 간접 영향으로 지구 대기의 구성이 변하고 상당 기간 동안 관측된 자연적 기후변동에 추가하여 일어나는 기후의 변화'로 정의한다. 그리고 우리나라에서 기후변화와 관련된 최상위 법인 '기후위기 대응을 위한 탄소중립·녹색성장 기본법'*에서는 기후변화를 '사람의 활동으로 인하여 온실가스의 농도가 변함으로써 상당 기간 관찰되어온 자연적인 기후변동에 추가적으로 일어나는 기후체계의 변화'로 정의하고 있다.

국제협약과 국내법이 정의하는 '기후변화'의 개념이 약간은 다르나, 자연발생적으로 변화하던 지구의 기후가 인간 활동의 직간접적인 영향으로 추가적으로 더 변화하는 것으로 이해할 수 있다.

기후변화는 하나의 현상일 수도 있으나 지구의 기후가 변하여 발

* 2011년 4월 14일부터 시행된 '저탄소 녹색성장 기본법(이하 '녹색성장법')'이 2022년 3월 25일부터 '기후위기 대응을 위한 탄소중립·녹색성장 기본법(이하 '탄소중립기본법')'으로 시행된다.

생하는 여러 가지 복합적인 현상을 일컫는 말이기도 하다. 지구온난화, 이에 따른 해수면 상승, 지구 대기 균형의 어긋남에 따른 이상기후 및 생태계 변화에 따른 생물 종 다양성 파괴에 이르기까지 복합적 문제를 포함한다. 그리고 이들이 얽히고섥켜 서로 영향을 준다. 그렇기에 기후변화를 이야기할 때 단편적인 측면만 보면 안 된다.

예를 들어 지구온난화에 따라 해수 온도가 높아지면 바다에 사는 크릴새우 같은 작은 생물들의 서식 환경에 영향을 준다. 달라진 서식 환경에 크릴새우가 더 나은 곳을 찾아 이동하거나 산란을 적게 할 경우 크릴새우를 먹이로 하는 펭귄, 고래 등의 먹이사슬 전반에 연쇄적으로 영향을 줄 것이다. 다른 한편으로 지구온난화로

기후변화의 개념

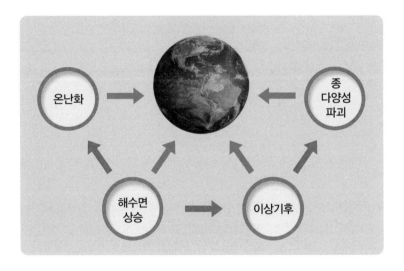

남극 빙하가 녹으면 펭귄 서식지에도 영향을 주고, 빙하가 많이 녹으면 바닷물의 염분 농도와 해수 밀도에도 영향을 주어 궁극적으로 해류의 흐름도 바뀐다. 이렇게 기후변화의 영향은 서로 얽히고 설켜 있다. 과학자들이 기후변화 시나리오를 가지고 미래를 예측할 때 복합적인 요소들의 관계를 모두 수치화해서 계산할 수 없기에, 미래에 대한 예측 결과에는 항상 '오차'도 존재한다.

기후변화협약과 당사국총회

기후변화의 심각성을 인식하고 기후변화 문제를 해결하기 위해 국제사회는 1992년 리우정상회담(Rio Summit)에서 유엔기후변화협약(UNFCCC)을 채택했다. 유엔기후변화협약의 본문은 33페이지에 달하는 분량인데, 그중 가장 중요한 문구가 있다.

모든 국가가 공동의 차별화된 책임
(Common But Differentiated Responsibilities)

이는 전 세계 모든 국가가 기후변화 완화와 온실가스 감축을 위해 노력해야 하나, 선진국들은 과거부터 배출한 온실가스에 대한 역사적 책임(historical responsibility)에 따라 온실가스를 더 많이 감축하고, 개발도상국 및 후진국들에는 선진국보다는 더 적은 감축의무를 부과한다는 내용이다. 유엔기후변화협약이 채택된 이후 1995년 부터 유엔기후변화협약을 승인한 국가들이 매년 당사국총회(COP, Conference of Parties)라는 회의를 열고 기후변화와 관련된 논의를 한다.

당사국총회는 올림픽이나 월드컵처럼 권역 단위로 매년 돌아가며 열리는데, 제1차 당사국총회(COP1)는 1995년 독일 베를린에서 열렸다. 그중 국제협상에서 특별히 중요한 당사국총회가 있다. 1997년 COP3는 일본 교토에서 열렸는데, 이때는 온실가스 감축을 위한 시장기반의 제도, 곧 교토메커니즘(Kyoto Mechanism)을 결정한 '교토의정서(Kyoto Protocol)'가 채택되었다.

2009년 COP15는 덴마크 코펜하겐에서 열렸는데, 이 자리에서 우리나라의 온실가스 감축목표가 국제사회에 최초로 공개되었다. 같은 회의에서 개발도상국의 온실가스 감축과 기후변화 적응을 지원하기 위한 녹색기후기금(GCF, Green Climate Fund)을 설립했는데, 사무국은 우리나라 송도국제도시에 있다. 이 기구는 우리나라에서 최초로 유치한 대형 국제기구다. 그리고 2015년 프랑스 파리에서 열린 COP21에서는 산업화 이후 평균기온 상승 폭을 2℃, 더 나아가 1.5℃로 제한하자는 '파리협정(Paris Agreement)'이 채택되었다.

지구온난화의
원인

지구온난화란 무엇인가?

지구온난화(Global Warming)란 사람의 활동으로 발생하는 온실가스가 대기 중에 축적되어 온실가스 농도를 증가시킴으로써 지구전체적으로 지표 및 대기의 온도가 인위적인 요인으로 추가로 상승하는 현상을 의미한다.

지구의 대기는 눈에는 보이지 않지만, 질소(78%), 산소(21%), 아르곤(0.93%), 이산화탄소(0.04%) 같은 기체로 구성되어 있다. 대기를 구성하는 여러 물질 중에서 질소와 산소 두 개만으로도 대기 조성의 99% 정도를 차지한다. 지구 대기의 나머지 1%에는 이산화탄소, 메탄, 아산화질소 등 '온실가스(Greenhouse Gas)'라는 기체가 있다.

우주에서 태양에너지는 지구로 끊임없이 들어오는데, 태양에너지에는 가시광선, 적외선, 자외선 등이 존재한다. 태양에너지는 지구로 들어오는 과정에서 지구에 존재하는 대기와 지표에 의해 우주로 바로 반사(35%)되거나, 대기에 흡수(17.5%)된다. 태양에너지 중에서 47.5% 정도는 대기권을 뚫고 들어와 지구에 흡수되는데, 이 에너지가 지구 생태계를 역동적으로 움직이게 만드는 원동력이 된다. 지구에 흡수된 태양에너지를 이용하여 식물은 광합성을 하고, 만물의 색깔을 식별할 수 있으며, 사람들은 태양광발전을 하기도 한다.

반대로 지구도 지표면에서 우주로 적외선 형태로 에너지를 방출한다. 지표에서 우주로 반사되는 태양에너지나 지구가 방출하는 적외선 에너지는 우주로 가는 도중에 대기를 일부 통과하나 대부분은 대기 중의 온실가스와 구름에 의해 흡수되어 사방으로 다시 흩어진다. 대기 중에는 온실(Greenhouse)처럼 온실가스 기체가 지구 대기를 둘러싸고 있는데, 이 기체들이 지구에서 우주로 에너지가 방출되는 것을 막아 지구의 온도를 높인다. 이러한 현상을 '온실효과(Greenhouse Effect)'라고 하고, 온실효과를 만드는 기체 가스를 '온실가스'라고 한다.

기후변화와 지구온난화를 같은 개념으로 인식하거나, 기후와 온난화를 섞어 '기후온난화(Climate Warming)'로 기후변화를 말하는 사람도 있는데, 엄밀히 말해 기후변화와 지구온난화는 다른 개념이다.

인위적 온실가스

지구가 생긴 이후로 생명체가 산소를 마시고 이산화탄소를 뱉는 호흡 활동을 통해 생성된 이산화탄소로 인해 온실효과는 자연발생적으로 존재했다. 자연발생적으로 대기 중에 0.04% 정도밖에 안 되는 적은 농도로 존재하는 이산화탄소의 농도 변화는 지구의 역사에서 수차례의 빙하기와 간빙기를 만들었다. 자연발생적인 온실가스는 전 지구 대기 평형을 통해 계속 조절되는데, 문제가 되는 것은 인위적으로 발생한 온실가스다.[4] 일반적으로 온실가스는 온실효과를 유발하는 대기 중 기체 상태의 물질을 의미하는데, 국제사회에서는 교토의정서에 따라 이산화탄소(CO_2), 메탄(CH_4), 아산화질소(N_2O), 수소불화탄소(HFCs), 과불화탄소(PFCs), 육불화황(SF_6) 등 6대 온실가스만을 관리한다.

대표적인 온실가스인 이산화탄소는 석탄, 석유, 도시가스 같은 화석연료 에너지를 사용할 때 발생한다. 화석연료에는 탄소(C) 성분이 존재하는데 이 탄소가 산소와 만나 에너지를 생산할 때 온실가스가 배출된다($C + O_2 \rightarrow CO_2$). 일상생활 중에는 집에서 사용하는 가스보일러, 자동차 연료(휘발유, 경유, LPG) 등의 연소 과정에서 발생한다. 메탄은 음식물쓰레기, 습지와 논, 소와 양 등의 반추동물 사육 시 발생한다. 최근 들어서는 육류 소비가 증가함에 따라 가축 사육 두수가 증가하여 가축에서 기인한 메탄 발생량도 증가하는 추세다.

특히 뉴질랜드 같은 나라는 인구는 500만 명 정도인데 소는 1,000만 마리, 양은 2,600만 마리가 살고 있다. 이에 뉴질랜드는 가축에서 기인한 메탄 발생의 책임을 농가에 물으려 하고 있다.[5]

아산화질소 역시 화석연료의 연소, 폐기물 소각 단계에서 발생할 뿐 아니라, 질소(N)로 구성된 화학비료의 사용에 따라 발생한다. 화학비료가 나오기 전에 농장에서는 거름과 질소 고정 미생물을 이용했으며, 이는 자연적 질소 순환이기에 지구에 영향을 미치지 않았다. 그러나 질소를 포함한 화학비료가 작물 수확량을 비약적으로 높이자 질소비료의 소비량이 급증했다. 결과적으로 질소비료의 생산과 소비에서 아산화질소가 인위적으로 대기 중으로 배출된다. 그리고 수소불화탄소는 에어컨의 냉매, 과불화탄소는 반도체 공장에서 반도체 세정제에 쓰이고, 육불화황은 전기제품과 변압기 등의 전열체 사용을 통해 배출된다. 결국 '사람의 활동에 수반하여 발생하는 온실가스'가 문제인 것이다.

온실가스별로 대기 중 체류시간이 다르다. 온실가스는 한번 배출되면 이산화탄소는 최소 5년, 메탄은 12년, 아산화질소는 121년, 그리고 과불화탄소는 최대 5만 년 동안 대기 중에 존재하게 된다. 이 말은 지금부터 온실가스 배출을 0으로 만들어도 현재 대기 중에 존재하는 인위적 온실가스는 대기 중에 계속 체류하기에 온실효과와 지구온난화는 계속된다는 것이다. 이러한 이유로 기후변화 국제협상에서 개발도상국과 최빈국들은 선진국들이 과거부터 배출

인위적 온실가스 배출원

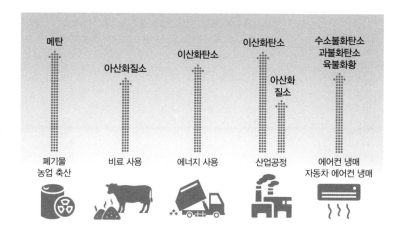

한 온실가스에 대한 책임을 요구하는 것이다. 또한, 온실가스는 대기 중에 체류하기 때문에 지금 당장 현재 세대가 온실가스 배출을 0으로 만들더라도, 이에 대한 영향은 다음 세대를 넘어 그다음 세대까지 이어진다. 그렇기에 기후변화를 막기 위해서는 지금부터 노력해야 한다.

같은 온실가스라고 하더라도 지구에 미치는 영향은 다르다. 이를 수치로 표현한 것이 지구온난화지수(GWP, Global Warming Potential)다. 지구온난화지수는 대표적인 온실가스인 이산화탄소를 기준으로 해당 온실가스가 대기 중에 배출된 후 특정 기간(예를 들어 100년) 동안 지구 대기에 미치는 상대적인 영향을 표현한 수치다. 육불화황(SF_6) 분자 1개의 지구온난화지수는 23,900인데, 이는 이산화탄소 분자 23,900개와 같은 지구온난화 효과를 일으킨다는 의미다.

자연발생적 온실가스와 이미 규제하고 있는 온실가스

앞서 온실가스를 표현하면서 '교토의정서상 규제 대상 6대 온실가스'라고 했다. 이는 다시 말하면, 교토의정서에서 규정하지 않은 온실가스도 존재한다는 것이다. 바로 수증기(H_2O)와 프레온가스, 곧 염화불화탄소(CFCs)다.

수증기는 다른 어떤 온실가스보다 지구온난화에 큰 영향을 미친다. IPCC 《제4차 평가보고서(2007)》에 따르면 수증기는 이산화탄소보다 2~3배나 지구온난화에 영향을 준다고 한다. 그러나 대기 중의 수증기량은 인간에 의해 인위적으로 조절되는 것이 아니다. 수증기량은 기온에 의해 주로 조절되고, 대기 중의 체류시간도 10일 정도밖에 안 된다. 또한 발전소 냉각 등을 통해 발생하는 수증기량은 현재 대기 중에 존재하는 수증기량에 비해 극소량이기에 지구 기후에 끼치는 영향은 무시할 정도다. 그렇기에 수증기는 교토의정서를 통해 관리하지는 않는다.

다음으로 염화불화탄소(CFCs)다. 예전에 환경 문제를 이야기할 때 많이 언급된 것이 오존층 파괴와 산성비다. 오존층은 지상 20~30km에 걸친 상공에 존재하는 고농도의 오존(O_3)이 존재하는

층을 의미한다. 1930년대 듀폰(DuPont)사가 발명한 염화불화탄소를 주성분으로 한 프레온가스가 남극의 오존층을 파괴한다는 것이 1970년경 발견되었다. 이에 1987년부터 오존층 파괴를 막기 위한 '몬트리올의정서(Montreal Protocol)'가 채택되어 염화불화탄소의 생산과 사용이 전면 금지되었다. 염화불화탄소는 온실가스임에도 이미 몬트리올의정서를 통해 관리, 감축되었기에, '교토의정서상 규제대상 온실가스'로 규정하지 않았다. 그리고 염화불화탄소(CFCs) 역시 HFCs와 PFCs와 같이 하나의 물질이 아닌, 여러 종류 염화불화탄소의 복수 집합이기에 단어 끝에 s가 붙는다.

지구온난화의
심각성

전 지구 평균기온 '편차'

우선 '데이터 속 세상(Our World in Data)'[6]에서 제공하는 1850년
도부터 현재까지의 전 지구 평균기온 자료를 살펴보자. 일반적으로
평균기온과 관련한 그래프는 세로축의 중심이 0℃이며, '편차'라는
단어로 기온을 표기한다. 이 그래프는 특정 기간의 평균값을 0으로
설정하고, 그 평균값과 비교하여 해당연도와의 차이(편차)로 변화의
정도를 표현하는 것이다.

다음 그래프는 기준연도를 1961~1990년의 30년 평균기온으로
설정하고 있다. 기준연도와 비교했을 때 현재(2020년대)의 온도는
약 0.7℃ 이상 상승했으며, 기준연도보다 과거인 1850년은 0.4℃ 정

전 지구 평균기온 편차

기준연도 : 1961~1990년의 30년 평균기온

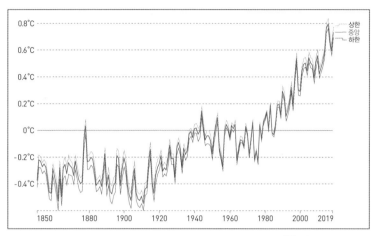

도 낮은 것을 알 수 있다. 이는 1850년 이후로 전 지구 평균기온이 1.1℃ 정도 상승했음을 의미한다. 또한 과거 1850~1980년의 평균기온 변화(기울기)와 달리 1980년 이후의 평균기온 변화가 급격히 높아지는데 이를 통해 최근 들어 지구온난화가 더욱 가속화되고 있음을 확인할 수 있다.

이를 수치로 이야기하면, IPCC《제5차 평가보고서(2014)》에서는 산업화 이전 대비 전 지구 평균기온이 0.78℃(2003~2012년) 상승했다고 발표했다. 이후 IPCC《제6차 평가보고서(2021)》에서는 전 지구 평균기온이 1.09℃ 상승했다고 발표했다. 7년 동안 전 지구 평균기온이 0.3℃ 상승한 것이다. 유례 없는 평균기온 상승 속도다. 그렇기에 점점 가속도가 붙은 평균기온 상승 폭을 반영하여 지구온난화(Global Warming) 대신 지구가열화(Global Heating)로 용어를 변경하자는 이야기도 나온다. '온난화'라는 단어가 현재의 평균기온 상승 속도를 제대로 반영하지 못한다는 이유인데, 생각해볼 문제다.

우리나라 역시 예외는 아니다.[7] 지난 100여 년간 우리나라의 평균기온도 계속 상승했다. 1912~2020년 동안 평균기온은 1년에 0.02°C씩 상승했으며, 최근 30년(1991~2020년) 동안은 과거 30년(1912~1940년)에 비해 평균기온이 1.6°C 상승했다. 최근 들어 평균기온 변화의 기울기는 더욱 커졌으며, 최저기온의 상승은 더욱 컸던 것으로 관측됐다.

전 지구 평균기온은 과거 30년 13.7°C에 비해 최근 30년 14.5°C로 0.8°C 상승한 반면, 우리나라는 과거 30년 12.1°C에서 최근 30년 13.7°C로 1.6°C 상승했다. 이는 전 지구 평균기온 상승 폭에 비해 우리나라가 2배 정도 더 빠르게 지구온난화가 진행되고 있음을 의미한다.

지구온난화의 결과

그렇다면 지구온난화의 결과는 무엇일까? 바로 눈과 빙하의 해빙(解氷, Ice Melting)이다. 유럽의 알프스산, 아시아의 에베레스트산, 아프리카의 킬리만자로산 정상에는 과거부터 쌓여온 만년설이 있

킬리만자로산 만년설의 변화(1993~2000년)

1993년 / 2000년

출처 : NASA

다. 또한 남극과 그린란드에는 수천년 된 빙하가 있다. 그러나 눈이 내려 쌓이는 속도보다 지구온난화에 따른 해빙 속도가 더 빠르게 진행되고 있다.

킬리만자로산의 만년설을 찍은 사진은 아주 극적인 변화를 보여준다. 나사(NASA)에서 촬영한 사진을 보면 1993~2000년에 사이에 킬리만자로산의 만년설이 급격하게 감소했음을 확인할 수 있다. 최근 연구 결과[8]에 따르면 킬리만자로산의 만년설은 1986~2017년 동안 71%나 감소했다. 그리고 최근 들어 그 속도는 더 빨라지고,[9] 2040년경이면 킬리만자로산의 만년설은 완전히 자취를 감출 것으로 예측된다.

더 큰 문제는 영구동토층(permafrost)에서 발생한다. 북극 지역에 가까운 러시아 시베리아나 미국의 알래스카에는 토양 온도가 0℃

이하로 유지되는 드넓은 영구동토층이 있다. 영구동토층은 북반구에 있는 노출된 땅의 25% 정도에 이르고, 1조 5천억 톤의 탄소를 저장하고 있다고 한다.[10]

그런데 이렇게 거대한 영구동토층이 지구온난화에 따라 녹고 있다. 영구동토층에는 과거 지구상에 존재한 동식물의 잔해 등의 유기물이 묻혀 있는데, 과거에는 온도가 너무 낮아 미생물이 살 수 없어 유기물이 썩지 않고 그대로 있었다.

지금은 어떨까? 지구온난화로 날씨가 따뜻해서 영구동토층이 녹고, 미생물이 살 수 있는 조건이 되었다. 이에 미생물들이 땅속의 유기물들을 분해하면서 이산화탄소와 메탄을 배출하고 있다. 영구동토층에서만 매년 7억 톤의 이산화탄소가 배출된다는 연구 결과도 있다.[11] 여기서 그치는 것이 아니라, 이산화탄소보다 지구온난화 지수가 21배나 높은 메탄이 급속도로 배출되고 있다. 지구온난화로 영구동토층에 고정되어 있던 온실가스가 대기 중으로 배출되고 있으며, 이렇게 배출된 온실가스는 또다시, 지구온난화를 가속화하고 있다. '부정적 되먹임(Negative Feedback)'의 전형적인 모습이다.

영구동토층이 녹으면서 사람들의 생존도 위협받고 있다. 지반이 침하되거나 습지로 변하고 있으며, 영구동토층에 세운 공항, 천연가스 수송관 같은 기반시설은 위협받고 있다. 예를 들어 2020년 러시아의 노릴스크(Norilsk)에서는 지반 침하로 열병합발전소 경유 저장고가 부서져 경유 2만 1천 톤이 유출되었다. 이 가운데 6천 톤은 주변 땅으로 스며들었고 1만 5천 톤은 발전소 주변의 암바르나야(Ambarnaya) 강으로 흘러들었다. 기후변화와 영구동토층의 해빙, 그에 따른 환경 문제의 사례다.

또한 여태까지 알려지지 않은, 영구동토층에 갇혀 있던 수만 년 전의 정체 모를 인간이 경험하지 못한 바이러스나 세균들 역시 서서히 깨어나고 있다. 이 바이러스나 세균들이 인류에게 끼칠 영향은 아무도 예측할 수 없다는 것도 큰 문제다.

해수면 상승의
원인

영화 〈투모로우〉는 인재다

2004년 개봉한 영화 〈투모로우(The Day After Tomorrow)〉는 대표적인 재난영화다. 영화는 지구온난화로 남극, 북극의 빙하가 녹고 바닷물이 급속도로 차가워지면서 해류의 흐름이 바뀌고, 이에 따라 전 지구가 빙하로 덮인다는 이야기를 다룬다. 극지방의 빙하가 녹아내리면서 뉴욕시가 잠기는 충격적인 장면이 나온다. 이 장면은 영화이기에 극적으로 연출한 요소도 존재하나 기후변화에 따라 해수면이 상승한다는 것은 100% 사실이다. 가까이에서 보면 자연재해 같지만, 그 원인을 찾아보면 지구온난화에 따른 인재다.

무엇이 빙하를 녹이고 해수면을 상승하게 만들었을까? 바로 일차적 원인은 인간에 의해 무분별하게 배출된 이산화탄소다. 대기 중 이산화탄소는 지구온난화를 일으키고, 지구온난화는 육지와 바다에 동시에 영향을 미치는데 그 결과 중 하나가 해수면 상승이다. 지구온난화는 두 가지 방식으로 해수면 상승에 영향을 미친다.

첫째, 빙하와 만년설의 해빙이다. 빙하와 만년설이 녹으면 물은 낮은 곳을 향해 흐른다. 개울이 강이 되고, 강이 서서히 바다까지 이르게 된다. 이는 해빙으로 녹은 물을 바다에 붓는 모습이다. 물이 차 있는 그릇을 생각해보면 쉽게 이해가 갈 것이다. 그릇에 물이 반쯤 차 있는데, 물 한 컵을 그 그릇에 붓는다면 물의 수위는 더욱 높아질 것이다. 이것이 해빙이 해수면 상승에 영향을 미치는 방식이다.

전 지구 물 순환(Hydrologic Cycle) 과정에서 바닷물과 저수지, 강 등에 존재하는 육지의 지표수는 태양에너지를 받아 증발한다. 그리고 증발한 대기 중 수증기는 응결하여 구름이 된다. 구름은 비와 눈의 형태로 다시 바다와 육지로 도착한다. 그런데 지구온난화가 물 순환 균형을 깼다. 지구온난화로 해빙이 급격히 이루어지고, 바다로 유입되는 물의 양이 훨씬 많아져 균형이 깨진 것이다. IPCC《제5차 평가보고서(2014)》에 따르면 1970년 이후 지구온난화로 해수면은 지속적으로 높아지고 있으며, 빙하의 해빙으로 1년에 0.76mm씩, 그린란드 빙상의 해빙으로 1년에 0.33mm씩, 남극 빙상의 해빙으로 1년에 0.27mm씩 높아지고 있다.

바닷물이 팽창하고 있다

둘째, 물의 부피팽창이다. 모든 물체는 온도가 높아지면 물체를 이루고 있는 분자들의 운동이 활발해지면서 분자와 분자 사이의 간격이 넓어진다. 이에 따라 물체의 부피도 커진다. 예를 들어 기차 레일을 생각해보면, 평행한 두 가닥의 기차 레일은 중간 마디마다 약간씩 간격을 두고 끊어져 있다. 이렇게 끊어진 부분을 이음매라고 하는데, 기차 레일의 표준길이인 25m마다 이음매가 있다. 이렇게 하는 이유는 무엇일까? 바로 쇠로 만든 레일이 여름철 높은 온도에는 늘어나고, 겨울철 낮은 온도에는 줄어들기 때문이다. 그렇기에 레일을 이을 때 살짝 간격을 두고 이음매를 만든다. 그렇지 않으면 여름철 폭염에 의한 레일 부피팽창으로 레일이 휘어져 사고가 날 수 있으며, 우리나라에도 이와 같은 사고가 종종 발생했다.

물은 일반적으로 4℃일 때 단위 질량당 부피가 가장 작다. 그리고 수온이 1℃ 올라갈 때마다 물의 부피는 0.05% 정도씩 늘어난다. 이러한 현상을 해수의 '열팽창'이라고 한다. IPCC《제5차 평가보고서(2014)》에 따르면 지구온난화의 결과로 1970년 이후에 해수 열팽창 효과로만 해수면의 높이가 1년에 1.1mm씩 정도씩 높아졌다.

이렇게 지구온난화에 따른 빙하와 만년설의 해빙과 해수의 열팽창으로 해수면 높이는 상승하고 있다. 우리나라 주변 해수면 역시 계속 상승 중이고 상승 속도는 전 지구 평균보다 2~3배 높다. 지난 10년(2009~2018년) 동안의 우리나라 해수면 상승 속도는 1년에 3.48mm씩으로 지난 30년(1989~2018년) 동안의 2.97mm/년보다 0.51mm/년이나 더 높다. 1991~2020년의 관측 자료가 축적된 연안 관측소의 해수면 높이 자료 분석 결과, 우리나라 전 연안의 평균 해수면이 매년 3.03mm씩 높아져 평균 9.1cm가량 상승했다. 특히 울릉도의 해수면은 매년 6.16mm씩 가장 빠르게 높아지고 있으며, 이어 포항, 보령, 인천, 속초 순으로 높아지고 있다.[12]

해수면 상승 결과를 눈으로도 확인할 수 있다. 서해안은 해수면 상승에 따라 간조 시 해수면 밖으로 나오는 갯벌의 면적이 점차 줄어들고 있다. 단순히 갯벌의 면적에만 영향을 미치는 것이 아니다. 갯벌을 생계로 이어온 사람들의 생존뿐 아니라, 갯벌 생태계 전체가 흔들린다. 갯벌 감소에 따라 갯벌에 살던 조개, 갑각류 등의 생물이 바닷속으로 숨어버려 철새의 먹잇감도 사라진다. 이는 대표적인 철새인 도요물떼새의 멸종에도 영향을 줄 것이다.

백사장도 변하고 있다. 해수면 상승은 서해안과 남해안의 백사장 면적을 감소시킨다. 그리고 해수면 상승은 해류를 변화시켜 연안침식 문제를 발생시킨다. 예를 들어 해운대의 백사장은 2016년 이후 전체 백사장의 22.7%가 감소했다고 한다.[13] 강원도 동해안 주요 관광지인 강릉, 삼척, 동해 백사장도 연안침식으로 해수욕장이 사라지고 있다. 또한 제주도 남서쪽에 있는 용머리해안은 해수면 상승에 따라 산책로가 침수되어 새롭게 산책로를 만들기도 하고, 바닷물이 가장 많이 밀려오는 사리 시기에는 산책로를 자주 폐쇄하기도 한다.

이렇게 지구온난화는 빙하와 만년설의 해빙에 영향을 미쳐 해수의 절대적인 양을 증가시킨다. 또한 지구온난화는 해수의 부피팽창에 영향을 미치는데, 빙하와 만년설의 해빙으로 증가한 해수는 해수의 부피팽창 규모를 더욱 크게 한다. 이 또한 영구동토층의 파괴와 마찬가지로 '부정적 되먹임'의 전형적인 예다.

이상기후의
원인

지구온난화와 이상기후

요즘 들어 '이상기후(Abnormal Climate)'라는 단어를 뉴스에서 쉽게 접할 수 있다. 그리고 2021년 세계기상기구 페테리 탈라스 사무총장은 '이상기후'를 넘어선 '극한기후(Extreme Climate)'가 일상이 되었다고 했다. 그렇다면 이상기후란 무엇일까? 이상(異常, abnormal)의 의미를 살펴보면, 영어로는 '떨어져 있는', '벗어난' 등을 의미하는 접두사 'ab-'는 보통(normal)을 나타내는 단어가 합쳐져 만들어졌다. 마찬가지로 한자로도 '다르다(異)'와 '항상(常)'이라는 단어가 합해져 만들어졌다. 영어와 한자 모두 보통의 상황을 벗어난 상태를 의미한다.

이상기후는 기온, 강수량 등 기상 요소들의 30년간의 평균값을 의미하는 '기후'가 보통과 비교해서 현저히 높거나 낮은 수치를 나타내는 '이상'한 상태를 의미한다. 그리고 이상기후 결과로 폭염, 폭우, 한파 같은 현상이 발생한다. 그렇다면 지구온난화와 이상기후는 어떠한 관계가 있을까?

지구온난화는 크게 두 가지 경로로 이상기후에 영향을 미친다. 첫째, 북극 빙하 해빙에 따른 균형의 파괴다. 현재까지 관측된 자료에 따르면 북극해의 빙하 면적은 10년에 평균 13.1% 감소하고 있다.[14] 킬리만자로산 만년설의 변화와 같이 북극해 빙하도 극단적으로 감소하고 있는 것이다.

그렇다면 이러한 북극해 빙하 면적의 변화가 이상기후에 어떠한 영향을 주는 것일까? 바로 그 해답은 '극소용돌이(Polar Vortex)'의 변화에 있다. 지구 기후시스템을 형성하고 있는 기류 중에 극지방에서만 한정적으로 발생하는 극소용돌이라는 것이 있다. 이는 극지방에서 존재하며 대류권부터 성층권에 존재하는 저기압 덩어리다. 북반구에 존재하는 극소용돌이는 반시계 방향으로 돌면서 극지방의 찬 공기를 빨아들여 성층권까지 끌어올린다. 이에 따라 북반구는 극소용돌이가 없을 때보다는 덜 추워지는 것이다.

그런데 지구온난화로 여러 가지 문제가 생긴다. 첫째, 과거보다 평균기온이 올라감에 따라 겨울에 과거보다 온도가 덜 내려간다. 이에 따라 극소용돌이의 힘이 과거보다 약해져 찬 공기를 빨아들이

제트기류가 강할 때 모습(왼쪽)과 제트기류가 약할 때 모습(오른쪽)

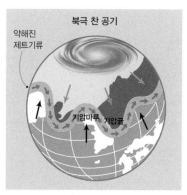

제트기류가 강하면 찬 공기가 극지방에 갇혀 비교적 따뜻하게 겨울을 날 수 있지만, 제트기류가 약해지면 극소용돌이의 찬 공기가 남하해 날씨가 추워진다.

는 힘이 작아진다. 둘째, 북극해 빙하가 적어짐으로써 북극과 중위도 지역의 온도 차이가 상대적으로 적어진다. 지상 약 10km 상공에는 초속 25m 이상의 강한 편서풍대가 있다. 이를 제트기류(Jet Stream)라고 하는데, 비행기를 타고 서쪽에서 동쪽으로 이동 시 제트기류 덕분에 비행 시간이 줄어든다. 그런데 지구온난화로 극소용돌이를 가두어두는 제트기류의 힘이 과거보다 약해진다. 그래서 제트기류의 약한 틈을 타고 극소용돌이가 중위도 지역까지 밀고 들어온다. 다만, 극소용돌이가 모든 지역으로 오지는 못하고, 제트기류의 힘이 약한 지역으로 뚫고 들어와 지역별로 편차가 심한 한파가 발생하게 된다. 결국 지구온난화에 따른 북극 빙하의 해빙, 이에 따른 극소용돌이와 제트기류의 균형이 파괴되어 지역별로 편차가 심한 극한기후가 발생하게 된다.

다음으로, 엘리뇨(El Niño)와 라니냐(La Niña)다. 전 지구 해류 순환에 의하여 남아메리카의 페루 지역에서는 차가운 심층 해류가 육지를 만나 표층으로 솟아오르고 따뜻한 표층 해류는 무역풍을 타고 아시아까지 서서히 흘러온다. 그런데 특정 시기가 되면 이 엘리뇨와 라니냐가 번갈아가며 발생하는데, 이는 1만 년 전부터 존재한 자연적인 현상이나 최근 들어 해수 온도 급상승에 따라 과학자들의 관심을 받게 되었다.

엘리뇨는 '남자아이' 혹은 '아기 예수'를 의미하는 단어로 적도 부근 동태평양과 중태평양의 바닷물 온도가 높은 상태로 수개월 이상 지속되는 것을 의미한다. 반대로 라니냐는 '여자아이'를 의미하는 단어로 동태평양과 중태평양의 바닷물 온도가 낮은 상태로 수개월 이상 지속되는 것을 의미한다.

엘니뇨가 발생하면 북반구 유라시아 중동부와 알래스카 지역을 포함하는 북아메리카 서북부는 평소보다 높은 기온을 보이고, 남반구 아프리카 남서부, 오스트레일리아 서부, 그리고 남아메리카 북부 지역은 상대적으로 높은 기온을 보인다. 강수량은 열대 서·중태평양에서 증가하고 인도네시아 부근과 오스트레일리아 북부에서 평상시보다 감소한다. 그 결과 인도와 필리핀 같은 동남아시아 지역은 폭염과 가뭄에 시달리기도 하고, 남아메리카는 폭우가 계속되어 홍수와 산사태가 발생할 가능성이 높아진다.

라니냐가 발생하면 북반구 열대 서·중태평양에서 강수량이 감소하고, 인도네시아 부근에서 강수량이 뚜렷하게 증가한다. 남아메리카 북부에서는 강수량이 증가, 남아메리카 중·동부 지역에서는 감소하는 현상이 나타난다. 유라시아 북부와 캐나다 북부를 제외하고는 북반구에서 대체로 평상시보다 낮은 기온을 보인다. 이렇게 되면 엘리뇨와 반대로 인도와 필리핀 같은 지역은 극심한 장마가, 북아메리카 북부에는 강추위가, 중남부에는 심한 가뭄이 찾아오는 현상을 보인다.

그런데 엘리뇨와 라니냐의 자연적 균형이 깨지고 있다. 지구온난화에 따라 남극 빙하가 급속히 녹으면서 남아메리카 엘리뇨의 따뜻한 해류를 식히던 균형이 깨진 것이다. 이에 따라 엘리뇨 발생 시 엘리뇨의 영향력은 더욱 커지게 된다. 그리고 엘리뇨의 영향을 받던 지역은 과거보다 더욱 온난해져 이상기후가 발생한다. 특히 엘리뇨로 증발한 수증기가 남극대륙에 눈으로 쌓이기도 하고 라니냐 발생 시 빙하가 늘기도 하지만, 지구온난화로 빙하의 붕괴 속도가 눈이 쌓이는 속도보다 5배는 빠르다고 한다.[15]

생물다양성
파괴

지구에서 사라지는 생물들

지구온난화는 기후변화를 일으키고, 기후변화는 전 지구적으로 영향을 미친다. 기후변화에 따라 해수면이 상승하고, 해양이 점차 산성화된다. 그리고 홍수, 가뭄, 산불과 같은 극한기후도 발생시킨다. 이는 지구상 생물들의 서식 환경에 직접적으로 영향을 미친다.

급격한 서식 환경 변화에 생물들은 다양하게 반응한다. 서식 환경 변화의 규모가 생물이 감내할 수 있는 크기라면 생물들은 자연스럽게 그 상황에 적응하여 살아간다. 아니면 생물들은 생존을 위해 그동안 머물던 서식지를 버리고 다른 서식지로 이동한다. 그리고 그렇지 못한 생물들은 점차 멸종의 길에 다다르게 된다.

최근 몇십 년간 급격히 진행된 기후변화로 인류도 피해를 받고 있으나, 인류는 다른 생물보다는 그나마 능동적으로 피해를 피할 수 있다. 그렇지만 많은 생물이 급격한 변화에 적응하지 못한 채 서서히 그 자리를 잃어가고 있다. 2010년 발표된 유엔 생물다양성협약 보고서에 따르면, 기후변화로 1970~2006년 사이에 지구 생물종의 약 31%가 멸종했다고 한다. 매년 25,000~50,000종의 생물이 멸종한 것이다. 또한 식물의 68%, 양서류의 41%, 파충류의 22%, 무척추동물의 30%, 포유류의 25%가 멸종 위기에 몰려 있다고 한다.

급격한 서식 환경 변화에 서식지 이동으로 반응하는 대표적인 생물은 멸종위기종인 북극곰(*Ursus maritinus*)이다. 북극곰은 빙하 위를 걸어 다니며 바다표범과 바다물범을 사냥한다. 바다표범과 바다물범은 바다에서 먹이 사냥을 하다가 북극 빙하에 올라가 휴식을 취한다. 바로 이때가 북극곰이 바다표범과 바다물범을 사냥하는 타이밍이다. 그런데 지구온난화로 인한 북극 빙하의 감소는 북극의 먹이사슬에 영향을 끼친다. 우선 빙하 면적이 감소함에 따라 바다표범과 바다물범이 쉬는 면적이 감소한다. 이는 이들이 쉴 터전이 감소하는 동시에 다음 세대를 낳고 기르는 터전도 동시에 사라진다는 의미다.

다음으로 북극곰의 먹이 사냥 확률 역시 감소한다. 북극곰 역시 자신들의 먹이인 바다표범과 바다물범의 개체 수가 감소하여 먹이 없이 지내는 기간이 길어진다. 이에 따라 북극곰의 생존확률도 낮아지고, 새끼도 덜 낳게 된다. 심지어 떨어져 나온 빙하 위를 떠돌다가 빙하와 같이 바닷속으로 빠져 목숨을 잃는다.[16] 더욱 극단적으로는 유전적인 변화까지 생기게 되었다. 최근에 북극권에 살던 북극곰이 생존을 위해 과거부터 자신들의 조상이 살던 지역을 떠나 점차 남쪽으로 내려오고 있다. 그러다 회색곰(*Ursus arctos horribilis*)이 살고 있던 지역까지 서식지를 옮기면서 지난 500만 년간 교류가 없던 두 종이 교배하여 '그롤라 베어(Grolar Bear)'라는 혼혈종까지 나타났다.

다음으로는 눈에 보이지 않지만, 서서히 사멸하고 있는 생물이 있다. 바로 산호초다. 과거부터 대기 중 이산화탄소의 일부는 바다와 만나 서서히 바닷물에 용해된다. 기체가 물에 녹는 자연스러운 현상이다. 그러나 인간에 의해 대기 중 이산화탄소 농도가 급속도로 증가함에 따라 바닷물에 녹는 이산화탄소의 규모도 급속도로 증가하고 있다. 이에 바닷물의 산성화도 점차 가속화되고 있다. 액체의 산성화 정도는 평균 수소이온농도(pH)로 규정하고, pH는 0~14의 크기를 가진다. 순수한 물은 pH가 7로 중성을 띠고, pH가 낮아질수록 산성을 띠고 높아질수록 염기성을 띤다. 일반적으로 사람의 혈액의 pH는 7.4로 중성을 띠고 있으며, 맥주나 콜라는 pH가 2.5 정도로 약한 산성을 띤다. 그리고 물과 콜라를 비교해서 알 수 있듯이 액체 속에 이산화탄소가 많이 녹아 있을수록 산성의 특성을 가진다.

일본 기상청의 분석에 따르면 지구 전체 바다의 pH는 10년당 0.018씩 낮아진 것으로 나타났다. 산업화 이전에 바닷물의 pH는 8.2 정도였는데, 현재는 pH 8.1 수준까지 내려왔다고 한다. pH 0.1의 차이는 적어 보이나 바다의 부피를 생각한다면 엄청난 양의 이산화탄소가 대기 중뿐만 아니라 바닷속에서도 증가한 것이다.

바닷물의 산성화는 바다 생태계에 어떤 영향을 미칠까? 바닷물이 점차 산성화됨으로써 산호초에 문제가 생긴다. 산호초는 탄산이온을 활용해서 산호의 뼈대를 생성한다. 바닷물의 산성화에 따라 산호의 뼈대를 형성하는 석회화 속도가 1/3로 줄어들고 있다.[17] 그리고 산호초의 백화현상도 발견된다.[18] 이는 산호의 색에 영향을 주고 영양분을 공급하는 작은 조류(藻類, Algae)가 수온 상승으로 산호초를 떠나거나 죽게 되면서 산호가 하얀 골격을 드러내는 현상이다. 백화현상의 직격탄을 맞고 있는 지역은 오스트레일리아의 그레이트배리어리프(Great Barrier Reef)다.[19] 수온 상승으로 1995년 이후 그레이트배리어리프의 산호초 면적이 절반가량 줄어들었다고 한다.

바닷물의 산성화는 조개, 게 그리고 새우의 생육에도 영향을 미친다. 조개, 게, 새우의 껍질을 이루는 성분은 탄산칼슘($CaCO_3$)으로 이는 바닷물 속에 녹은 이산화탄소와 칼슘을 활용하여 만든다. 그러나 바닷물의 산성화가 강화되어 바닷물 속 이산화탄소의 농도가 높아지면 껍질을 이루던 탄산칼슘이 탄산수소칼슘($Ca(HCO_3)_2$)이 된다. 쉽게 이야기하면 조개, 게, 새우의 껍질이 얇아지게 만들거나 구멍을 만든다.[20] 사람으로 치면 뼈 속의 칼슘이 부족해서 생기는 병인 골다공증에 걸린 상태가 되는 것이다. 그런데 이러한 영향은 이들 생물에만 국한되는 것이 아니라, 조개와 새우를 먹고 사는 먹이사슬의 상층부에 있는 생물에 영향을 주고, 이는 결국 생태계 전반의 붕괴에 영향을 준다. 또한 조개, 게, 새우를 양식하는 어부의 생산성에도 즉각적으로 타격을 주게 된다.

바닷물의 산성화는 단순히 산호초, 조개, 게, 새우의 개체수가 줄어드는 것이 아니라, 이들을 중심으로 이루어져 있는 다양한 생태계가 사라지는 것이다. 바닷속에 있어 보이지 않을 뿐, 눈 감으면 안 된다.

마지막으로 산림,[21] 지구온난화, 그리고 생물다양성과의 관계다. 대표적으로 위협받는 지역이 아마존 우림(Amazon Rainforest)이다. 아마존 우림의 면적은 670만km^{2}로, 축구장 면적(7,140m^2)의 9억 3,837만 배로 광대하다. 아마존 우림에는 지구에 알려진 생물 10종 중 1종이 살고 있으며, 지구에 남아 있는 열대 우림 면적의 절반을 차지한다.[22] 이렇게 광대한 면적의 아마존 우림을 '지구의 허파'라 부른다. 왜냐하면 아마존의 산림은 대기 중 이산화탄소를 흡수하고 산소를 배출하는 광합성 과정을 통해 대기 중 이산화탄소의 농도를 낮추는 중요한 역할을 하기 때문이다. 아마존 우림에서만 지구 전체에 존재하는 산림이 생산하는 산소의 20% 정도를 생산할 정도로 아마존 우림은 중요도가 높다.

그런데 아마존이 위협받고 있다. 도시 개발과 화전 확대로 산림 면적이 급속도로 감소하고 있다. 특히 2019년 1월 브라질의 자이르 보우소나루 대통령이 취임하면서 산림의 훼손은 가속화되고 있다. 그는 산림에서의 농업활동과 광업활동을 장려했다. 그리고 아마존 우림의 산불도 산림 파괴를 가속하고 있다.

아마존의 파괴로 발생하는 산림 감소는 대기 중 이산화탄소를 감소시키고, 산소를 증가시키는 광합성의 규모를 줄인다. 이렇게 덜 줄어든 이산화탄소는 다시 지구온난화를 가속화한다. 영구동토층의 해빙으로 온실가스가 배출되어 지구온난화를 가속하는 것과 마찬가지로 부정적 되먹임의 전형적인 모습이다.

산림 파괴는 온실가스뿐만 아니라 다른 문제도 발생시킨다. 첫째, 생물다양성 파괴다. 아마존 산림의 파괴는 산림에 의존해 살아가는 생물들의 터전을 사라지게 한다. 서식지가 사라진 생물들은 점차 자취를 감출 것이고, 지구상에 알려진 생물 10종 중 1종이 위협받는 것과 같다. 둘째, 빗물의 누출을 늘린다. 산림의 주요한 기능 중 하나가 수자원 함양이다. 산림은 빗물을 토양에 저장하여 빗물이 급격히 흘러가는 것을 막는 역할을 한다. 홍수를 막는 역할을 하는 것이다. 그러나 산림이 파괴될 경우 토양에 저장하는 빗물은 적어져 홍수 가능성이 더 높아질 것이다. 심지어 토양까지 휩쓸고 가 결과적으로 생물 생존의 기본이 되는 '물'과 '토양'을 사라지게 한다.

지금 멈춰도
기후변화는 계속된다

인류가 사라진 세상

2008년 미국에서는 〈인류가 사라진 세상(Aftermath : Population Zero)〉이라는 충격적인 제목의 다큐멘터리가 방영되었다. 이 다큐멘터리에서는 인류가 갑자기 사라진 이유를 제시하지는 않으나, 인류가 어느 순간 갑자기 사라졌을 때 어떠한 상황이 발생하는지 제시하고 있다.

인류가 한순간에 사라진 미래는 어떨까? 인류가 한순간에 사라진다고 해서 인류의 흔적이 하루아침에 사라지는 것은 아니다. 인류가 만들어놓은 흔적들은 200여 년에 걸쳐 차츰 사라지고, 인류가 채웠던 그 공간을 다른 생물이 차츰 채워간다. 이 다큐멘터리에서는 인류가 사라지고 15년 뒤 인간이 살던 흔적이 식물로 덮이고, 60년 뒤 집들이 붕괴하고, 100년 뒤에야 지구상의 모든 건물이 붕괴되고 도시는 소멸된다. 그리고 인류의 흔적이 사라진 대지 위엔 식물과 동물이 주인이 된다.

다큐멘터리 〈인류가 사라진 세상〉

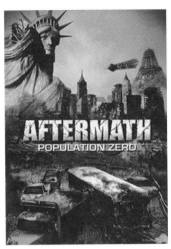

출처 : 내셔널지오그래픽

기후 관성

갑자기 〈인류가 사라진 세상〉이라는 영화 이야기를 왜 꺼내는 것일까? 이는 지금 이야기하려는 온실가스와 관련이 있다. 만약 인류가 사라져 인위적으로 배출하는 온실가스 배출을 지금부터 멈춘다면 어떻게 될까? 혹은 인류는 그대로 있지만 국제적 합의를 통해 지금 이 순간부터 모든 온실가스 배출을 멈추고 태초로 돌아가면 어떻게 될까?

온실가스는 그 특성상 대기 중으로 방출된 후 지구 대기권 안에서 계속 쌓여 있다. 그렇기에 지금 온실가스 배출을 완전히 멈춘다고 하더라도 산업화 이후 인위적으로 배출한 온실가스는 계속 대기 중에 존재한다. 대표적인 온실가스인 이산화탄소(CO_2)는 일반적으로 대기 중에 잔류하는 기간이 대략 5~200년, 메탄(CH_4)은

12년, 아산화질소(N_2O)는 121년, 육불화황(SF_6)은 3,200년이나 된다.[23] 이는 영국에서 시작된 산업혁명 시기인 18세기 중반부터 19세기 초반까지 발생한 이산화탄소가 현재까지 존재할 수도 있음을 의미한다. 그렇기에 산업혁명 이후 인류가 인위적으로 배출하여 대기 중에 축적된 온실가스만으로도 지구온난화는 수백 년까지 계속될 수 있다는 것이다. 이를 '기후 관성(Climate Inertia)'이라 한다.

IPCC는 인류가 극적인 합의를 통해 지금 이 순간부터 온실가스 배출을 멈춘다고 하더라도 기후 관성에 따라 지구 온도는 약 0.6℃ 계속 상승할 것으로 전망하고 있다.[24] 산업화 이후 현재까지 전 지구 평균기온이 1.09℃ 상승한 것을 감안했을 때, 0.6℃는 상당히 큰 변화다.

그러나 다큐멘터리와 같이 일순간에 인류가 갑자기 사라질 수도 없으며, 인류가 극적인 합의를 통해 지금부터 온실가스 배출을 0으로 만들 수도 없는 상황이다. 그렇기에 우리의 선택지는 지금부터 온실가스 배출량을 최대한 줄이면서, 온실가스 감축을 획기적으로 유도할 수 있는 기술이 발견될 때까지 시간을 끌어야 한다.

그러나 이러한 길이 얼마나 어려운지 이미 알고 있다. 이를 2019년부터 시작된 코로나19에 빗대어 살펴보자. 코로나19 치료제가 없는 상황에서는 코로나19 확산을 최대한 막으면서, 코로나19 치료를 획기적으로 유도할 수 있는 치료제가 발견될 때까지 버티는 것이 최선이다. 코로나19 종식 이전에 개발된 백신으로 치명률을 낮출 수는 있으나, 아직 완벽한 치료제가 개발되지 않은 상황에서는 코로나19가 완전히 종식되기까지에는 더 많은 시간이 걸릴 듯하다.

　다큐멘터리 〈인류가 사라진 세상〉에서는 인류가 사라지고 120년 후 지구온난화는 멈출 것으로 전망하고 있다. 다시 말하면, 인류가 지금부터 온실가스 배출을 멈춘다면 120년 후 지구온난화가 멈출 수도 있을 것이다. 하지만 이런 것은 공상에 가깝다. 그렇기에 인류가 지속가능하게 살 수 있는 평균기온 상승 임계온도인 1.5℃가 가까워지는 현 상황에서 현재 세대는 다음 세대들의 삶을 위해 지금부터 무엇인가를 해야만 한다.

기후변화협약,
인류의 미래를 위한
도전

전 세계
온실가스 배출현황

이산화탄소 1톤의 크기

온실가스는 손에 잡히지도 않으며, 보이지도 않는다. 그렇기에 그 크기가 감이 안 온다. 대표적인 온실가스는 이산화탄소(CO_2)다. 이산화탄소는 휘발유, 경유와 같은 화석연료를 사용할 때 발생하는 온실가스다. 과연 이산화탄소 1톤의 크기는 얼마나 될까?

과거와 비교하여 가구원 수가 감소하기는 했으나 부동산 시장에서는 소위 전용면적 84m²(33평대)의 아파트를 국평(국민평수)이라고 부르며 주택가격 기준지표로 사용한다. 국평에 사는 1가구가 난방, 전기 등 에너지를 약 3.5개월 소비할 때 이산화탄소 약 1톤을 배출한다. 서울에서 부산까지 왕복 거리는 대략 800km다. 2000cc급

휘발유 승용차로 서울과 부산을 7번 왕복할 때(5,600km) 이산화탄소 약 1톤을 배출한다. 나무는 반대로 이산화탄소를 흡수한다. 가을철 도토리를 맺는 임령(林齡) 30년 신갈나무 100그루가 1년에 흡수하는 이산화탄소가 1톤이다.[25]

전 세계 온실가스 배출량은 얼마일까? 2020년 기준 348억 톤이다. 이는 국평 아파트 1가구가 105억 년 동안 에너지를 소비해야 하며, 2000cc급 승용차로 서울에서 부산까지 50억 번 왕복하거나, 신갈나무 100그루가 348억 년을 흡수해야 하는 어마어마한 규모다. 그런데 이런 온실가스가 매년 배출되고 있다.

연간 온실가스 배출량

'데이터 속 세상(Our World in Data)'에서는 전 세계의 온실가스 배출량 정보를 1750년도부터 2020년도까지 제공하고 있다. 1850년대 이전의 결과는 불확실성도 존재하나 현재의 추세를 살펴보는 데 큰 무리는 없다. 전 세계 모든 국가의 온실가스 배출량은 산업화 이전에는 매우 낮았으며, 20세기 중반까지도 그 증가는 상대적으로 낮았다. 여기서 '산업화 이전'이란 '1750년경 대규모 산업 활동이 시작되기 이전의 수 세기 정도의 기간'을 의미하며, 산업화 이전의 평균기온 설정을 위한 기간 1850~1900년도를 의미한다.[26]

1943년에 전 세계는 연간 50억 톤의 온실가스를 배출했다. 그리고 1963년에 102억 톤, 1985년에 203억 톤, 2006년에 305억 톤으로 증가하여, 2019년 367억 톤으로 최고점을 달성한다. 2020년에는 348억 톤으로 2019년보다 좀 줄었는데, 이는 온실가스 감축 노력의 결과가 아니다. 코로나19로 인한 일시적인 현상일 뿐이다.

20세기가 될 때까지 전 세계 온실가스는 유럽과 미국에 의해 주도적으로 발생했다. 1900년까지 전 세계 온실가스 배출량의 90% 이상이 유럽이나 미국에서 발생했다. 기간을 좀 넓혀 1950년까지 보더라도 유럽과 미국이 연간 전 세계 온실가스 배출량에서 85% 이상을 차지한다. 그러나 최근 들어 그 패턴이 완전히 바뀌었다. 20세기 후반부터는 중국의 배출량이 급격히 증가하더니, 2020년을 기준으로 전 세계 연간 온실가스 배출량의 31%를 차지하게 된다. 그리고 과거 온실가스를 많이 배출하던 미국과 유럽은 현재 전 세계 온실가스 배출량의 1/3 미만만 차지한다.

2020년 기준 전 세계 온실가스 배출량의 합계는 348억 톤이다. 이중 중국이 106억 6,800만 톤으로 전 세계 온실가스의 31%를 배출했다. 다음으로 미국이 47억 1,300만 톤(14%), 인도 24억 4,200만 톤(7%), 러시아 15억 7,700만 톤(5%) 순이다. 우리나라는 온실가스 배출량 순위에서 9위로 5억 9,800만 톤(2%)을 배출하고 있다. 이렇게 온실가스 다배출 상위 10개 국가는 중국, 미국, 인도, 러시아, 일본, 이란, 독일, 사우디아라비아, 대한민국, 인도네시아 순이며, 이들 10개국의 온실가스 배출량 합은 236억 3,400만 톤으로 전 세계 온실가스 배출량의 68%를 차지한다.

반면 전 세계에서 온실가스를 가장 적게 배출하는 국가는 투발루(Tuvalu)로 2020년 기준 8천 톤을 배출했다. 다음으로 세인트헬레나(Saint Helena) 9천 톤, 니우에(Niue) 1만 1천 톤, 몬트세라트(Montserrat) 2만 5천 톤 순이다. 온실가스 다배출 하위 10개국의 온실가스 배출량의 합은 44만 7천 톤으로 전 세계 온실가스의 0.00128%를 차지한다. 다배출 국가와 저배출 국가의 배출량 차이는 극단적이며, 투발루는 온실가스를 가장 적게 배출하는데도 해수면 상승에 따라 국가의 존폐까지 위협받고 있다.

IPCC에 따르면 2019년 대기 중 이산화탄소 농도가 200만 년 만에 최댓값을 기록했다고 한다. 산업화 이후 인류는 2조 4천억 톤의 이산화탄소를 배출했는데, 과학자들이 제시하는 지속가능한 지구를 위한 평균기온 상승 폭 1.5℃ 이내로 평균기온을 억제하기 위해서 우리가 배출할 수 있는 이산화탄소의 배출허용량은 4천억 톤밖에 남지 않았다고 한다. 평균기온 상승 폭 목표까지 배출할 수 있는 온실가스 배출량의 합을 탄소 예산(Carbon Budget)이라고 하는데, 우리는 이미 인류가 사용할 수 있는 탄소 예산의 86% 써버린 것이다.

현재의 온실가스 배출량에 책임을 부과할 것인가? 아니면 과거부터 배출한 배출량에 역사적 책임을 부과할 것인가? 여기서부터 국제협상 문제가 발생한다. 유럽을 대표로 하는 선진국들은 기후변화협약에서 규정한 '공통의 책임' 원칙에 따라 모든 국가가 온실가스를 줄이는 데 동참하도록 주장하는 반면에, 나머지 국가들은 '역사적 책임'을 물어 선진국들만 줄이라고 주장하는 것이다.

1인당 온실가스 배출량

다음으로 1인당 온실가스 배출량(Per Capita Emissions)을 살펴보자. 2020년 전 세계 평균 1인당 배출량은 4.47톤/명이며, 대한민국은 11.66톤/명이다. 전 세계 1인당 배출량이 많은 국가를 순서대로 나열하면, 많은 수가 주요 산유국이다. 이는 사막지형 때문에 인구수는 적은데도 석유 생산과 사용과정에서 온실가스를 많이 배출하기 때문이다. 이러한 국가들은 인구수가 적기에 온실가스 총배출량은 적다. 반면에 1인당 배출량도 많고, 총배출량도 많은 국가가 있다. 바로 오스트레일리아, 미국, 캐나다이다. 2020년 기준 오스트레일리아의 1인당 배출량은 15.37톤/명이며, 미국은 14.24톤/명, 캐나다는 14.20톤/명이다. 이들 국가의 1인당 배출량은 전 세계 평균인 4.47톤/명보다 3배 이상 높다.

일반적으로 소득이 높을수록 1인당 배출량이 높을 것이라고 생각할 수 있다. 그러나 유럽의 프랑스(4.24톤/명), 영국(4.85톤/명), 포르투갈(3.96톤/명)을 봤을 때 꼭 그렇지는 않다. 이들은 오히려 전 세계 평균보다 약간 높거나, 낮은 수준의 배출량을 보인다. 결국 한 국

전 세계 연간 1인당 온실가스 배출량(2020년)

연간 1인당 배출량 상위 순위 10개국			연간 1인당 배출량 하위 순위 10개국		
순번	국가명	1인당 배출량 (톤/명)	순번	국가명	1인당 배출량 (톤/명)
1	카타르	37.02	1	콩고공화국	0.03
2	뉴칼레도니아	30.45	2	소말리아	0.04
3	몽골	26.98	3	중앙아프리카공화국	0.04
4	트리니다드 토바고	25.37	4	브루나이	0.05
5	부르나이	23.22	5	차드	0.06
6	쿠웨이트	20.83	6	니제르	0.07
7	바레인	20.55	7	말라위	0.07
8	퀴라소	20.32	8	르완다	0.08
9	사우디 아라비아	17.97	9	남수단	0.11
10	카자흐스탄	15.52	10	우간다	0.11

전 세계 평균 : 4.47톤/명, 대한민국 : 11.66톤/명

출처 : Our World in Data

가에서 어떤 에너지원(원자력, 재생에너지 등)을 사용하고, 어떤 에너지 정책을 가지느냐에 따라 1인당 배출량은 달라진다. 예를 들어 1인당 배출량이 4.24톤/명인 프랑스는 전체 발전량 중 67%를 원자력, 7%를 화석연료(석탄, 가스), 나머지를 재생에너지로 생산한다. 1인당 배출량이 14.24톤/명인 미국은 전체 발전량 중 20%를 원자력, 59%를 화석연료(석탄, 가스), 나머지를 재생에너지로 생산한다.

반면 1인당 배출량이 적은 하위 순위 10개국의 경우 모두 아프리카 대륙에 존재한다. 이들 나라들은 과거부터 현재까지 배출한 온실가스를 의미하는 '역사적 배출량'이 적은 나라이기도 하면서, 현재 1인당 배출량도 적다. 그리고 기후변화로 인한 피해를 직접적으로 받는 나라임을 예상할 수 있다. 결론적으로 전 세계의 1인당 온실가스 배출량의 불평등도 매우 심각한 상황이다.

역사적 전환점,
파리협정

교토의정서와 교토메커니즘

'교토의정서(Kyoto Protocol)'는 일본 교토에서 열린 제3차 당사국총회(COP3)에서 채택된 문서로 온실가스 감축을 위한 시장 기반의 제도인 교토메커니즘(Kyoto Mechanism)을 만들었고, 교토의정서에서는 여러 온실가스 중 이산화탄소(CO_2)를 포함하여 6개의 온실가스를 관리하도록 결정했음을 앞에서 설명했다.

교토의정서의 중요한 의미가 하나 더 있는데, 그것은 바로 유엔기후변화협약에서 규정한 '모든 국가가 공동의 차별화된 책임'을 얼마나 부여할지 정한 것이다. 유엔기후변화협약에서 온실가스 감축의무국가(의무감축국)˙로 규정한 42개국에 대해서 2008~2012년(제1

차 공약기간) 동안 1990년 배출량 대비 평균 5.2%를 감축하도록 한 것이다.

그런데 국가마다 감축할 수 있는 여력이 다르고, 특히 의무감축국 중 동유럽 국가들은 온실가스 감축 기술 수준도 뒤처진다. 그리고 의무감축국에 포함되지는 않았으나, 개발도상국이나 후진국에 무한정 배출하리고 할 수 없으며, 그들에게도 차별화된 책임을 부여해야 한다. 이렇게 복합적인 문제를 슬기롭게 해결하기 위한 방안으로 교토의정서에서는 시장 기반의 '교토메커니즘'을 만들었다.

교토메커니즘

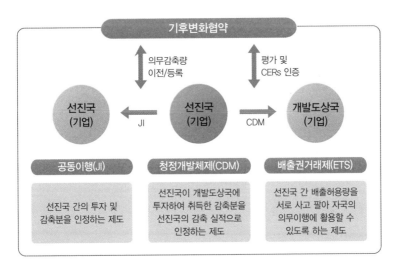

• 약칭 '의무감축국'으로 표현하며 이들은 유엔기후변화협약 '부속서 I(Annex I)'에 나열되어 있기에, 의무감축국을 '부속서 I 국가' 혹은 'Annex I 국가'라고 칭한다.

교토메커니즘은 3가지로 구성되어 있다. 첫째, 의무감축국(대부분 서유럽 국가)의 기업이 다른 의무감축국(대부분 동유럽 국가)에 온실가스 감축 기술을 투자 및 보급하고, 이를 통해 온실가스 감축량을 가져갈 수 있도록 한 공동이행제도(JI, Joint Implement)가 있다. 둘째, 의무감축국의 기업이 의무감축국이 아닌 국가(개발도상국 및 최빈국)에 온실가스 감축 기술을 투자 및 보급하고, 이를 통한 온실가스 감축 실적을 가져갈 수 있도록 한 청정개발체제(CDM, Clean Development Mechanism)가 있다.* 셋째, 이렇게 발생한 온실가스 감축 실적을 배출권거래소 등을 통해 사고 팔 수 있도록 한 배출권 거래제(ETS, Emission Trading Scheme)를 두었다.

파리협정의 채택

기후변화협약 당사국들은 교토의정서를 통해 2008~2012년 동안 선진국의 감축의무를 규정했다. 그런데 시간이 흘러도 2012년 이후에는 어떻게, 얼마나 감축할지 합의를 이루지 못했다. 2009년 10월에는 몰디브 대통령과 장관들이 '해저 각료회의'를 열면서까지 국제사회에 경종을 울렸지만, 국제협상의 속도는 느렸다. 결국 시간이 흘러 2010년에야 제16차 당사국총회(COP16)에서 선진국과 개발

• 개념적으로는 어려울 수도 있으나, 이 내용은 초등과학학습만화인《Why? 기후변화》135페이지에도 상세히 서술되어 있다.

도상국이 2020년까지는 자발적으로 온실가스를 감축하기로 합의
했다. 자발적이기에 교토의정서와는 달리 수치화된 목표는 없었다.

2020년 이후는 또 어떻게 할 것인가? 국제협상 테이블에서 2020
년 이후 기후변화협약을 어떻게 이행할지는 2015년에서야 결정되
었다. 기후변화협약 당사국들은 2015년 10월 1일까지 자발적인 온
실가스 감축목표를 제출했으며, 우리나라도 2015년 6월에 '2030년
예상배출량 대비 37% 감축' 목표를 제출했다. 2015년에 제21차 당
사국총회(COP21)는 프랑스 파리에서 열렸다. 이때는 총회 기간을 2주
나 연장한 끝에 2020년 이후의 '신기후체제'를 결정하는 파리협정
(Paris Agreement)이 195개국 당사국의 만장일치로 채택되었다.[27]

파리협정은 교토의정서와 다른 중요한 의의가 있다. 우선 파리협
정은 지구온난화에 따른 전 지구 평균기온 상승 폭을 명문화했다.
곧 지구의 모든 생물이 지속가능하게 살 수 있는 평균기온의 최대
상승 폭을 2℃로 설정하고, 2℃보다 현저히 낮은 수준으로 유지하
면서도 더 나아가 최대 상승 폭을 1.5℃까지 제한하도록 노력한다
는 내용을 본문에 담았다.

산업화 전 수준 대비 지구 평균기온 상승을 2℃보다 현저히
낮은 수준으로 유지하는 것 및 산업화 전 수준 대비 지구
평균기온 상승을 1.5℃로 제한하기 위한 노력의 추구[28]

그리고 파리협정은 유엔기후변화협약에서 정한 '모든 국가가 공동의 차별화된 책임' 원칙에 따라 선진국뿐 아니라, 모든 당사국이 온실가스를 감축하기로 했다. 이는 선진국에 있는 기업이 공장을 개발도상국 및 최빈국으로 이전하여 선진국의 온실가스 배출량은 감소시키나, 개발도상국 및 최빈국의 온실가스 배출량을 증가시키는 '풍선효과'를 막기 위한 조치이기도 하다. 또한 파리협정은 교토의정서와 달리 온실가스 감축목표 이행기간을 명시하지 않아 협정의 유효기간이 따로 없다.

다만 파리협정이 국제법적 효력을 갖기 위해서는 한 가지 제약조건이 있었다. 유엔기후변화협약 당사국 195개 중 55개국 이상의 국가에서 승인(비준)을 받아야 하며, 승인한 국가들의 온실가스 배출량의 총합이 전 세계 온실가스 배출량의 55% 이상이 되어야 한다는 것이다. 그 당시 반기문 유엔사무총장은 파리협정을 법적 구속력이 있는 국제법으로 만들기 위해 노력했다. 그 결과 미국, 중국, 브라질, 인도, 유럽연합 등 주요 국가가 파리협정을 비준했고, 파리협정은 2016년 11월 4일부터 마침내 국제법으로서 효력이 발효되었다.

파리협정은 미래 세대를 위한 현재 세대의 노력을 국제법으로 규정했다는 데 큰 의의가 있다. 반면, 2017년 6월 미국 도널드 트럼프 대통령은 "파리협정이 미국에 불공평하며 미국민에게 손해를 준다"며 현재 세대를 위해 파리협정을 탈퇴하기도 했다.[29] 그러나 다행히 그 후 당선된 조 바이든 대통령은 2021년 1월 20일 취임 당일 파리협정 재가입에 서명하여 파리협정에 복귀했다.

지구온난화 1.5℃
특별보고서

유엔 반기문 총장과 IPCC 이회성 의장

대한민국 국민으로서 국제기구의 수장을 맡은 사람으로 아마도 반기문 전 유엔사무총장을 떠올리는 사람이 많을 것이다. 반기문 전 유엔사무총장은 두 번의 임기(2007~2011년, 2012~2016년) 동안 유엔을 이끌며 많은 업적을 남겼다. 그중에서 기후변화와 관련된 업적으로는 2015년 유엔기후정상회의(UN Climate Summit)와 제21차 기후변화협약 당사국총회(COP21)를 통해 '파리협정'을 이끌어낸 것이 대표적이다.

다음으로 '기후변화에 관한 정부 간 협의체(IPCC)'의 이회성 의장이 있다. IPCC는 기후변화에 관한 과학적 근거를 마련하는 기구로 기후변화 평가보고서를 주기적으로 발간한다. IPCC 의장으로 2015년에 이회성 의장이 선출되어 현재까지 의장직을 역임하고 있다.

《지구온난화 1.5℃》 특별보고서

IPCC는 2018년 10월 인천 송도에서 제48차 총회를 개최했다. 총회에는 IPCC의 195개 회원국과 국제기구 관계자, 기후 전문가, 환경단체 활동가 등 500여 명이 참석했다. 이 총회에서는 지난 2015년 파리협정이 채택될 당시 유엔기후변화협약(UNFCCC)이 작성을 요청한 《지구온난화 1.5℃》 특별보고서가 채택되었다. 이 보고서는 2100년까지 지구 평균기온 상승 폭을 산업화(1850~1900년) 이전 대비 1.5℃로 제한하기 위한 방안을 담았다.

최근에는 평균기온 상승 추세가 더 빨라져 10년마다 0.2℃씩 오르고 있다. 인간 활동으로 산업화 이전 대비 2011~2020년 평균기온은 1.09℃가 상승한 것으로 나타났다. 그리고 미래에 산업화 이전 대비 전 지구 평균기온이 1.5℃ 상승할 때 기후위험도는 높아지고, 2℃ 상승할 때의 기후위험도는 더욱 높아진다. 《지구온난화 1.5℃》 특별보고서는 현재의 속도로 지구온난화가 지속되면 2030~2052년 사이에 평균기온 상승 폭이 1.5℃를 초과하게 된다고 한다.

과연 평균기온이 1.5℃ 상승할 때와 2℃ 상승할 때의 미래는 얼마나 차이가 날까?[30] 겨울철 영하 20℃의 추위를 겪고, 한여름철

40℃까지 올라가는 더위를 겪는 우리로서는 0.5℃가 미세한 차이로 느껴질 것이다. 그러나 IPCC《지구온난화 1.5℃》특별보고서에서는 연평균기온 0.5℃ 차이가 지구의 운명을 바꿀 것이라 한다.

　평균기온 상승 폭이 1.5℃일 때와 2℃일 때 모두 대부분 육지 지역의 평균온도와 해양의 평균온도가 상승하고, 많은 지역에서 극한 고온 현상을 경험할 것이라 한다. 평균온도가 1.5℃ 상승하면 전 세계 인구의 약 14%가 5년에 한 번씩 극심한 폭염을 겪을 것이다. 2℃까지 높아지면 폭염을 겪는 인구는 37%까지 확대될 것이다. 폭염으로 가뭄 피해 면적도 확대될 것이다. 북미와 유럽 그리고 오스트레일리아, 중남미에 걸쳐 가뭄이 발생하게 된다. 아프리카와 남미, 유럽의 여러 지역도 가뭄의 빈도와 강도가 심해질 것이다. 이는 오스트레일리아와 북중미도 마찬가지다. 아시아를 제외한 거의 모든 대륙에서 가뭄 피해가 발생하게 될 것이다. 전 세계의 평균기온 상승 폭이 1.5℃일 때와 2℃일 때는 0.5℃ 차이일지 모르나, 이는 말 그대로 평균이기에 특정 지역은 편차가 더욱 크다. 고위도 한랭한 지역은 온도 상승 폭이 1.5℃ 차이가 난다. 그렇게 되면 시베리아 지역의 영구동토층은 더욱 빨리 녹을 것이고, 영구동토층에 수만 년 동안 유기물 형태로 묻혀 있던 메탄가스는 급속도로 배출되어 또다시 지구온난화를 가속화할 것이다.

　전 세계 평균기온이 1.5℃ 상승했을 때, 2100년을 기준으로 해수면 상승 폭은 1986~2005년 대비 0.26~0.77m 상승하게 된다. 2℃

상승했을 때 해수면은 1986~2005년 대비 0.3~0.93m 상승한다. 1.5℃ 보다 2℃일 때 해수면의 높이는 0.1m 정도 더 높아진다. 이는 해안가 저지대의 침수 면적이 늘어난다는 것이며, 지구 해안선의 약 2/3가 해수면 상승에 노출된다는 것을 의미한다. 그리고 0.5℃ 차이에 따른 해수면 상승 0.1m로 추가적으로 천만 명 이상이 해수면 상승 위험에 빠지게 된다.

생물다양성에도 영향을 준다. 이는 해양과 육지에 모두 영향을 미친다. 대기 온도 1.5℃ 상승은 해양 평균온도 상승에도 영향을 미쳐 산호초의 70~90%가 위험에 노출된다. 그리고 2℃ 상승하면 산호초의 99%가 위험에 직면하게 된다. 1.5℃ 상승하면 식물의 8%, 척추동물의 4%, 곤충의 6%가 서식지의 절반 이상을 상실하게 된다. 그리고 2℃ 상승하면 식물의 16%, 척추동물의 8%, 곤충의 18%가 서식지의 절반 이상을 상실하게 된다. 0.5℃ 차이가 생물의 서식지에 주는 영향은 2~3배 더욱 커지게 된다.

기후변화에 따른 이상기후, 해수면 상승, 생물다양성 문제는 결국 인류의 문제이기도 하다. 건강, 식량 생산 및 물 공급은 안보 문제와 경제성장에 영향을 줄 것이다. 예를 들어 온도 상승 폭이 더 클수록 열과 관련된 질병의 유병률과 사망률은 높아질 것이며, 말라리아, 뎅기열 같은 매개체 감염병의 확산 속도는 더욱 빨라질 것이다. 2℃ 상승 결과 식량 생산 감소 폭은 더 커지고, 물 부족 위기는 빈곤층에 우선적으로 타격을 줄 것이며, 이는 정국 불안과 안보

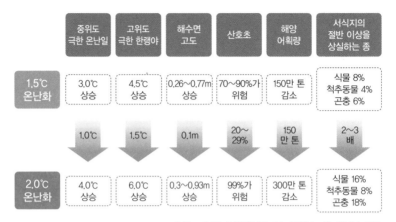

1.5℃와 2.0℃ 온난화가 발생했을 때의 영향 비교

	중위도 극한 온난일	고위도 극한 한랭야	해수면 고도	산호초	해양 어획량	서식지의 절반 이상을 상실하는 종
1.5℃ 온난화	3.0℃ 상승	4.5℃ 상승	0.26~0.77m 상승	70~90%가 위험	150만 톤 감소	식물 8% 척추동물 4% 곤충 6%
	1.0℃	1.5℃	0.1m	20~29%	150만 톤	2~3배
2.0℃ 온난화	4.0℃ 상승	6.0℃ 상승	0.3~0.93m 상승	99%가 위험	300만 톤 감소	식물 16% 척추동물 8% 곤충 18%

출처 : 기상청, 《지구온난화 1.5℃ 특별보고서》 해설서, 2020

문제 심화로 연결될 것이다.

결과적으로 지구온난화의 미래는 암울하나, 평균기온 상승 폭 2℃보다 0.5℃ 낮은 평균기온 상승 폭 1.5℃는 인류와 지구 모두에 그나마 나은 선택지인 것이다. 평균기온 0.5℃의 차이는 작을지언정 이 차이가 변화시킬 미래의 모습은 극단적일 것이다.

청소년의 기후행동

2015년 체결된 파리협정에서는 '지구 평균기온 상승을 2℃보다 현저히 낮은 수준'으로 유지하는 것을 목표로 수립했으나, 2018년 발간한 《지구온난화 1.5℃》특별보고서에서는 평균기온 상승 폭 2℃와 1.5℃에 따른 지구의 미래는 현저하게 차이가 나기에 모든 국가가 1.5℃ 목표를 세우기를 요청했다. 특히 IPCC에서 객관적인 과학적 증거를 바탕으로 제시한 미래상은 처참하여 국제사회의 압박을 주기에 충분했다.

2019년부터는 '기후행동(Climate Action)'이 강조되었다. 9월 미국 뉴욕에서 개최된 기후정상회의의 명칭도 유엔 기후행동 정상회의(UN Climate Action Summit)였으며, 이때 세계 65개 국가가 탄소중립을 선언했다. 또한 11월 스페인 마드리드에서 열린 제25차 유엔 기후변화협약 당사국총회(COP25)의 핵심 의제는 '행동해야 할 시간(Time for Action)'이었다. 이후 현재까지 120개 국가가 '기후목표 상향동맹(Climate Ambition Alliance: Net-zero 2050)'에 가입[31]하는 등 2050년 탄소중립에 대한 전 지구적인 압박이 강화되었다.

《지구온난화 1.5℃》특별보고서만이 국제사회를 움직인 것일까? 그것은 아니다. 다음 세대들의 기후행동 움직임이 시작되었다. 2018년 8월 그레타 툰베리의 동맹휴업을 시작으로 2019년 3월과 5월에 전 세계 약 100개 국가에서 100만 명이 넘는 청소년이 참여하여 국제사회에 기후행동을 촉구했다. 그 결과 현재 세대가 미래 세대를 위해 더욱 강화된 온실가스 감축목표를 수립하기 시작했다.

글로벌 2050 탄소중립[32][33]

이제 세상이 바뀌었다. 단순히 선언적인 온실가스 감축목표 설정이 아니라, '1.5℃'라는 구체적인 목표를 달성하기 위해 '탄소중립(Carbon Neutrality)' 목표를 세워야 하는 것이다. 2022년 기준으로 현재 전 세계 온실가스 배출량의 90%를 차지하는 137개 국가가 이미 탄소중립 목표를 발표했거나 고려하는 것으로 나타났다. 이중 90% 이상인 124개국이 탄소중립 목표 시기를 2050년으로 설정했다. 전 세계에서 탄소중립 목표 시기를 제일 빠르게 잡은 국가는 우루과이, 몰디브, 노르웨이로 목표연도를 2030년으로 설정했고, 다음으로 핀란드가 2035년으로 설정했다. 반면, 온실가스 최대 배출국인 중국을 포함하여 싱가포르, 우크라이나, 카자흐스탄은 탄소중립 목표 시기를 2060년으로 설정했다. 그리고 부탄, 수리남, 파나마는 이미 탄소중립을 달성했다.[34]

탄소중립을 선언한 국가 중 중국(31%), 미국(14%), 인도(7%), EU(7%) 4개국은 전 세계 온실가스 배출량의 절반 이상을 차지한다. 그리고 오스트레일리아, 러시아, 사우디아라비아, 터키, UAE와 같이 기후변화 대응에 적극적이지 않던 국가들도 탄소중립 선언에 참여했다.

EU 집행위원회(European Commit)는 2019년 12월 '그린딜(Green Deal)'을 통해 기후변화 대응을 전략화하는 방식으로 탄소중립을 추진하기로 했다. 이중 온실가스 감축목표는 2050년까지 탄소중립으로 설정했으며, 2020년 3월에 '2050년 탄소중립 계획'을 유엔기후변화협약에 EU의 '장기저탄소발전전략(LEDS)'으로 제출했다. EU는 단순히 LEDS만 제출한 것이 아니라 탄소중립을 법제화하기 위한 '유럽기후법안(European Climate Law)'을 작성했다. 이 법은 2021년 6월 24일 유럽의회(European Parliament)를 통과하여 탄소중립이 법적 구속력이 있는 의무로 전환되었다.

미국은 바이든 정부 출범 이후 '기후변화대응'을 주요 국정과제로 설정했으며, 2021년 1월 20일 취임 당일에 바이든 대통령은 파리협정 재가입 서명하여 파리협정에 복귀했다. 또한 2021년 4월에 2030년까지 2005년 대비 온실가스 배출량을 50~52% 줄이고, 2050년 이전 탄소중립을 달성하는 것을 목표로 설정했다.

중국은 2020년 9월 UN 총회에서 시진핑 주석이 '2060년 탄소중립 목표'를 발표했다. 2060년 탄소중립 목표 달성을 위해서 2030년 온실가스 배출량을 정점으로 하여 2025년부터는 온실가스 배출량을 줄여간다는 것이다. 이를 위해 2030년까지 탄소배출 정점 행동 지침 제정을 약속하는 등 기후변화 국제협상에 다시 나서고 있다. 그리고 2021년 11월 제26차 유엔기후변화협약 당사국총회(COP26)에서 중국과 미국은 양국의 기후변화 협력에 약속했으며, 1.5℃ 목표 달성을 위한 의지도 보였다.

일본은 2020년 1월 의회 연설에서 스가 총리가 '2050년 탄소중립 목표'를 선언했으며, 같은 해 12월에는 탄소중립을 위한 '그린성장전략'을 발표했다. 일본도 EU와 마찬가지로 탄소중립을 법제화하기 위해 기존 '지구온난화 대책추진법'을 2021년 6월 개정하여 의결했다.

이렇게 국제사회는 파리협정에서 제시한 '2℃ 목표'보다 더 강화된 목표인 '1.5℃ 목표' 달성을 위한 탄소중립 목표를 수립하기 시작했다. 온실가스 감축목표 수립에서 시사점은 주요 선진국들이 단순히 '온실가스를 감축하겠다'가 아니라, 온실가스를 감축하는 과

정에서 각국이 처한 에너지 및 산업 구조를 고려했다는 것이다. 이
러한 환경에서 우리나라는 어떻게 온실가스 감축목표를 설정하고
있을까? 이어서 이를 알아보자.

우리나라
온실가스 감축목표

탄소중립과 넷제로

탄소중립 또는 넷제로(Net-zero)는 이제 더 이상 낯설지 않다. '기후변화'라는 용어만큼 많이 듣지는 못했지만, 광고나 신문기사 등을 통해 이젠 익숙하게 접한다. 두 용어는 일반적으로 '기후변화 완화'와 '온실가스 감축' 목표를 표현하는 용어로 흔히 사용된다. 엄밀히 말해서 두 용어는 다른 개념이나, 흔히 '탄소중립=넷제로'로 표현한다.

IPCC《지구온난화 1.5℃》특별보고서에 따르면, 탄소중립이란 대기 중에 인위적으로 배출된 이산화탄소(CO_2)를 일정 기간 동안 제거하여 이산화탄소의 배출과 제거의 합이 0이 되는 상태를 말하며,

교토의정서에서 정한 여러 가지 온실가스 중 이산화탄소만을 감축 대상으로 규정한다. 반면, 넷제로는 이산화탄소를 포함한 모든 온실 가스를 대상으로 하며, 인위적으로 대기 중에 모든 온실가스를 일 정기간 동안 제거하여 온실가스의 배출과 제거의 합이 0이 되는 상태를 말한다. 넷제로는 교토의정서에 규정한 모든 온실가스를 대 상으로 감축 활동을 하는 것이기에, 1장에서 살펴본 지구온난화지 수(GWP)를 활용하여 하나의 단위(예_CO_2eq)로 환산 후 비교, 평가 하게 된다. 그렇기에 '탄소중립≠넷제로'라고 이야기하는 것이고, 탄 소중립과 넷제로의 개념적 차이는 대상 온실가스가 이산화탄소만 이냐, 아니면 모든 온실가스를 고려하느냐의 차이임을 알 수 있다.

우리나라 탄소중립 추진전략

우리나라가 국제사회에 온실가스 감축목표를 공식적으로 처음 발표한 것은 2009년 덴마크 코펜하겐에서 열린 제15차 당사국총 회(COP15)다. 우리나라는 교토의정서에 따라 온실가스를 의무적으 로 감축할 필요가 없는 비의무감축국(Non-Annex I)으로 당사국총 회에 온실가스 감축목표를 제출할 의무는 없었다. 그러나 이 자리 에서 이명박 대통령은 직접 당사국총회에 참석하여 비의무감축국 으로는 최초로 자발적 온실가스 감축목표를 제시했다. 이때 설정한 우리나라의 온실가스 목표는 '2020년 배출전망치(BAU, Business As

Usual) 대비 30% 감축'이었다.

기후변화협약에 따르면 2020년까지는 온실가스 감축의무국은 교토의정서에서 정한 온실가스 감축목표를 이행하고, 2020년 이후의 온실가스 감축목표는 2015년 파리 당사국총회에서 결정하기로 했다. 그렇기에 기후변화협약에 참여하는 모든 국가는 2015년 11월 당사국총회 이전까지 2030년 온실가스 감축목표(INDC, Intended Nationally Determined Contribution)를 제출해야만 했다. 이에 따라 박근혜 정부도 2015년 6월 우리나라의 2030년 온실가스 감축목표를 '2030년 배출전망치 대비 37% 감축'[35]으로 제출했다. 2018년에 문재인 정부도 2030년 온실가스 감축목표 달성을 위한 '감축 로드맵'[36]을 재설정했으나, 목표는 '2030년 배출전망치 대비 37% 감축'으로 동일하게 가져갔다.

이렇게 우리나라는 2009년부터 2018년에 이르는 10년여 동안 미래 배출전망치 대비 감축목표 설정 방식을 일관되게 제시한다. 교토의정서에 따라 의무감축국은 1990년을 기준연도로 하여 '1990년 대비 ○○% 감축'과 같이 과거 특정 연도의 온실가스 배출량보다 감축하겠다는 '절대량 대비 감축목표' 방식으로 감축목표를 설정한다. 그러나 우리나라는 미래의 '배출전망치 대비 감축목표'를 설정하는 방식을 취했다. 유럽은 온실가스를 최대로 배출한 '배출정점'이 이미 지나 온실가스가 감축되는 추세이기에 과거 대비 감축목표를 설정하는 것이 가능한 반면, 우리나라는 아직 배출

정점이 오지 않아 당분간 온실가스 배출량이 계속 증가할 것으로 예측되기에 특정 과거 시점보다 감축하겠다고 하는 절대량 방식은 불리했을 것이라 판단된다.

그러나 2015년 체결된 파리협정에서는 배출전망치 대비 감축목표 방식이 아니라, 절대량 방식의 감축목표를 제출하도록 했다. 다른 한 축에서는 2050년까지 탄소 순배출량 영(0)을 목표로 하는 탄소중립 트렌드가 강화되었다. 이에 우리나라도 기후위기 탈피, 탈탄소 움직임에 동참할 필요성을 인식하고, 2020년 12월 '2050 탄소중립' 추진전략을 발표하게 된다. 후속 조치로 2021년 10월 마침내 2030년 국가 온실가스 감축목표(NDC)를 2018년 온실가스 총배출량 대비 40% 감축하는 것으로 설정하고, 2050년 탄소중립 목표도 수립했다.

2050년 탄소중립은 '기후위기로부터 안전하고 지속가능한 탄소중립 사회'를 만든다는 비전 아래 탄소중립 이행을 위한 구체적 목표를 설정했다. 2050년 탄소중립을 위해 온실가스를 가장 많이 줄여야 하는 부분은 전환(발전) 부문으로, 온실가스 감축을 위해 화력발전을 대폭 축소하고 재생에너지와 수소발전으로 에너지원의 전환을 추진한다.

다음으로 산업 부문에서 온실가스를 많이 감축해야 한다. 이를 위해 업종별로 온실가스 감축 기술을 개발하고 있다. 철강 업종은 수소환원제철기술을 개발 중이다. 기존의 제철공정은 철강 1톤 생산 시 약 2톤의 이산화탄소가 발생하는데, 수소환원제철법은 고농도의 수소를 환원제로 사용하면 철광석에 있는 산소는 수소와 반응해 물이 되므로 이산화탄소를 발생시키지 않고도 철을 제조할 수 있는 기술이다. 철강 업종은 2050년 이전에 수소환원제철기술을 개발 완료하여 도입하려고 한다.

시멘트 업종은 산업구조의 특성상 사용원료인 석회석을 대체하거나, 배출되는 이산화탄소를 포집하는 기술을 개발하고 있다. 특히 공정상 폐석유화학제품(폐타이어, 폐비닐 등)을 보조 연료로 쓰기에 대체연료의 개발도 중요하다. 그러나 폐석유화학제품 생산이 지속되는 한, 석회석 공장에서 소각되거나 폐기물 소각처리시설에서 소각되어야 하기에 국가 전체의 배출량에는 큰 영향이 없는 측면도 존재한다.

석유화학 및 정유 업종은 전 세계에서 어느 정도 최고의 효율을 갖고 있기에 온실가스를 줄이는 것이 쉽지는 않다. 일차적으로 연료전환을 통해 온실가스 배출을 줄이고, 원재료 자체를 친환경 원자재로 바꾸는 전환이 필요하다. 반도체·디스플레이 업종에서는 식각·증착 공정에서 불소계 온실가스(HFCs, PFCs)가 사용 및 배출되므로 온실가스가 배출되지 않는 대체가스를 개발하여 온실가스 배출을 줄이거나 저감장치를 설치하여 포집하는 방안도 고민하고 있다.

2022년 윤석열 정부도 '2030년 국가 온실가스 감축목표'와

'2050년 탄소중립' 목표를 이어받았다.[37] 다만 이전 정부와의 차이점도 존재한다. 온실가스 감축목표를 달성함에 있어 재생에너지 발전 비중을 축소하고 원자력 발전의 비중을 좀 더 확대했다.

정권과 정파를 뛰어넘어 '2030년 국가 온실가스 감축목표'와 '2050년 탄소중립'이라는 총론적인 목표는 동일하다. 다만 이행수난을 설정하는 네 각론적인 측면은 다른 점이 있는 것도 사실이다. 2030년은 이제 7년밖에 남지 않았다. 현장에서는 감축 수단이 실현 가능한지 의문을 갖고 있으며, 전환(발전) 부문과 산업 부문의 업체들을 어떻게 설득시킬지도 관건이다. 또한, 기업이 온실가스 감축수단을 개발하고 적용할 때 구체적으로 필요한 투자 비용과 정부가 재원을 어떻게 마련할지에 대해서는 '2050 탄소중립' 추진전략에는 나와 있지 않다. '2030년 국가 온실가스 감축목표'와 '2050 탄소중립 목표'는 사회 전반에 미치는 파급력이 크기에 단순히 미래상만을 제시해서는 안 될 것이다.

기후불평등,
기후변화로
감춰진 진실

물에 잠겨
사라지는 나라들

"모히또에서 몰디브 한 잔"

이 대사를 기억하는가? 바로 2015년 개봉한 영화 〈내부자들〉에서 제일 유명한 대사다. 영화에서 배우 이병헌(안상구 역)이 배우 조승우(우장훈 역)에게 영화 촬영 중 애드립으로 말했다고 한다. 이 대사는 영화 마지막쯤 이병헌이 조승우에게 하는 말인데, 무겁기만 한 영화의 분위기를 순간이나마 가볍게 만드는 역할을 한다.

몰디브는 우리에게 대표적 신혼여행지로 알려져 있다. 최근의 조사에도 몰디브는 '인기 신혼여행지 1위'로 꼽히고 있다.[38] 몰디브는 인도 남서쪽 인도양에 위치한 섬나라로 1,190개의 작은 섬으로 이루어져 있다. 이중 약 200개의 섬에 사람들이 살고 있으며, 100개

몰디브 '해저 각료회의'

출처 : 연합뉴스

의 섬은 리조트로 꾸며져 전 세계 신혼부부를 맞이한다.

신혼부부들의 즐거운 분위기와는 달리 이 섬의 미래는 어둡다. 몰디브 영토 중 가장 높은 곳의 해발고도는 2.4m에 불과하고, 섬의 80% 이상이 해발고도 1m 이하다. 몰디브는 해발고도가 낮아 해수면 상승으로 영토 전체가 수몰 위험에 노출되어 있으며, 이미 여러 개의 섬이 수몰되어 정체를 감췄다. 과학자들의 예측에 따르면 몰디브는 2100년이면 국토 대부분이 바다에 잠겨 사라지게 될 것이다.

이에 몰디브 대통령과 장관들은 2009년 12월 코펜하겐 제15차 당사국총회(COP15)에 맞추어 10월 세계 최초로 바닷속에서 '해저 각료회의'를 개최했다. 이는 기후변화와 해수면 상승의 위험을 전 세계에 알리고, 기후변화를 막기 위한 전 세계의 노력을 이끌어내기 위한 방안이었다.

다른 한편으로는 생존을 위해 몰디브는 수도 말레(Malé) 북동쪽에 있는 공항 근처에 훌루말레(Hulhumalé)라는 인공섬을 조성하기 시작했다.[39] 훌루말레는 '희망의 도시'라 불리는데, 산호 지대 위에 모래를 쌓아 도시를 조성하여 해수면 상승에 따른 피해를 대비하고자 하는 프로젝트다. 1997년 프로젝트를 시작해 현재까지 지속적으로 매립과 주민 이주가 동시에 이루어지고 있으며, 2020년대 중반까지 훌루말레로 24만 명을 이주시키려 한다.

"물에 잠겨도 국가 인정받나요?"

2021년 12월 영국에서 진행한 글래스고 제26차 당사국총회(COP26)에서 무릎까지 물에 잠긴 상태에서 연설하는 한 남자의 모습이 공개되었다. 그는 태평양의 섬나라 투발루의 외교부장관이다. 그는 "여러분이 지금 저를 보시듯, 투발루에서 우리는 기후변화와 해수면 상승이라는 현실을 살아내고 있다"고 연설하면서, 전 세계 국가들이 기후변화 완화를 위한 노력에 적극적으로 나서도록 촉구했다.

투발루는 태평양 중서부, 오스트레일리아에서 북동쪽으로 4,000km 떨어진 곳에 있는 9개의 섬으로 이루어진 나라다. 해발고도가 가장 높은 곳은 5m 정도이고, 평균고도는 3m에 불과하다. 몰디브와 마찬가지로 투발루의 미래도 어둡다. 투발루는 2050년 경이면 해수면 상승으로 영토 전체가 수몰될 것으로 예측되며, 투발루의 9개 섬 가운데 이미 2개 섬이 수몰되었다.[40] 엎친 데 덮친 격으로 '라니냐'에 따른 이상기후로 가뭄이 발생한 적도 있다.[41]

몰디브와 투발루. 두 섬만의 이야기일까? 그렇지 않다. 남태평양에 있는 마셜제도(Republic of Marshall Islands), 키리바시(Republic of Kiribati) 등 40여 개 국가가 해수면 상승에 따라 사라질 것으로 예측된다.

2009년 몰디브의 '해저 각료회의'로부터 2021년 투발루의 '수중연설'에 이르는 시간 동안 기후변화협약은 진보되었으나, 그 진척 속도는 느렸다. 그 과정에서 몰디브와 투발루 같은 최빈국이 겪는 기후변화 피해는 확대되고 있다. 기후변화의 원인인 온실가스를 과거부터 지속적으로 배출한 선진국은 기후변화 피해가 상대적으로 적으나, 개발도상국 및 최빈국은 원인 제공자가 아닌데도 직접적인 피해를 보고 있다. 원인 발생자와 피해자가 불일치하는 문제가 발생한다.

다른 한편에서는 기후변화협약이 개발도상국 및 최빈국이 선진국으로 발전하는 것을 막는 '사다리 걷어차기' 역할을 한다고 주장한다. 선진국은 산업화 과정을 통해 현재 수준의 발전을 이룩했으며, 그 과정에서 온실가스를 많이 배출했다. 반면 개발도상국 및 최빈국은 이제 경제발전을 해야 하는데, 기후변화협약이 그들의 화석연료 사용을 막아 경제발전을 막는 도구가 된다는 주장이다.

결국 선진국은 개발도상국 및 최빈국의 온실가스 감축의무를 독려하기 위한 수단 중 하나로 최빈국 지원자금을 조성하고 있다. 예를 들어, 녹색기후기금(GCF)을 조성하여 기후변화로 피해를 받는 국가들에 재정지원을 하는 것이다. 선진국은 개발도상국을 지원하기 위해 재원을 GCF에 제공하고, GCF는 개발도상국 사업을 관리한다. GCF는 조성된 재원을 기후변화 적응과 온실가스 감축지원에 50:50의 비율로 투자한다. 그리고 적응 재원의 50% 이상은 소규모 섬나라(SIDS), 최빈개발도상국(LDCs), 아프리카 등 기후변화 취약국에 배분한다. 이러한 적응 재원을 통해 개발도상국과 최빈국의 기후변화 취약성을 낮추고, 적응능력을 높이는 역할을 하는 것이다.

그리고 2022년 11월 이집트 샤름 엘 셰이크(Sharm El Sheikh)에서 기후변화로 인한 '손실과 피해(Loss and Damage)' 대응 재원 마련 문제가 유엔기후변화협약 채택 이후 30년 만에 처음으로 당사국총회 정식 의제로 채택되었다.[42] 가나의 10대 기후활동가가 '지불연체(Payment Overdue)'라는 푯말을 들고 선진국들의 책임성 있는 지원을 요청했다. 이에 선진국들은 기후변화에 취약한 국가를 대상으로 한 지원 기금 마련에 합의했다.

다른 한 축으로는 '기후 이동성(Climate Mobility)'에 대한 보장도 이야기하고 있다. 이는 기후변화에 따라 발생하는 '기후 난민(Climate Refugee)'의 이동을 보장해야 한다는 관점이다. 만약 기후

난민을 방치했을 경우 한쪽에서는 타의에 의한 기후피해자가 지속적으로 발생할 수밖에 없으며, 이들의 문제를 간과할 경우 기후 난민에 따른 분쟁도 발생할 여지가 있기 때문이다. 과거 세대와 선진 국들이 배출한 온실가스로 발생한 기후 난민 문제도 간과해서는 안 된다.

기후 난민 문제를 사전에 슬기롭게 풀어간 사례도 있다. 키리바시도 몰디브와 투발루처럼 21세기 말에는 해수면 상승으로 나라 전체가 바닷속으로 가라앉을 것으로 예측된다. 이에 키리바시는 이웃 섬나라 피지(Fiji)와 협약하여 피지의 북쪽 바누아레부(Vanua Levu) 섬에 약 24km^{2}의 땅을 매입했다. 그리고 키리바시 주민 10만 명을 순차적으로 이주시켜 기후 난민을 해결하려는 전략을 펴고 있다.

생존을 위협받는
가난한 사람들

기후변화 취약성과 적응능력[43]

기후변화는 전 지구적인 문제이기에 전 세계 모든 사람이 기후변화에 노출될 수밖에 없다. 그러나 거주 지역에 따라 기후변화의 영향 요소가 다르다. 몰디브와 투발루는 해수면 상승에, 아프리카 사하라 남쪽 지역과 유럽은 폭염에, 갠지스강 삼각주 지역은 홍수에, 미국 남서부 지역은 허리케인과 토네이도에, 동아시아와 동남아시아 지역은 태풍의 위험에 노출되어 있다. 동일한 기후 요소, 예를 들어 '폭염'이라고 하더라도 사람마다 체질적으로 더위를 잘 타는 사람이 있고, 그렇지 않은 사람이 있다. 혹은 고령자나 영유아는 더욱 폭염에 민감하게 반응할 것이다. 그렇기에 기후변화에 대한 노출

정도와 민감도에 따라 기후변화의 잠재적인 영향은 달라진다.

그런데 폭염 경고가 발생하는 상황에서도 에어컨이 잘 나오는 곳에 사는 사람이 있고, 전기도 안 들어오는 사막 한가운데 사는 사람도 있을 것이다. 동일한 기후 요소가 영향을 미치더라도 이를 견딜 수 있는 정도를 적응 능력(Adaptive Capacity)이라고 표현한다. 그러나 절대적인 것은 아니지만 적응 능력은 선진국, 개발도상국, 후진국 등 어느 국가에서 태어났느냐에 따라 이미 어느 정도 결정되어 있다. 예를 들어 국가의 소득수준, 사회복지 인프라, 전기 보급률 등은 선진국이 상대적으로 높기 때문이다.

기후변화와 사회적 불평등

기후변화 피해는 국가 내에서도 소득계층에 따라 다르게 발생한다. 이는 최빈국뿐 아니라, 선진국과 개발도상국에서도 모두 발생하는 문제다. 유엔은 이 점을 주시하면서 2017년 《기후변화와 사회적 불평등(Climate Change and Social Inequality)》이란 보고서를 발간했다.

이 보고서에 따르면 기후변화가 취약계층의 불평등에 영향을 미치는 3가지 경로가 존재한다. 우선, 취약계층은 다양한 기후위험에 상대적으로 많이 노출된다. 저소득층은 홍수에 위험한 상습 범람지역이나 저지대에 살거나, 산사태 발생 위험이 높은 경사진 산자락에

기후변화가 취약계층의 불평등에 영향을 미치는 3가지 경로

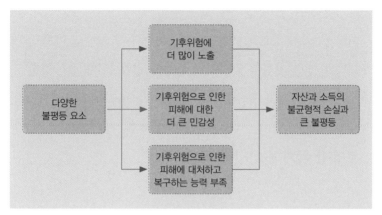

출처 : UN, Climate Change and Social Inequality, 2017

사는 경우가 많다.

둘째, 취약계층은 기후위험에 더욱 민감한 영향을 받는다. 마찬가지로 홍수가 발생하더라도, 고소득층은 벽돌이나 콘크리트로 만든 튼튼한 주거환경에 살고 있을 확률이 높다. 저소득층은 상대적으로 주거환경이 열악하여 홍수 발생 시 집을 잃거나 침수 피해를 본다. 우리나라도 2022년 8월 폭우 때 반지하에 거주하는 취약계층의 집이 침수 피해를 겪었다.

셋째, 취약계층은 기후피해에 대처하거나 복구하는 능력이 부족하다. 홍수로 인한 피해 발생 시 고소득층은 사전에 풍수해보험과 같은 손실보험을 들었다면 어느 정도 피해 손실을 보상받을 수 있다. 그러나 저소득층은 보험료를 낼 여력이 없을 가능성이 높기에 기후피해를 그 자신이 모두 떠안아야 한다. 생명을 포함하여 모든 것을 잃을 수도 있다.

이렇게 3가지 경로로 기후변화는 취약계층에 영향을 미치고, 기후피해로 인한 자산과 소득의 불균형을 심화시킨다. 불균형은 또 다른 불평등을 낳고, 불평등의 악순환이 계속된다.

부유한 국가와 가난한 국가

질 앙드레(Gilles André) 교수 연구진은 2012년부터 '자연재해 위험지도(Natural Hazard Map)'를 작성하여 공개하고 있다.[44] 쉽게 예상할 수 있듯이 기후변화에서 가장 생존하기 어려운 나라는 아프리카에 집중되어 있다. 상위 10개국에는 아프리카 대륙의 차드, 에리트리아, 중앙아프리카공화국, 콩고민주공화국, 소말리아가 포함되어 있다. 이 국가들은 열악한 기반시설, 불안정한 정치, 의료시설 부족, 식량과 물 부족으로 기후변화에 따라 살아남을 가능성이 낮은 국가로 분류되었다.

다른 한편으로는 세계은행(World Bank)은 전 세계 국가별 소득에 따른 '소득그룹(Income Group)'을 분류한다. 그런데 자연재해 위험지도와 국가별 소득을 비교했을 때, 이들은 대부분 일치한다. 현재 가난한 저소득 국가는 온실가스도 적게 배출하는데, 미래에는 자연재해로 인한 생존마저 위태로운 것이다.

부유한 국가는 가난한 국가들이 온실가스를 감축하고 기후변화에 적응할 수 있도록 지원해야 한다. 가난한 국가들에 대한 지원은 두 가지 축으로 설명될 수 있다. 첫째, 가난한 나라 국민이 에너지를 쉽게 사용할 수 있도록 에너지 접근성을 강화하는 것이다. 기후변화가 심화되는 것도 사실이기는 하나, 기후변화에 역사적 책임이 없는 국가들에 에너지를 소비하지 말도록 강제할 수 없다. 에너지는 경제발전의 근간이기 때문이다. 그렇기에 가난한 국가들에 에너지 인프라를 구축해주면서, 고효율 발전소나 재생에너지 발전소를 건설해주어 되도록 친환경에너지를 쓸 수 있도록 자금과 기술을 지원해야 한다. 둘째, 적응 능력을 높일 수 있는 조치를 해야 한다. 기후변화의 잠재적인 영향을 상쇄하여 기후위기 속에서도 생존할 수 있는 능력을 증대시키는 조치가 필요하다. 식량 문제와 물 부족 문제 해결, 의료시설 부족 문제 해결을 통해 가난한 나라들의 기후위기 적응 능력을 높여 기후변화에 대한 취약성을 낮추는 방식으로 지원해야 한다.

부유한 시민과 가난한 시민

2005년 8월 미국 역사상 최악의 자연재해로 평가받는 허리케인 '카트리나(Katrina)'가 미국 남동부를 강타했다. 당시 허리케인 카트리나는 루이지애나주 뉴올리언스에 가장 많은 피해를 주었는데, 전체 사망자 1,833명 중 54.5%인 1,000여 명이 흑인 밀집 지역에서 숨졌다. 뉴올리언스는 지역의 80% 이상이 해수면보다 지대가 낮은데, 고소득층은 안전하고 집값이 비싼 고지대에 살고, 저소득층은 집값이 싼 저지대에 살았다. 그렇기에 저소득층인 흑인들의 피해가 컸다.

또한, 2012년 10월 폭풍의 직경이 1,520km나 되는 대형 허리케인 '샌디(Sandy)'가 미국을 덮쳤다. 당시 허리케인 샌디는 미국의 22개 주에 영향을 줬는데, 이때 발생한 피해액은 미국에서만 630억 달러에 이른다. 샌디가 뉴욕주를 덮쳤을 때 저소득층 밀집 지역은 의료서비스와 전력이 단절된 상태로 며칠 동안 방치되었다. 반면, 금융의 중심 뉴욕 맨해튼에 있는 골드만삭스는 건물 침수에 대비해 모래주머니로 본사 건물을 둘러쌌고, 단전에 대비한 자가발전기 덕분에 피해를 거의 입지 않았다.[45][46]

우리나라도 마찬가지다. 한국보건사회연구원의 《폭염 민감계층의 건강피해 최소화 방안(2020)》 보고서에서는 폭염 민감 계층에 대해 일반집단과 저소득층을 나누어 실태조사를 진행했다. 여기서 저소득층의 기준은 월평균 가구소득 140만 원 이하(만 19~64세) 또는 70만 원 이하(만 65세 이상)인 가구를 의미한다. 그 결과 저소득층은 일반 집단에 비해 기후위험에 많이 노출되어 있었으며, 에어컨이 없거나 에어컨이 있어도 전기료 때문에 사용하지 않는 경우도 많았다. 이는 여러 기상요소 중 폭염에 대해서만 조사한 결과이나,

한파로 인한 실태조사를 할 경우에도 유사한 결과가 나올 것이라 생각한다.

기후변화 속에 살아가기 위한 '적응'

같은 기후변화 현상이리고 히더라도 고령층, 영유아, 기저질환자들이 기후변화에 취약한 정도는 확연히 다를 것이다. 그리고 소득에 따른 적응능력 역시 천차만별일 것이다. 이에 우리나라는 2010년 '국가 기후변화 적응 기본대책'을 마련했으며, 5년 단위로 '국가 기후변화 적응대책 세부시행계획'을 수립하고 있다. 두 국가계획에 따라 지자체 역시 의무적으로 5년 단위의 계획을 수립해야 한다. 그리고 국가의 기후변화에 대한 취약성을 평가하고, 이에 따른 기후변화 적응대책을 발굴하는 기관으로 '국가기후변화적응센터'를 설립했다.

온실가스를 감축하는 것은 중요하다. 그뿐만 아니라 기후변화시대에 어떻게 살아남을 것인가도 중요하다. 그러나 현재까지 기후변화와 관련된 정책의 초점은 온실가스 감축에 맞추어져 있었다. 폭염, 폭설, 폭우와 같은 이상기후의 빈도와 강도가 증가함에 따라 기후변화 적응대책에도 사람들의 관심이 증가하는 것은 고무적인 일이다.

기후변화와의 싸움은 장기전이다. 온실가스 감축시설에 투자할 경우 시설을 직접 눈으로 확인할 수 있고, 온실가스 감축효과를 직접적으로 확인할 수 있다. 예를 들어 태양광발전 시설의 경우 시설을 눈으로 확인할 수 있고, 계량기를 통해 전력 생산량을 쉽게 파악할 수 있다. 반면 기후변화 적응시설에 투자할 경우는 시설을 볼 수는 있어도 그 효과는 서서히 볼 수밖에 없다. 예를 들어 제방의 설계기준을 높인다고 하면 기존보다 더 많은 토목공사 비용이 발생하는데, 제방의 효과는 태풍이나 쓰나미가 몰려와야만 확인할 수 있다.

좀 더 가까운 예로 2022년 8월 발생한 집중호우 피해가 같은 서울 안에서도 달랐던 것으로도 설명할 수 있다. 시간을 거슬러 11년 전인 2011년 7월 이틀 동안 400mm 정도의 폭우가 발생했을 때 우면산 산사태 등 강남구, 서초구에선 큰 피해가 발생했다. 당시 양천구 신월동도 주택 1,182채가 침수되었다. 이때를 계기로 서울시는 집중호우에 대비한 빗물저류배수시설인 '대도심 빗물터널' 건설을 계획했다. 그에 따라 서울시는 양천구에 지하 40m에 지름 10m 크기로 강서구와 양천구를 잇는 4.7km 구간에 '신월 빗물터널'을 2020년 완공하여 운영하고 있다. 2022년 8월 사흘간 양천구에는 300mm에 달하는 비가 내렸지만 주택, 상가, 도로 침수 신고가 한 건도 발생하지 않았다.[47] 반면 강남구는 피해가 컸다. 강남구도 빗물터널을 건설하기로 계획했으나 지역주민이 반발해 취소되었다. 전문가들은 빗물터널의 유무가 이번 집중호우 피해의 '운명을 갈랐다'

고 분석했다.[48] 언젠간 발생할지 모를 이상기후 대비 여부가 두 지역의 운명을 가른 것이다.

언젠가는 닥칠 초대형 태풍이나 쓰나미를 견딜 수 있는 제방과 집중호우로 인한 침수 피해를 위해 만든 배수터널이 우리의 생명과 재산을 지킨다면 제방과 배수터널이라는 사회안전망에 대한 투자는 올바른 투자일 것이다. 기후변화와의 싸움은 장기전이기에 장기적인 안목으로 꾸준한 투자가 필요한 지점이다.

책임은 없으나
피해를 받는 아이들

기후위험에 노출된 전 세계 10억 명의 어린이

매달 월급날이면 그날은 가족 모두가 한 달 동안 고생했다는 의미로 아이들이 가장 좋아하는 음식 중 하나인 양념치킨을 시킨다. 어김없이 거실 테이블에 둘러앉아 아이들은 양념치킨을 맛있게 먹고, 나와 아내는 맥주 한잔을 하기도 한다. 그리고 아이들이 좋아하는 TV 채널인 EBS를 틀어놓는다. EBS 프로그램 하나가 끝나고 유니세프 후원 요청 광고에서 굶주림에 허덕이는 아이들이 나온다. 치킨을 먹고 있는 내 옆의 아이들과 TV 속 아이들이 오버랩되면서 잠시 생각에 잠긴다. 왜 아무런 죄 없는 저 아이들은 고통을 겪는가?

유엔아동기금 유니세프(UNICEF)는 2021년 8월 《기후위기는 아동 권리의 위기(The Climate Crisis is a Child Rights Crisis)》라는 보고서를 발간했다. 이 보고서에는 기후변화로 인한 폭염, 홍수, 가뭄, 대기오염 등과 같은 기후위험에 얼마나 많은 어린이가 노출되어 있는지 분석했다. 보고서에 따르면 전 세계 8억 2천만 명의 어린이(전 세계 어린이의 1/3)가 폭염에 노출되어 있으며, 지구온난화에 따른 평균기온 상승으로 폭염에 노출되는 어린이들은 지속적으로 증가할 것이라 한다. 전 세계 9억 2천만 명의 어린이(전 세계 어린이의 1/3 이상)가 식수 부족에 노출되어 있으며, 기후변화로 가뭄의 빈도와 정도가 심각해짐에 따라 식수 부족에 노출되는 어린이들도 지속적으로 증가할 것이라 한다. 사이클론과 태풍에 전 세계 4억 명의 어린이(전 세계 어린이의 1/6)가 노출되어 있으며, 홍수와 하천 범람에 전 세계 3억 3천만 명의 어린이(전 세계 어린이의 1/7)가 노출되어 있다고 한다. 그리고 해수면 상승으로 인한 해안 침수 위험에도 전 세계 2억 4천만 명의 어린이(전 세계 어린이의 1/10)가 노출되어 있다고 한다.[49][50]

결론적으로 현재도 전 세계 어린이 인구 22억 명 중 약 99% 이상의 어린이가 적어도 1개 이상의 기후위험에 이미 노출되어 있다는 것이다. 그리고 절반인 10억 명의 어린이는 극한기후위험에 노출되어 있으며, 8억 5천만 명의 어린이(전 세계 어린이의 1/3)는 4개 이상의 기후위험에 노출되어 있다고 한다.

기후위기에 시달리는 어린이

(단위 : 명)

대기오염	식수 부족	폭염(열파)
노출된 아동 수 20억	9억 2천만	8억 2천만

사이클론, 태풍	홍수, 하천 범람	해안 침수
4억	3억 3천만	2억 4천만

＊전 세계 어린이 인구 22억 명 　　　　　　　　출처 : 유니세프

선진국 어른들에 의한 최빈국 어린이의 피해

유니세프는 같은 보고서에서 국가별 기후 상황과 사회경제 상황을 종합적으로 고려하여 국가별 아동 기후위험지수(CCRI, Children's Climate Risk Index)를 도출했다. 전 세계 163개국의 평균 지수는 5.0이고, 대한민국은 5.2점이다. 가장 취약한 상위 10위 (13개국) 국가는 중앙아프리카공화국, 차드, 나이지리아, 기니, 콩고민주공화국, 남수단 등 모두 아프리카 대륙에 있는 나라다. 앞서 살펴본 기후변화에 생존하기 어려운 나라들과 대부분 일치한다. 163개국 중 가장 취약한 것으로 나타난 중앙아프리카공화국의 경우 아동 기후위험지수는 8.7이다. 그러나 국민 1인당 온실가스 배출량은 0.07톤/명밖에 안 되며, 더욱이 전 세계 온실가스 배출량에서 이

국가의 온실가스 배출량 비율은 0.001%밖에 안 된다. 가장 취약한 상위 10위에 해당하는 13개 국가들의 아동 기후위험지수의 평균은 8.2로 높은 편에 속한다. 그러나 이들 국가의 온실가스 배출량을 모두 더해도 전 세계 온실가스 배출량에서 차지하는 비율은 0.55%밖에 안 된다. 이것이 바로 선진국 어른들에 의한 최빈국 어

아동 기후위험지수와 연계한 1인당 온실가스 배출량

CCRI 상위 순위 국가				CCRI 하위 순위 국가			
CCRI			1인당 온실가스 배출 순위	CCRI			1인당 온실가스 배출 순위
순위	점수	국가명		순위	점수	국가명	
1	8.7	중앙아프리카공화국	215	163	1.0	아이슬란드	29
2	8.5	차드	212	162	1.5	룩셈부르크	17
		나이지리아	172	161	1.6	뉴질랜드	48
4	8.4	기니	193	159	1.7	핀란드	45
		기니-비사우	203			에스토니아	36
		소말리아	214	158	1.8	스웨덴	88
7	8.2	니제르	210	154	2.1	노르웨이	39
		남수단	206			몰타	98
9	8.0	콩고민주공화국	216			아일랜드	49
10	7.9	앙골라	168			오스트리아	50
		카메룬	194	153	2.2	리히텐슈타인	95
		마다가스카르	205	152	2.3	슬로베니아	57
		모잠비크	197	151	2.4	스위스	92

전 세계 평균 : CCRI 5.0, 1인당 배출량 4.47톤/명
대한민국 : CCRI 5.2(72위), 1인당 배출량 11.66톤/명(21위)

출처 : UNICEF, The climate crisis is a child rights crisis, 2021; Our World in Data

린이가 피해를 본다는 논리의 근거다.

반면 아동 기후위험지수가 가장 낮은 국가는 아이슬란드로 1.0이다. 다음으로 룩셈부르크 1.5, 뉴질랜드 1.6, 핀란드 1.7, 에스토니아 1.7, 스웨덴 1.8, 노르웨이 2.1 순으로 대부분 선진국으로 분류되는 국가다. 참고로 우리나라는 5.2로 전 세계 72위다.

아동 기후위험지수 결과와 국가별 1인당 온실가스 배출량을 비교해보면 결과는 더욱 극명하다. 앞서 '데이터 속 세상(Our World in Data)'의 전 세계 216개국의 1인당 온실가스 배출량을 활용했다. 그 결과 아동 기후위험지수가 높은, 곧 아이들이 기후변화에 위험한 국가들의 1인당 온실가스 배출량 순위는 모두 168위 이상으로 아이들을 포함한 모든 국민이 지구온난화 기여도는 낮았다. 반면 아동 기후위험지수가 낮은, 곧 아이들이 기후변화에 덜 위험한 국가들의 상당수가 1인당 온실가스 배출량이 높은 축에 속했다. 결국 최빈국 어린이들은 자신들이 배출하지도 않은 온실가스로 기후위험의 최전선에 노출되고 있는 것이다.

세대간 불평등의 발생

기후위험의 불평등은 다음 세대 아이들에게 피해를 줄 것이다. 이는 정도의 차이는 있으나 선진국, 개발도상국 및 최빈국의 아이들 모두 공통으로 겪을 위험이다.

2021년 벨기에 브뤼셀 자유대학 윔 티에리(Wim Thiery) 연구팀은 세대별(1960년 출생, 2020년 출생), 지역별 기후변화에 따른 부담 결과를 《사이언스(Science)》에 게재했다.[51] 분석 결과에 따르면, 2020년에 태어난 세대는 1960년에 태어난 세대보다 평균적으로 가뭄 피해는 2.6배, 홍수 피해는 2.8배, 경작 실패는 3배, 산불피해는 2배 더 많이 겪을 것이라 한다. 또한, 시역적으로 편차가 존재한다. 2016년 이후 유럽과 중앙아시아에서 태어난 5,300만 명의 어린이는 약 4배 더 많은 극한기후 상황을 경험하게 되지만, 사하라 사막 남쪽의 아프리카에서 같은 또래 1억 7,200만 명의 어린이는 6배 더 많은 극한기후 상황을 경험하게 될 것이라 한다.

이런 이유로 청소년들의 기후행동이 시작된 것이다. 과거 세대나 현재 세대가 배출한 온실가스 배출에 대한 책임을 미래 세대에 전가하지 말고, 현재 세대가 온실가스 감축에 대한 책임을 지라는 것이다. 2018년 8월 그레타 툰베리는 매주 금요일 '기후를 위한 학교 파업(School Strike for Climate)'을 시작했다. 이러한 청소년들의 동맹은 순식간에 전 세계로 퍼져나갔다. 오스트레일리아, 브라질, 인도, 나이지리아, 영국, 독일 등 100개국 넘게 시위가 급속도로 확대되었다. 이후 2019년에 툰베리는 유엔 기후행동 정상회의에 참여하며, 미래 세대를 위한 현재 세대의 노력을 강조했다.

기후변화는 현재 진행형이다. 산업화 이후 선진국들이 경제발전 과정에서 발생시킨 온실가스로 인한 기후변화의 '역사적 책임'도 중요하나, 많은 선진국이 아직도 온실가스 다배출 순위 상위 국가에 이름을 올리고 있다. 선진국의 온실가스 배출은 현재 진행형인 것이다. 그러나 기후변화로 피해를 받는 국가들은 아프리카나 아시아의 최빈국이다. 특히 선진국 어른들이 배출한 온실가스로 최빈국 어린이들이 피해를 겪는 것이다.

기후불평등은 계속될 것이다. 현재 온실가스 배출을 멈추더라도 기후변화는 계속될 것이다. 그렇기에 기후위험에 노출되는 아이들 역시 지속적으로 늘어날 것이다. 그리고 시간이 흐르는 동안 많은 어린이가 어른들이 배출한 온실가스로 인한 기후변화로 사망할 것이다. 이는 선진국, 개발도상국 및 최빈국 어린이 모두에게 해당된다. 또한, 강화된 폭염과 기상이변, 만성적인 식수와 식량 부족에 시달린 어린이들은 시간이 흘러 기후불평등 속에 생존한 어른이 될 것이다.

그러나 기후 책임은 강화될 것이다. 전 세계적인 온실가스 감축 의무는 강화되고 있으나, 현재의 기후변화 협상의 속도를 보면 현재의 온실가스 감축량을 미래로 전가할 수 있다. 그렇게 되면 지금의 어린이들이 미래에 어른이 되었을 때 그들 스스로 생존을 위해 더 많은 온실가스 감축 책임을 짊어져야 할 것이다. 혹은 어른들이 배출한 온실가스 감축 책임을 태어나는 동시에 평생 짊어지고 살아야 할 것이다.

2부

기후변화가
뒤흔들 세상

기후변화가 바꿀
미래 라이프스타일

평균기온 1~6℃가 상승한 미래

기후변화를 예측하기 위한 기후 시나리오

인류 최고의 지식을 동원해 찾아낸 과학적 증거를 통해 지구온난화와 기후변화가 사실임이 밝혀졌다. 그리고 인류는 최악의 상황을 막기 위해 국제협상과 국가 차원의 노력을 해왔다. 그럼에도 2020년에는 산업화 이전보다 전 지구 평균기온이 1.09℃ 상승했으며, 우리나라의 평균기온도 1.6℃ 정도 상승했다.

2018년 발간한 IPCC 《지구온난화 1.5℃》특별보고서를 통해 과학자들은 전 지구 평균기온 상승 폭을 2℃보다 낮춰 1.5℃로 제한해야 한다고 경고했다. 이때 예측한 전 지구 평균기온 상승 폭 1.5℃ 도달 시점이 2030~2052년 사이였다. 3년이 지난 2021

년 발간한 IPCC 《제6차 평가보고서》에서는 1.5℃ 도달 시점이 2021~2040년 사이라고 예측했다. 3년 만에 1.5℃ 도달 시점이 9~12년 빨라진 것이다. 기후위기가 한층 더 빨리 다가오는 것이다.

미래의 기후변화를 예측하기 위해서 과학자들은 기후 시나리오라는 것을 활용한다. 과거 2014년 발간한 IPCC 《제5차 평가보고서》는 대표농도경로(RCP, Representative Concentration Pathways)라는 미래 시나리오를 사용했다. 이는 인간 활동이 지구 대기에 미치는 영향력(복사강제력)의 정도에 따라 '대표적'인 온실가스 배출 경로 시나리오를 설정하여 분석하는 방식이다. 예를 들어 가장 긍정적인 기후변화 시나리오(RCP2.6)의 경우 인간이 기후변화 완화를 위한 최선의 노력을 하고, 인간 활동에 의한 영향을 지구 스스로 회복이 가능하다고 가정한다. 이때 가정한 2100년의 대기 중 이산화탄소 농도는 420ppm인데, 이미 현재의 대기 중 이산화탄소 농도가 400ppm이 넘었다. 가장 긍정적인 시나리오지만 현실적으로는 실현 불가능하다. 가장 부정적인 기후변화 시나리오(RCP8.5)는 인류가 현재 추세(저감 없이)로 온실가스를 배출하는 경우인데 이때의 2100년 대기 중 이산화탄소 농도는 940ppm에 이를 것으로 예상된다. 그리고 두 시나리오 사이의 가장 현실적인 시나리오가 RCP4.5 시나리오인데, 이는 온실가스 저감 정책이 상당히 실현되는 경우이며, 이때의 2100년 이산화탄소 농도는 540ppm 정도로 예측된다.

IPCC 《제6차 평가보고서(2021)》는 미래의 기후변화를 예측할 때 《제5차 평가보고서(2014)》에서 반영한 온실가스 배출량뿐 아니라, 온실가스 배출에 따른 인구, 경제, 토지 이용 및 에너지 사용 등의 미래 사회경제 상을 반영했다. 이때 가정한 미래 기후변화 시나리오를 '공통사회경제경로(SSP, Shared Socioeconomic Pathways)'라고 한다. 과거 RCP 시나리오와 어떤 차이가 있을까? 예를 들어 RCP 시나리오는 단순히 온실가스 배출량만 고려했다면, SSP 시나리오에는 온실가스 농도 증가 및 지구온난화에 따라 영구동토층이 녹아 추가로 온실가스가 더 배출되거나 산림황폐화에 따른 산림의 이산화탄소 흡수 감소 같은 토지 이용의 변화까지 복합적으로 고려한 시나리오라고 이해하면 된다.

가장 긍정적인 기후변화 시나리오(SSP1-2.6)는 재생에너지 기술 발달로 화석연료 사용이 최소화되고 친환경적인 지속가능한 경제 성장을 가정한 것이며, 가장 부정적인 기후변화 시나리오(SSP5-8.5)는 산업기술의 빠른 발전에 중심을 두어 화석연료 사용이 높고 도시 위주의 무분별한 개발 확대를 가정한 것이다. RCP 시나리오와 마찬가지로 중간 정도의 SSP 시나리오가 SSP2-4.5 시나리오인데, 기후변화 완화 및 사회경제 발전 정도가 중간 단계를 가정한 상황이다.

IPCC 《제5차 평가보고서》 RCP 시나리오와 IPCC 《제6차 평가보고서》 SSP 시나리오

구분	RCP			SSP	
사용	IPCC 《제5차 평가보고서》에 사용			IPCC 《제6차 평가보고서》에 사용	
특징	지구 복사강제력을 기준으로 설정			기후변화 대응정책과 연계하여 설정	
가정	종류	의미		종류**	의미
긍정적 ↑↓ 부정적	RCP2.6*	인간 활동에 의한 영향을 지구 스스로가 회복 가능한 경우		SSP1-2.6	재생에너지 기술 발달로 화석연료 사용이 최소화되고 친환경적인 지속가능한 경제성장을 가정
	RCP4.5	온실가스 저감 정책이 상당히 실현되는 경우		SSP2-4.5	기후변화 완화 및 사회경제 발전 정도가 중간 단계를 가정
	RCP6.0	온실가스 저감 정책이 어느 정도 실현되는 경우		SSP3-7.0	기후변화 완화 정책에 소극적이며 기술개발이 늦어 기후변화에 취약한 사회구조를 가정
	RCP8.5	현재 추세(저감 없이)로 온실가스가 배출되는 경우		SSP5-8.5	산업기술의 빠른 발전에 중심을 두어 화석연료 사용이 높고 도시 위주의 무분별한 개발 확대를 가정

* RCP와 SSP 뒤의 숫자(2.6~8.5)는 복사강제력(Radiative Forcing)을 의미하며, 숫자가 커질수록 지구온난화에 미치는 영향이 크다는 의미.
** SSP 시나리오의 첫 번째 숫자는 기후변화 적응을 위한 사회·경제적 노력, 두 번째 숫자는 2100년 기준의 복사강제력을 의미.

출처 : 기상청, 기후위기 대응을 위한 시간, 얼마 남지 않았다. 2021.08.08.

《6도의 멸종》

2007년 마크 라이너스(Mark Lynas)는 《6도의 멸종(Six Degrees: Our Future on a Hotter Planet)》을 출간했다. 이 책의 주요 내용은

지구온난화로 전 지구 평균기온이 1℃씩 상승할 때마다 변화하는 지구의 모습을 제시하는 것이다. 그리고 마크 라이너스는 15년 만인 2022년에 이 책을 다시 편집하여 국내에서는 《최종경고 : 6도의 멸종》으로 재출간했다. 최종경고라고 심각하게 이야기하듯이 그가 15년 전에 전망한 1℃ 상승의 미래는 미래가 아닌 이미 현실이 되었다. 아니, 이미 1.09℃가 상승했기에 과거가 되었다.

지구의 평균기온이 1℃ 오르면 한쪽에선 가뭄이 지속되고, 물 부족 인구가 5천만 명 발생한다. 그리고 육상생물의 10%가 멸종위기에 처하고, 기후변화로 30만 명이 사망한다.[52] 현재 전 지구 평균기온은 산업화 이전보다 1℃ 이상 상승했다. 15년 전에 마크 라이너스가 전망한 미래는 이미 현실에서 비극으로 다가왔다.

전 지구 평균기온이 2℃ 오른 2030년에는 1℃보다는 조금 더 암담해진다. 이미 우리나라는 1.5℃ 상승했기에 먼 미래가 아니다. 그리고 2℃ 높아진 세계는 파리협정에서도 제시한 마지노선이다. 해빙으로 해수면이 7m 상승하여 바다에 접한 도시들이 서서히 가라앉게 된다. 지구온난화로 북극 생물의 15~40%가 멸종위기에 처하게 되고, 고온으로 말라리아에 노출되는 인구가 급증한다.

전 지구 평균기온이 3℃ 오른 2050년에 세계는 '죽음의 문턱'에 이른다. 기존에는 상상하지 못한 폭염이 찾아온다. 이로 인해 해수면 높이는 현재보다 22m 높아진다. 해안 침수로 연간 1억 7천만 명이 피해를 보고, 기근으로도 100만~300만 명이 피해를 볼 것이다.

기온 상승에 따른 기후변화 시나리오

5℃ 상승 → 군소도서국과 뉴욕, 런던 등 침수 위험, 재난으로 자본시장 붕괴, 중국·인도 영향권 히말라야 빙하 소멸, 핵무기가 동원된 전쟁 발발

4℃ 상승 → 사용 가능한 물 30~50% 감소, 해안 침수 피해 연 3억 명, 아프리카 농산물 15~35% 감소, 서남극 빙상 붕괴 위험

3℃ 상승 → 기근으로 인한 사망 100만~300만 명, 해안 침수 피해 연 1억 7천만 명, 20~50% 생물 멸종위기, 아마존 열대우림 파괴

2℃ 상승 → 사용 가능한 물 20~30% 감소, 해빙으로 해수면 7m 상승, 15~40% 북극 생물 멸종위기, 말라리아 노출 4천만~6천만 명

1℃ 상승 → 지속되는 가뭄, 물 부족 인구 5천만 명, 10% 육상 생물 멸종위기, 기후변화로 인한 사망 30만 명

출처 : 마크 라이너스, 《6도의 멸종》

집중호우, 한파 등의 이상기후가 지속적으로 발생하여 사람들을 괴롭힐 것이다. 히말라야산맥에 있는 빙하의 질량이 50%나 감소해 담수가 줄어들고 히말라야를 터전으로 사는 국가들의 식량위기는 고조된다. 기후변화에 적응하지 못한 동식물이 점차 지구에서 사라진다. 그리고 아마존 열대우림은 파괴된다.

전 지구 평균기온이 4℃ 오른 2075년에는 해안 침수로 연간 3억 명이 피해를 보고, 사용 가능한 물은 30~50% 급감한다. 현재도 기후위기를 겪고 있는 아프리카에서는 농산물이 15~35% 감소하고,

남극의 빙하는 붕괴된다. 지중해는 살인적인 폭염과 가뭄을 겪고, 러시아와 동유럽 지역에 더 이상 눈이 내리지 않게 된다.

전 지구 평균기온이 5℃ 오른 2090년에는 잦은 재난과 기근 등으로 자본시장이 붕괴될 것으로 전망한다. 그리고 군소도서국과 뉴욕, 런던 등이 침수되어 거주 가능 지역(캐나다, 러시아 등)으로 피난민이 발생해 갈등이 촉발된다. 결과적으로 핵무기가 동원된 전쟁도 발생하게 된다. 마지막으로 전 지구 평균기온이 6℃가 오른 2100년에는 바닷속의 메탄하이드레이트가 대량 분출되면서 지구의 모든 생명체의 대멸종이 시작된다.

한반도 기온 상승

우리나라도 예외는 아니다. 지난 100여 년간 평균기온이 지속적으로 상승했다. 1912~2020년 동안 평균기온이 0.02℃/년 상승했으며, 최근 30년(1991~2020년)은 과거 30년(1912~1940년)에 비해 평균기온이 1.6℃ 상승했다.[53] 우리 자녀들이 우리 나이가 되는 2050년경에는 평균기온이 가장 긍정적 시나리오에서는 1.57℃, 가장 부정적 시나리오에서는 2.35℃ 상승하게 될 것이다.

단순히 평균기온만 상승하는 것이 아니다. 사계절의 길이도 변하고 있다. 계절을 나누는 전통적인 기준은 24절기를 바탕으로 구분하는 것이다. 2월에 입춘(立春), 5월에 입하(立夏), 8월에 입추(立秋),

11월에 입동(立冬)을 기준으로 봄, 여름, 가을, 겨울이 시작하는 날짜로 잡았다. 그리고 요즘은 사계절을 3~5월이 봄, 6~8월이 여름, 9~11월이 가을, 12~2월까지 겨울로 나누고 각 기간은 대략 90일이다.[54]

전통적인 기준과 달리 우리나라 기상청은 일 평균기온 5℃와 20℃ 기준에 따라 사계절을 구분한다. 수도권을 기준으로 살펴보면 최근 10년(2010~2019년) 동안 여름은 104일, 겨울은 119일이었다. 그런데 미래에는 여름은 더욱 길어지고, 겨울은 더욱 짧아질 것으로 기상청은 전망한다. 온실가스 배출량을 획기적으로 줄인 가장 긍정적인 기후변화 시나리오(SSP1-2.6)에서도 2021~2040년 여름의 길이가 115일로 증가하고, 겨울의 길이가 95일로 짧아진다. 2081~2100년에는 여름의 길이가 129일로 급증하고, 겨울의 길이는 87일로 줄어든다. 그러나 현재 세대가 아무런 노력도 하지 않는 가장 부정적인 기후변화 시나리오(SSP5-8.5)에서의 계절 변화는 상상을 초월한다. 2081~2100년에는 여름의 길이가 173일로 현재보다 70일 정도 증가하고, 겨울의 길이는 67로 현재의 반 정도 수준으로 줄어든다.

우리의 다음 세대, 그리고 그다음 세대는 일년 중 여름만 5개월 반을 보내야 한다. 정말로 뜨겁고 긴 여름을 보낼 세대다. 현재 우리 세대가 가장 긍정적인 시나리오(SSP1-2.6)를 위해 강력한 저감 정책과 기후정책을 추진한다면 미래에 여름은 현재와 비슷하거나

수도권의 자연계절 길이 변화

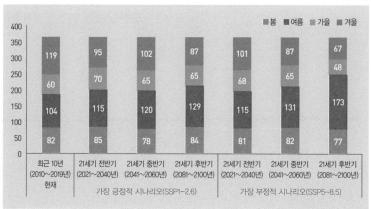

(단위 : 일)

출처 : 기상청, 남한상세 기후변화 전망보고서, 2021

조금만 늘어날 것이다. 우리 아이들에게 어떤 미래를 물려줄 것인가? 그렇기에 지금 우리 세대의 노력이 중요하다는 것이다. 다음 장에서부터는 기후변화에 따라 바뀔 우리 다음 세대들의 미래를 살펴보자.

〈독도는 우리 땅〉으로 보는
식탁 메뉴의 변화

독도는 우리 땅

1. 울릉도 동남쪽 뱃길따라 *87K* 외로운 섬 하나 새들의 고향

   그 누가 아무리 자기네 땅이라고 우겨도 독도는 우리 땅

2. 경상북도 울릉군 울릉읍 독도리 동경 백삼십이 북위 삼십칠

   평균기온 **십삼도** 강수량은 **천팔백** 독도는 우리 땅

3. 오징어 꼴뚜기 대구 **홍합 따개비 주민등록 최종덕 이장 김성도**

   19만 평방미터 *799에 805* 독도는 우리 땅

〈독도는 우리 땅〉은 1980년대 KBS TV 코미디 프로그램 〈유머 1번지〉 중 '변방의 북소리'라는 코너를 통해 알려진 노래다. 현재 30~40대 나이대의 독자라면 기존에 알던 노래 가사와는 낯선 부분이 여러 군데 있을 것이다. 〈독도는 우리 땅〉의 노래 가사는 시대 상황을 반영하여 여러 번 바뀌었는데, 여기서 소개하는 가사는 2012년도 판 〈독도는 우리 땅〉이나. 그렇기에 아이들은 이 가사를 보고 아무런 이상함을 못 느낄 수도 있다.

1980년대생인 내가 외웠던 가사는 '평균기온 십이도 강수량은 천삼백'이었다. 그런데 현재의 가사를 그때와 비교해보면 평균기온은 1℃ 높아졌고, 강수량도 500mm 늘었다. 20년 사이에 평균기온과 강수량이 변한 것이다. 기후변화를 반영하여 가사가 바뀐 것이다. 다음으로 익숙한 가사는 '오징어 꼴뚜기 대구 명태 거북이'다. 현재의 가사에는 명태와 거북이는 종적을 감추고, 홍합과 따개비가 그 자리를 차지했다. 독도 주변의 생태계 변화를 반영하여 가사가 바뀐 것이다. 대표적인 한류성 어종인 명태는 지구온난화로 따뜻해진 독도 주변 바다에서 더 이상 서식하지 못한다. 수온이 상대적으로 차가운 북한, 러시아 쪽으로 올라간 것이다. 그렇기에 과거에는 자주 보였던 '생태탕' 전문점들의 국산 생태는 현재 러시아산 '동태'로 대체되었다.

이제는 우리의 식탁에서 사라지는 먹거리들이 나타날 것이다. 이는 지구온난화와 기후변화로 더 이상 한반도에 기존의 농수산물이 살기 어려운 조건이 도래했기 때문이다.

우선 주요 농작물의 주산지가 이동하고 있다.[55] 1970년과 비교했을 때, 사과, 복숭아, 포도를 포함한 우리나라에서 재배 중인 과일의 주산지가 대부분 북상했다. 사과는 과거의 주산지인 대구, 경북(경산, 영천, 경주)에서는 재배면적이 많이 줄었으며, 강원도 영월, 정선 심지어 양구 산간 지역에서도 재배되고 있다. 이렇게 사과, 복숭아, 포도 같은 우리에게 익숙한 과일의 최적 재배지였던 지역은 아열대 작물의 재배지로 바뀌고 있다.

열대과일로 알려진 망고, 파인애플, 구아바, 파파야, 패션프루트 같은 과일들이 이젠 대한민국 곳곳에서 재배되고 있다. 사계절이 있는 우리나라의 특성상 아직까지는 이러한 열대과일을 겨울철 냉해를 피해 실외에서 재배할 수는 없다. 그러나 지구온난화로 우리나라의 기후가 열대과일이 생육할 수 있는 상황이 되어 열대과일의 재배면적이 점차 증가하고 있다. 파파야는 충남, 전남에 걸쳐 많이 재배되고 있으며, 패션프루트는 충북, 경북, 경남, 전남에 걸쳐 재배되고 있다. 그리고 망고를 비롯하여, 구아바, 파인애플, 아보카도, 심지어 용과까지 우리나라 남부지방을 중심으로 재배가 시작됐다. 기후변화로 과일 재배환경이 변하기도 했지만, 열대과일 수요 변화도 존재한다. 기존 과수농가는 더 이상 사과와 배 같은 기존 과일을 재배할 수 없는 환경이기에 젊은 층의 열대과일에 대한 수요 증가를 반영하여 열대과일 재배면적을 늘리고 있다.

현재 전국 열대과일 재배현황

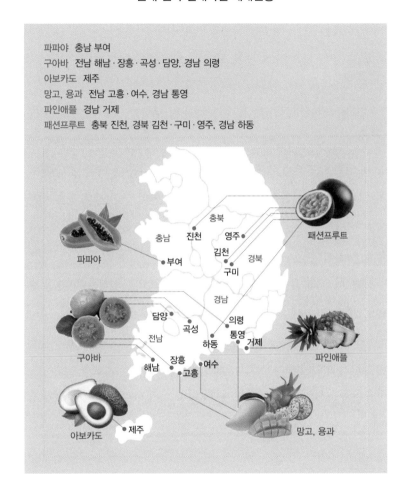

파파야　충남 부여
구아바　전남 해남·장흥·곡성·담양, 경남 의령
아보카도　제주
망고, 용과　전남 고흥·여수, 경남 통영
파인애플　경남 거제
패션프루트　충북 진천, 경북 김천·구미·영주, 경남 하동

파파야
패션프루트
충북
충남
진천
영주
경북
김천
부여
구미
경남
담양
의령
곡성
통영
전남
하동
거제
구아바
장흥
여수
해남
고흥
파인애플
아보카도
제주
망고, 용과

　바다에서의 변화는 더욱 극심하다. 최근 한반도 주변 해역의 연
평균 수온이 급변하고 있다. 바다의 평균수온이 1968년 16.1℃에서
2020년 17.4℃로 약 1.3℃도 상승한 것이다. 바다 수온이 1℃ 오르

는 건 육지의 기온이 5~10℃ 이상 오르는 것과 같다고 한다. 그렇기에 해수 온도 1.3℃ 변화는 육지 온도 6.5~13℃의 변화인 셈이다. 엄청난 변화다. 해수 온도가 급격히 변화하는 상황에서 수생물이 할 수 있는 일이란, 진화를 통해 현재의 조건에 적응하거나, 현재의 서식지를 떠나 다른 곳으로 이동하는 것뿐이다. 그러나 진화를 통해 현재의 수온 상승에 적응하는 전략을 취하기에는 해수 온도 상승이 너무 가파르다. 그렇기에 물고기 같은 어류는 산란을 위해 다른 바다로 서식지를 이동할 수밖에 없다. 반면 물고기와 달리 이동하기 어려운 조개, 전복이나 미역, 김 같은 생물들은 서서히 서식지에서 사멸한다.

이에 따라 바다에 사는 해양생물이 급변하고 있다.[56] 한류성 어종인 도루묵, 명태는 감소하고 있으며, 난류성 어종인 고등어, 멸치, 오징어는 증가하고 있다. 해양수산부는 2014년부터 한류성 어종인 명태에 포획금지령을 내리고 치어를 방생하는 등 노력했으나 결국 동해안에서 자취를 감추었다. 난류성 어종인 고등어의 1970년대 조업량은 8만 4천 톤이었으나, 2010년대에는 조업량이 13만 7천 톤으로 대폭 늘었다. 또한 고등어의 조업 시기도 빨라지고 있으며, 조업이 가능한 어장도 점점 북상하고 있다.[57] 가을을 알리는 생선인 전어의 조업 시기도 빨라지고 있다. '가을전어 대가리에는 깨가 서말'이라고 옛날부터 전어는 가을을 대표하는 생선이다. 하지만 수온 상승에 따라 난류성 어종인 전어의 어장이 일찍 형성되면서 이젠

여름에도 전어가 많이 잡힌다.[58]

따뜻해진 바다 수온으로 난류성 어종이 북상한 자리는 아열대 생물이 점차 차지했다. 제주도에서는 아열대 산호초가 번성하며, 아열대 어종도 발견된다. 제주 바다의 170여 어종 가운데, 확인 및 기록된 아열대 어종의 수만 87종이며 속속 국내 미기록종이 발견된다.[59] 이는 급격하게 오른 수온으로 대만, 필리핀, 오키나와 바다에서 서식하던 물고기들이 이젠 제주도 바다에서도 겨울을 날 수 있기 때문이다.

우리나라의 기후변화 시나리오에 따라 주요 농작물의 북상은 미래에도 지속될 것이나, 아예 생육할 수 없는 농작물도 존재할 것이다. 가장 부정적인 기후변화 시나리오(RCP8.5)에서 강원 산간을 제외한 남한 대부분 지역이 아열대 기후로 바뀐다. 이에 따라 사과는 강원 일부 지역에서만, 복숭아는 영동 및 전북 일부 산간 지역에서만 재배될 것이다.[60] 반면 아열대 기후에 적합한 단감과 감귤은 지구온난화에 따라 재배지가 지속적으로 확대될 것이다. 단감은 산간 지역을 제외한 중부내륙 지역까지 재배지가 넓어지고, 감귤은 강원도 해안 지역까지 그 재배지역이 넓어진다. 그리고 더 먼 미래에는 한반도에서 재배되던 기존의 농작물들은 사라지고 아열대 작물뿐 아니라 열대작물까지 재배가 가능해질 것이다.

제주도는 연간 관광객이 천만 명 이상 찾는 우리나라의 대표적 관광지다.[61] 제주도 이곳저곳을 다니다 보면 감귤 따기 체험을 할 수 있는 농장이 많이 보인다. 감귤 따기 체험을 하면 작은 바구니에 직접 딴 감귤을 담기도 하고, 바로 그 자리에서 먹기도 하며 즐거운 시간을 보낼 수 있다. 이런 체험들도 점점 책에서만 볼 수 있는 전설 같은 이야기가 될 것이다. 우리 다음 세대들이 부모가 됐을 때는 더 이상 제주도는 감귤 재배에 적합한 기후환경이 아니라서, 감귤 따기 체험을 하기 위해 전라남도나 경상남도로 가야 한다. 만약 제주도에서 감귤을 보려면 한라산 중턱까지 올라가야만 할 것이다.

현재의 예측대로 지구온난화가 진행되면 우리의 식탁에 오르는 음식에도 상당한 변화가 생길 것이다. 지구온난화에 따라 우리에게 익숙한 사과, 포도, 복숭아 같은 과일은 점차 사라질 것이고, 그 자리에는 망고, 파인애플, 구아바 같은 열대과일이 자치할 것이다. 지구온난화로 벼의 생육은 빨라질 수 있으나, 이상기후와 강력해진 태풍으로 벼의 생존 조건은 악화될 것이다. 또한 지구온난화에 따라 우리에게 익숙한 도루묵, 명태, 갈치 같은 해산물은 점차 사라질 것이고, 그 자리에는 고등어, 오징어는 물론 파랑돔, 청줄돔, 어렝놀래기 같은 아열대 물고기가 주요 어종이 될 것이다. 심지어 해수면 상승에 따라 염전도 침수[62]되어 이젠 소금도 구할 수 없고, 갯벌도 계속 잠기어 조개를 볼 수 없을 수도 있다.[63]

2100년대까지 명절에 지내는 차례가 존재할지 모르겠으나, 미래의 차례상도 현재와는 많이 다른 모습일 것이다. 해수 온도 상승으로 차례상에 올라가는, 벌써부터 국내산 생물은 찾을 수도 없는 북어와 동태전은 사라질 것이다. 차례상 맨 앞줄에 놓는 국산 배와 사과도 찾아보기 힘들 것이다. 그 대신 전국에서 잘 자라는 감귤을 놓거나, 망고나 파파야가 차지할 수밖에 없는 현실이 도래할 것이다.[64] 지금까지 우리 세대가 누리던 음식들이 우리의 아이들에겐 동화 속에서 볼 수 있는 상상 속 음식이 될 날이 멀지 않았다.

커피와 와인은
계속 마실 수 있을까?

커피와 와인을 처음 마셨을 때는 '이렇게 쓴 것을 왜 마시지?'라는 느낌이었다. 그런데 지금은 달라졌다. 무더운 여름날 마시는 아이스 아메리카노 한잔은 더위를 날려주고, 지인들과 수다를 떨면서 마시는 와인 한잔은 모임의 분위기와 기분을 더 좋게 만든다.

그러나 미래에는 이 커피와 와인을 마실 수가 없게 될 것이라고 한다. 현재도 이상기후 때문에 냉해와 가뭄이 발생해 커피와 포도 농가가 피해를 받고 있으나, 지구온난화로 커피와 포도의 생육환경이 점차 악화되고 있기 때문이다.

커피 : 이상기후와 생산지의 소멸

커피는 7세기 이전부터 에티오피아고원과 수단의 숲속에서 자생해왔다. 과거 염소 목동 '칼디(Kaldi)'가 자신의 양들이 이상한 열매를 먹고 나서 잠도 안 자고 밤새 뛰어오는 모습을 발견했고, 이 열매가 피곤함을 덜어주는 효능이 있음을 우연히 알게 되어 재배하기 시작했다고 한다. 이때 발견된 커피 품종이 아라비카(Arabica)다.

이후 커피는 이집트와 예멘으로 전파되었고, 15세기경 페르시아, 터키, 북아프리카로 전파되었다. 커피는 매년 메카를 방문하는 수피(Sufi) 순례자들에 의해 입소문을 탔다. 수피들은 신과 합일되는 것을 최상으로 여기는 종파 중 하나인데, 신과 합일되기 위해서는 밤

칼디와 춤을 추는 염소들

샘 기도를 해야 한다. 커피의 각성효과가 수피들이 밤샘 기도를 해도 피곤하지 않게 만든다는 사실이 확산된 것이다. 이들은 이 새로운 묘약을 '아라비아의 와인'이라 불렀다.[65]

2020년 기준 전 세계의 연간 커피 생산량은 1,018만 톤이며, 이중 아라비카(Arabica) 품종이 597만 톤(58.6%), 로부스타(Robusta) 품종이 421만 톤(41.4%)을 차지한다. 이중 브라질이 380만 톤(37.4%)을 생산하고, 다음으로 베트남 174만 톤(17.1%), 콜롬비아 86만 톤(8.4%)을 생산하고, 에티오피아에서는 44만 톤(4.3%) 정도를 생산한다.[66]

안정적으로 생산되던 커피에도 기후위기가 찾아왔다. 전 세계 커피의 37.4%를 생산하는 브라질에 이상기후가 발생한 것이다. 2020년과 2021년, 2년 연속으로 브라질 남부 지역에 닥친 극심한 가뭄은 커피나무에 필요한 수분을 제대로 공급하지 못했다. 그 와중에 2021년 7월에는 브라질에 한파가 발생했다. 브라질의 최대 커피 생산 지역인 미나스 제라이스(Minas Gerais)의 최저기온이 영하 1.2℃를 기록했다. 이미 상반기의 가뭄이 커피 농가에 피해를 미친 상황에서 추가로 커피 농가가 냉해 피해를 입었고, 브라질 커피 원두 생산 감소로 2021년 7월부터 글로벌 커피 시장에서 커피 가격이 급등했다.[67] 국제 커피선물 시장에서 커피 가격은 2021년 7월 파운드당 120센트 선에서 거래되다가 12월 연말에는 2배 정도 오른 파운드당 240센트에 거래되었다.

극단적인 이상기후뿐 아니라, 지구온난화도 커피의 재배환경에 영향을 미친다. 아라비카는 연간 강우량이 1,200~1,800mm, 온도 15~25℃라는 까다로운 조건에서만 재배할 수 있는데, 지구온난화와 기후변화가 이 조건을 흔들어놓고 있다.[68] 국제커피기구(ICO, International Coffee Organization)에 따르면 30년 후에는 아라비카 품종의 현재 경작지 중 75%는 경작이 어려워지고 로부스타의 경작지 중 63% 또한 경작할 수 없게 된다. 미국 국립과학원(NAS, National Academy of Science)의 연구에 따르면 30년 후에는 중남미 커피 생산량이 최대 88%까지 감소할 수 있다. 그리고 영국 큐 왕립 식물원(Royal Botanic Gardens Kew)의 연구에서는 2070년에는 에티오피아 커피 재배지가 최대 60%까지 사라질 수 있다고 예측했다.[69]

이에 커피 농가들은 기후변화에도 강하고 풍미도 좋은 커피 품종을 찾기 위해 노력하고 있다. 그중 한 가지 예로 영국과 프랑스, 시에라리온의 공동연구진은 시에라리온 열대우림에서 '코페아 스테노필라(Coffea stenophylla)'라는 야생 커피 품종을 찾아냈다. 이 커피 품종으로 커피를 만들어 블라인드 테스트를 했을 때 80%가 넘는 심사위원들이 아라비카와 스테노필라를 구분하지 못했다고 한다.[70]

와인 : 냉해 피해와 북상하는 생산지

와인 제조는 약 1만여 년 전 흑해와 카스피해 사이 지역에서 시작되었다. 이곳 사람들은 포도에서 즙을 짜 항아리에 넣은 후 겨울 동안 땅에 묻어두었다가 봄이 되면 꺼내 마셨다고 한다. 이곳은 노아가 '홍수가 끝나고 정착하여 포도나무를 심고 포도주를 마셨다'고 하는 지역과 일치한다. 그러다 와인은 수천년 전 메소포타미아 문명에서 이집트와 그리스를 거쳐 고대 로마에 전파되었다. 로마인들은 정복지마다 포도나무를 심었고 와인 제조법을 전파했다. 이를 계기로 유럽 전역에 와인이 퍼져나갔다. 그리고 시간이 흘러 신대륙 발견 이후 16세기 초 포도나무와 와인이 북아메리카 신대륙으로 전파된 것이다.[71]

2021년 기준 전 세계의 연간 와인 생산량은 250억 리터이며, 이 중 이탈리아가 44.5억 리터(17.8%), 스페인 35.0억 리터(14.0%), 프랑스 34.2억 리터(13.7%), 미국 24.1억 리터(9.6%), 칠레는 13.4억 리터(5.4%)를 생산했다.[72] 2021년 와인 생산량은 이상기후로 사상 최저 수준으로 떨어졌으며, 3년 연속 평균 이하 생산량을 갖는 것으로 나타났다.[73]

2021년 3월 유럽은 이례적으로 포근했다. 이에 포도나무들이 평소보다 꽃을 일찍 피웠다. 그런데 막상 4월이 되니 날씨가 급변했다. 프랑스 와인 산지인 샤블리(Chablis) 지역에 밤사이 기온이 영하 7℃까지 내려가는 한파가 발생한 것이다. 이에 와인 농가들은 포도나무가 냉해를 입지 않게 포도밭 사이사이에 불을 붙인 수만 개의 대형 파라핀 양초 화로를 놓고, 스프링클러를 이용해 물을 뿌려 얼

음이 얼 때 방출하는 잠열이 새싹을 보호하게 하거나, 송풍기나 헬리콥터를 이용해 지면의 차가운 공기와 지상의 따뜻한 공기를 순환시키는 조치를 했다.[74] 그럼에도 여의도 면적의 15배에 이르는 포도밭이 냉해 피해를 입었다.[75] 엎친 데 덮친 격으로 여름철엔 폭우마저 내려 곰팡이 피해까지 발생했다. 그 결과 프랑스의 2021년 와인 생산량은 34.2억 리터였는데, 이는 42.2억 리터의 와인을 생산한 2020년도에 비해 19.0%나 감소한 양이다. 프랑스뿐 아니라 이탈리아도 전년 대비 9.4%, 스페인도 14.0%나 생산량이 감소했다.[76]

극단적 이상기후뿐 아니라 지구온난화도 장기적으로 와인에 변화를 줄 것이다. 런던국제와인거래소(Liv-ex)에 따르면 최근 "미국 캘리포니아와 이탈리아 피에몬테(Piemonte), 토스카나(Toscana), 프랑스 론(Rhône), 스페인 라리오하(La Rioja) 등 주요 와인 생산지에서 생산한 와인의 평균 알코올 도수가 지구온난화로 상승했다"고 발표했다. 기온이 오르면 포도의 생육 조건이 좋아지면서 당도가 오르는데, 당분이 많을수록 효모에 의해 생성되는 알코올이 많아지기 때문이다. 이는 와인의 신선한 느낌을 결정하는 산도를 떨어뜨려 와인의 품질에 악영향을 준다.[77]

와인은 포도밭의 자연조건, 곧 떼루아(Terroir)의 직접적 영향을 받는다. 포도는 위도 35~50도 사이에서 자라는데 지구온난화로 와인의 생산지가 지속적으로 북상(북반구 기준)하고 있다. 그리고 지구온난화로 가뭄 발생빈도가 증가함에 따라 포도의 당도에 직접적으

로 영향을 주고 있다. 떼루아가 급격히 변하고 있다는 것이다. 우리
나라에서 포도 생산지가 과거 김천, 영동에서 영월까지 북상한 것
을 봤을 때 몇십 년 뒤에는 전 세계의 많은 포도 농장이 사라질 것
으로 전망된다.

이에 포도 농가들은 지구온난화와 가뭄에도 잘 견딜 수 있는 포
도 품종을 개량하거나, 포도의 수확시기를 조절해 최적 산도와 당
도를 갖는 포도 생산 시기를 연구하고 있다. 기후변화에 적응하려
는 노력이다. 그러나 지속적인 포도 재배지의 북상에 따라 향후에
는 이탈리아, 프랑스, 스페인 와인의 영광은 사라지고, 북아메리카
의 캐나다, 유럽의 러시아나 핀란드산 와인이 주를 이룰 수도 있다.

이렇게 기후변화는 작물의 생산 지도를 바꿀 것이고, 우리 다음
세대의 라이프스타일을 바꿀 것이다. 다음 세대는 적응을 통해 새
로운 품종의 커피와 와인을 맛볼 수 있겠으나, 우리가 겪은 것과는
다른 삶을 맞이할 것은 사실이다.

크리스마스트리가 사라지고
봄꽃이 사라진다

한라산에서 사라지는 나무들

매년 연말이 되면 집집마다 크리스마스트리를 설치한다. 이 크리스마스트리는 '가짜' 나무지만, 원래 크리스마스트리는 구상나무(*Abies koreana* E.H. Wilson)를 잘라 만든다. 구상나무의 학명에 Korea라는 단어가 들어간다. 구상나무는 1920년 우리나라의 특산식물로 보고된 종이기 때문이다. 1907년 우리나라에서 식물 채집 활동을 하던 프랑스의 포리(Faurie) 신부님과 타케(Taquet) 신부님이 한라산에서 채집한 나무 중 하나를 미국 하버드대의 식물분류학자 윌슨에게 보냈다. 연구 결과 그 나무가 세계에서 우리나라에만 있는 자생종으로 밝혀져 *Abies koreana*라는 학명으로 전 세계에 알려진 것이다. 구상나무는 기존에 크리스마스트리로 쓰던 독일가문비나무(Picea abies)보다 키가 작고, 잎이 견고하다. 더욱 중요한 것은 장식을 달 수 있도록 나뭇가지 사이에 공간이 있는 최적의 조건이기에, 개량을 거쳐 현재는 세계에서 가장 사랑받는 크리스마스트리의 '나무'가 되었다.

제주도는 화산지형으로 가운데 한라산을 두고 지표면에서부터 위로 올라갈수록 높이에 따라 식물의 모습, 곧 식생(vegetation)이 다르다. 일반적으로 고도가 100m 올라갈 때마다 평균기온은 1℃씩 낮아진다. 그렇기에 낮은 고도와 높은 고도의 식생은 달라질 수밖에 없다. 또한 1,000m 이상의 고도에서는 고도에 따른 식생의 변화 정도가 더 크다.

구상나무는 제주도를 상징하는 식물로 한라산 해발 1,000m 이상에서 자란다. 이는 구상나무가 따뜻한 기온보다는 차가운 기온에서 자라기 때문이다. 그런데 지구온난화로 기온이 따뜻해짐에 따라 한라산의 구상나무 서식지가 산의 낮은 곳부터 위협받고 있다. 이를 피해 구상나무는 생육지를 점차 한라산의 정상으로 향해 갈 것이다. 일반적으로 동물과 달리 식물의 생육지 이동 속도는 무척 느리다. 그러나 기온 상승 속도는 식물의 생육지 이동 속도에 비해 무척 빠르다. 그렇기에 한라산에서 구상나무 생육지 면적은 산의 낮은 곳부터 계속 감소할 수밖에 없다.

더 큰 문제는 제주도가 섬이라는 점이다. 육지라면 꽃가루를 통

한라산 구상나무 고사목

© 이재형

해 고도가 높은 다른 생육지로 북상하여 번식할 수 있다. 그러나 제주도는 섬이기에 구상나무가 한라산 정상까지 점차 올라가 생육하더라도 정상 이후로는 더 이상 갈 곳이 없다. 그렇기에 한반도 자생종인 구상나무는 장기적으로 멸종을 앞두고 있다.[78]

제주도의 구상나무 숲은 10년 동안 점차 사라지고 있는데, 10년 전과 비교해서 한라산의 구상나무 숲은 면적이 15.2%나 줄었다.[79] 대략적인 수치로는 한라산 전체에서 약 20만 그루의 구상나무가 고사했다. 과학자들은 2050년대에는 구상나무의 잠재적인 서식 면적은 1%로 줄어들고, 2080년에는 거의 사라질 것으로 전망한다.[80] 구상나무는 대표적인 예일 뿐이다.[81][82] 해발 1,000m 이상의 지역에서 자라는 설앵초와 한라산 꼭대기에서 자라는 돌매화나무도 더 이상 도망칠 곳이 없다. 이 자생종들도 기후변화의 피해를 받아 멸종될 것이다.

익숙한 것이 낯선 것이 된다

최근 몇 년간 코로나19로 지자체에서 개최하는 봄꽃 축제는 취소되거나 축소하여 운영된 것이 다반사였다. 심지어 벚꽃이 피는 여의도 윤중로(여의서로)에 울타리를 쳐서 접근을 통제하거나, 제주도 유채밭을 갈아엎어서 관광객의 방문을 원천적으로 차단하기도 했다. 그러나 코로나19 이전에는 기후변화로 봄꽃 축제가 취소되는 경우도 다반사였다. 기후변화로 평년보다 봄꽃이 일찍 피면서 축제가 취소됐기 때문이다.

꽃들의 개화시기도 빨라지고 있다. 벚꽃을 살펴보면, 벚꽃의 평균 개화일은 매년 4월 14일 정도다. 그런데 가장 비관적인 '현재 추세(저감 없이)로 온실가스가 배출되는 경우'의 시나리오(RCP8.5)에서 벚꽃의 개화시기를 살펴보면 2011~2040년 사이에는 8일, 2041~2070년에는 14일, 2071~2010년에는 25일이나 요즘보다 빨라진다. 그 결과 2100년도에는 3월 21일경 벚꽃이 만개하고, 북한을 포함하여 백두산을 제외하고는 한반도 전 지역에서 벚꽃을 볼 수 있게 된다.[83][84] 이는 개나리와 진달래도 마찬가지다. 개나리는 2100년경 지금보다 25일 정도 일찍 피고, 진달래는 24일 정도 빨리

피게 된다.

현재 세대는 지금의 자연환경에 익숙하다. 성판악(고도 770m)부터 시작해 한라산을 등반하며 진달래 대피소(고도 1,475m) 주변에 있는 구상나무 숲의 경치를 즐길 수 있다. 특히 한겨울에 핀 구상나무 숲의 눈꽃은 절경이다. 진달래 대피소를 지나 백록담으로 올라가며 길가에 있는 들꽃을 볼 수 있다. 5~6월에는 설앵초를 보며, 6~7월에는 돌매화나무꽃을 볼 수 있다. 제주도가 아닌 곳에서는 3월에는 개나리와 벚꽃을 즐겼으며, 4월에는 흐드러지게 핀 벚꽃을 보며 상춘객(賞春客)이 되어 봄을 즐겼다. 그리고 형형색색으로 피어나는 들꽃들을 보며 살았다.

이젠 익숙한 것이 낯선 것이 되고, 낯선 것이 익숙한 것이 된다. 다음 세대는 현재 세대와 완전히 다른 새로운 환경을 접할 것이다. 다음 세대는 진달래 대피소 주변에 남아 있는 구상나무 고사목(枯死木)만 볼 수 있을 것이다. 그리고 돌매화나무꽃과 설앵초는 흔적조차 찾아볼 수 없으며, 이들이 한라산에 서식했다는 이정표만 볼 수 있을 것이다. 다음 세대는 2월에 개나리 축제와 진달래 축제를 즐겨야 하고, 3월에 벚꽃 축제를 즐겨야 한다. 여기서 그치는 것이 아니라, 다다음 세대는 아열대 기후에서 생전 처음 보는 식물을 보며 2월에 봄 소풍을 가야 하고, 여름 휴가철 온도는 40℃는 일상일 것이고, 단풍은 언제 왔는지도 모를 순간에 지나갈 것이다.

해수면 상승과 연안침식
: 관광지의 변화

살면서 어느 순간 바다가 보고 싶을 때가 있다. 대학생 때는 무궁화호를 5시간이 넘게 타고 부산 해운대에 간 적이 있고, 첫 직장에서 프로젝트를 진행하기 위해 매주 강남고속버스터미널에서 버스를 3시간 타고 강릉 경포대에 간 기억이 있다. 요즘에는 지금 사는 곳이 서해안과 가깝기에 가족들과 차를 타고 서해바다로 자주 간다.

삼면이 바다인 우리나라에 해수욕장은 280여 개가 있다. 해수욕장에 방문하는 연 인원이 1억 명에 이를 정도로 우리나라 사람들은 여름철 피서를 바다로 많이 간다. 특히 코로나19 상황에서 꽉 막힌 실내 워터파크보다는 해수욕장으로 향하는 인원이 많은 듯했다.

그런데 몇 년 전 강릉 바닷가에 갔을 때 충격적인 장면을 목격했다. 해수욕장의 길게 늘어선 모래사장 끝이 갑자기 꺼진 듯한 낭떠

러지로 변해 있었다. 바로 연안침식의 현장이었다. 고요한 바다가 요동치고 있음을 보여주는 결과였다.

해수면 상승이 모든 것을 집어삼킨다

우리나라의 해수면은 지속해서 상승 중이며 상승 속도는 전 세구 평균보다 2~3배 빠르다. 지난 10년(2009~2018년) 동안의 우리나라 해수면 상승 속도는 지난 30년(1989~2018년) 동안보다 훨씬 가파르다. 특히 울릉도의 해수면 상승 폭이 가장 높으며, 한반도 삼면을 가릴 것 없이 전국의 해수면이 매년 3.03mm씩 높아지고 있다.[85]

2021년도의 제주도 해수면 높이는 과거 30년 전에 비해 15cm나 상승한 것으로 나타났다. 이뿐만 아니라 온실가스 배출량이 현 추세대로 지속되면 2050년에는 여의도 면적의 80%에 달하는 제주도 면적이 바닷속으로 가라앉을 것으로 전망된다.[86] 부산 해운대 백사장도 최근 4년 사이 넓이가 16% 정도 줄었다. 2016년 백사장의 넓이는 13만 4천m²였으나, 2020년에는 11만 3천m²로 줄어든 것이다. 백사장의 폭도 2019년 66.6m에서 2020년 62.3m로 4.3m나 감소했다. 해운대 해수욕장은 우리나라 사람들이 가장 많이 찾는 해수욕장이나 해수면 상승으로 이제 점차 그 영광을 잃어갈 것이다.[87]

서해안은 다른 문제를 겪고 있다. 우리나라 전체 갯벌 면적의 약 83%인 1,980km²가 서해안에 집중되어 있다. 그러나 해수면 상승 결과 간조 시 해수면 밖으로 나오는 갯벌의 면적이 줄어들고 있다. 2050년 이후로는 갯벌이 본격적으로 감소하기 시작하여 2075년에 한강하구 갯벌은 99.3%(13,797ha, 여의도 면적의 16.27배), 함평만 갯벌은 20.2%(814ha), 순천만 갯벌은 7.8%(37ha), 낙동강 하구 갯벌은 38.1%(742ha) 감소할 것으로 나타났다.[88]

이젠 아이들과 같이 조개잡이 체험을 하던 갯벌이 사라질 것이고, 갯벌을 생업의 터전으로 삼는 어민들은 일터를 잃어갈 것이다. 우리나라 염전은 대부분 서해안에 있는데, 점차 내륙으로 위치를 옮기는 추세다. 갯벌 끝자락에 있는 염전이 해수면 상승으로 점차 침수되기 때문이다. 기존에 있던 염전에 태양광발전소를 지어 천일염 가격이 급등하는 상황에서 해수면 상승으로 나머지 염전도 침수되어 사라지고 있다. 소금이 진짜 황금이 될 수도 있다.[89]

해안가가 무너진다

해수면 상승에 따라 조류가 점차 변하고 있다. 미세한 변화라 하더라도 그 결과는 상황에 따라 전혀 예상치 못한 결과를 가져올 수 있다. 가장 대표적인 변화가 연안침식이다. 연안침식이란 '파도, 조류, 해류, 바람, 해수면 상승, 시설물 설치 등의 영향에 의해 연안의 지표가 깎이거나 모래 등이 유실되는 현상'을 의미한다.[90] 연안침식은 그 원인에 따라 장기간에 걸쳐 진행되기도 하고, 해수면 상승과 시설물 설치 등 인위적으로 급작스럽게 발생하기도 한다. 지역에 따라 해류와 지형이 다르고, 원인이 다르기에 획일적인 원인을 규정하기 어렵지만 해수면 상승도 연안침식에 영향을 주는 요인이다.

해양수산부는 '연안관리법'에 의거하여 매년 연안침식 현황을 조사한다. 2020년에 총 250개소를 조사했는데, 250개소 중 우려등급(C) 113개소, 심각등급(D) 43개소로 나타났다. 전체 조사대상 중에서 침식등급 중 C등급(우려)과 D등급(심각)이 차지하는 비율이 62.4%에 이를 정도로 한반도의 삼면 바다 모두 연안침식 문제를 겪고 있다.[91] 특히 울산광역시는 조사대상 5개 연안 모두가 C등급(우려)과 D등급(심각)으로 분류되어 연안침식 문제가 심각한 것으로 나타났다. 그리고 강원도가 85.4%, 부산광역시가 66.7% 순으로 나타났다.

연안침식이 왜 문제일까? 우선 해수욕장이 사라진다는 것이다. 해수면 상승과 해류 변화에 따라 모래사장이 계속 침식하고 있다. 모래사장이 해류에 휩쓸려 사라진 자리에는 해안절벽이 발생하기도 하며, 바닷바람을 막기 위해 조성한 방풍림까지도 침식의 위협을 받고 있다. 해안가에 세워진 건물과 시설은 지속적인 침식으로 건물과 시설의 기초부까지 노출되어 건축물의 붕괴위험도 증가한다. 그리고 자연적인 방파제 역할을 하던 모래사장이나 방풍림이 사라지면 바다와 건축물 간의 거리가 기존보다 가까워진다. 모래사장이나 방풍림은 태풍이나 해일이 육지로 들이닥칠 때 강도를 완화

해주는 완충제 역할을 하는데, 그 방어막이 사라짐으로써 태풍이나 해일이 주는 직접적인 피해는 더욱 늘어날 수밖에 없다.

이를 막기 위해 정부는 '연안정비기본계획'을 마련하고, 연안침식 위험지역을 '연안침식 관리구역'으로 지정했다. 정부는 2020~2029년 동안 연안 지역 283개소를 대상으로 2조 3천억 원의 예산을 투입할 예정이다. 연안침식을 막기 위해 수중 방파제 등을 최소한으로나마 건설하고, 모래와 자갈로 해변을 복원하고, 방풍림을 조성하여 연안침식을 억제하거나 복원하려고 한다.[92] 그러나 동해안 일대에서 대규모로 발생하는 연안침식을 막기에는 역부족이다. 그리하여 미래에는 해수욕장과 모래사장이 사라진 바닷가에는 사람의 방문도 뜸해질 것이다.

해수면 상승은 많은 것을 바꿔놓을 것이다. 기존에 우리가 누렸던 제주도 용머리해안 같은 연안 관광지는 더 이상 관람이 불가능하고, 여름철 피서를 즐기던 해수욕장은 사라질 것이다. 그리고 아이들과 조개잡이를 하던 갯벌도 사라지고, 소금을 생산하던 염전도 차츰 사라질 것이다. 연안에 있는 방풍림도 연안침식을 견디지 못할 것이기에 방풍림 밑에 존재하던 텐트촌도 자리를 잃어갈 것이다.

우리의 이전 세대와 우리 세대가 발생시킨 온실가스가 다음 세대의 라이프스타일을 바꿀 것이다. 변화는 보이지 않게 급격해질 것이나, 그 충격은 보이게 강할 것이다. 우리 세대도 지금 당장 온실가스 배출을 0으로 만들 수는 없지만, 지금부터 최소한으로 온실 가스를 배출하는 노력은 시작할 수 있다.

기후피해세대는
기후피해비용을
지불해야 한다

기후변화의
경제학

.

《스턴보고서》

2006년 기후변화에 관한 충격적인 보고서 하나가 발표되었다. 바로 《스턴보고서(Stern Review)》다. 이 보고서는 영국의 경제학자이자, 세계은행 부총재를 지냈으며, 왕실에서 작위를 받은 니컬러스 스턴(Nicholas Stern) 경(卿)이 기후변화에 따른 경제적 영향을 종합하여 발간한 보고서다.

《IPCC 평가보고서》는 기후변화의 과학적 근거, 영향 및 결과에 초점을 맞추었다면, 《스턴보고서》는 기후변화에 따른 경제적 영향까지 고려한 것이 큰 특징이라 할 수 있다. 《스턴보고서》는 《IPCC 평가보고서》와 마찬가지로 기후변화는 사실이며, 기후변화의 영향은 광범위하면서 심각할 것이라 평가한다. 기후변화가 물, 식량, 건강, 토지, 인프라, 환경 등에 전방위적으로 영향을 미칠 것이라 보고 이에 따른 경제적 영향을 평가한 것이다.

스턴은 기후변화의 경제적 영향을 분석하기 위해 다양한 기후변화 시나리오를 적용했다. 그 결과 2050년에 대기 중 온실가스 농도를 500~550ppm 수준으로 안정화하기 위한 비용으로 매년 세계 국내총생산(GDP)의 1%(약 6,510억 달러, 약 780조 원)의 비용을 지출해야 한다는 것이다. 그리고 지구온난화를 방치할 경우, 제2차 세계대전이나 대공황 당시보다 더 큰 경제적 피해가 올 것이라 전망했다.

기후변화 대응비용

《스턴보고서》가 발간된 이후 경제학자들은 기후변화에 따른 경제적 영향을 분석하기 위한 연구에 몰입했다. 이름하여 '기후변화 경제학(The Economics of Climate Change)'의 시작이다. 일반적으로 경제학적 분석에서는 어떠한 시나리오, 가정사항, 변수를 사용하느냐에 따라 결과가 상이하고 이에 대한 해석도 다를 것이다. 그리고 기후변화 대응을 위한 경제적 비용은 기후변화로 발생하는 직접적인 피해비용, 기후변화에 적응해서 살아가기 위한 적응비용, 온실가스 감축을 위한 감축비용 등을 고려하여 도출한다.

첫째, 기후변화 심화에 따른 '기후변화 피해비용'이다. 기후변화와 기상이변으로 재난과 재해가 심해지고, 이에 따라 인간이 직접적으로 피해를 받고, 재해 복구비용도 발생한다. 자연재해 발생 시 산업시설이 파괴되어 산업시설이 복구될 때까지 원부자재 수급 등의 문제가 발생하여 2~3차 간접적 피해를 볼 수도 있다. 예를 들어 동남아시아에 부품 공급업체를 둔 기업은 홍수나 해수면 상승으로 공급업체의 공장이 침수될 경우 원부자재 공급망에 직접적인 영향이 발생할 것이다. 또한, 지구온난화로 작물 수확률이 줄어들거나, 잦은 태풍으로 과수원 낙과가 많아지거나, 긴 장마로 벼 이삭이 제대로 여물지 않거나, 해수 온도 상승으로 어획량이 감소하는 등이 모두 기후변화로 발생하는 직접적인 피해비용의 예시다.

둘째, 기후변화 속에서도 살아가기 위한 '기후변화 적응비용'이 발생한다. 예를 들어 해수면 상승에 따라 기존 설계기준보다 더 높은 방조제를 건설하거나, 더 높게 지반을 간척하거나, 기반시설을 고지대로 옮기는 비용이 발생한다. 지구온난화에 따라 신규 작물을 개발하거나, 고온에도 잘 견디는 수종을 개량하는 비용이 발생한다. 또한 폭염과 폭설을 대비하여 취약계층의 적응 능력을 높이기 위해 주택개량 사업, 에너지 바우처 지급, 폭염 쉼터 개발 및 지원, 독거노인 관리를 위한 비용도 발생한다. 열대성 질병 확산에 따른 병해충 예방 비용 등이 모두 기후변화 적응비용의 예시다.

셋째, '온실가스 감축비용'이다. 2030년 온실가스 감축목표와 2050년 탄소중립을 이행하기 위해서는 결과적으로 온실가스를 줄여야 한다. 온실가스를 감축하기 위해 고효율 설비를 설치하는 비용이 수반된다. 우리나라에서 전 세계 최고 수준의 기술력을 가진 산업, 예를 들어 포스코의 철강 공정 및 삼성전자의 반도체 공정은 이미 전 세계에서 가장 효율이 좋은 공정이다. 그런데 이러한 최고 효율의 공정을 한 단계 개선하는 데는 효율이 낮은 공정을 두 단계 개선하는 것보다 더 많은 비용이 발생한다. 기업에서 장비를 고효율 설비로 교체하거나 설비의 관리 방식 개선을 통해 에너지 효율을 개선하기 어렵다면, 기업은 배출권 거래시장에서 돈을 주고 배출권을 사와야 한다. 결국 온실가스 감축에 비용이 발생한다.

기후변화에 대해 우리가 아는 것과 모르는 것

기후변화의 경제적 영향을 파악하는 데 우리가 명심해야 할 것들이 있다. 첫째, 비가역성(irreversibility)이다. 지구온난화와 기후변화로 여러 문제가 발생하면 이를 원래 상태로 되돌리는 것은 어렵다는 것이다. 이미 대기 중에 배출되어 누적된 온실가스 전체를 현재의 기술로 포집해서 저장하거나 제거하는 것은 불가능하며, 만약 가능하더라도 온실가스를 배출하는 것보다 온실가스를 포장 및 저장하는 데 더 많은 에너지를 소모해야 한다. 북극의 해빙과 남극의 빙하, 그리고 만년설을 우리가 복원할 수 없으며, 파괴된 생태계를 되돌리고, 멸종 생물을 되살리는 것 역시 불가능하다.

둘째, 가보지 않은 미래라는 것이다. 《스턴보고서》는 지구 평균기온이 1~5℃ 상승했을 때 만나게 될 미래의 모습을 제시한다. 그러나 미국 MIT 대학교의 로버트 핀다이크(Robert Pindyck) 교수가 자신의 논문 제목●으로 지었듯이 '기후변화에 대해서 우리가 아는 것과 모르는 것'이 공존한다는 것이다. 현재까지 약 1℃ 상승의 미래를 겪고 있기에 기후변화에 대해서 우리가 아는 것이 현실과 부합하는지 검증할 수 있다. 그러나 1℃보다 높은 기온에서 복잡계(complex system)인 지구 생태계가 어떻게 반응할지 우리는 정확히 알지 못한다. 우리가 현재 지식으로 구축한 기후모델에서 고려하지 못한 어떤 기폭제가 전혀 다른 결론을 내릴 수도 있다.

결국 현재 세대는 선택을 해야 한다. 현재 세대가 기후변화에 대해 '무대응' 전략을 취할 경우, 과거에 배출한 온실가스로 현재 세대도 기후변화 피해비용이 발생할 것이다. 그러나 무대응 전략이기에 기후변화 적응비용과 온실가스 감축비용은 발생하지 않는다. 다만, 현재 세대의 책임 회피에 따라 다음 세대가 사는 세상에는 지구온난화가 가속되어 우리 다음 세대들이 지불해야 하는 기후변화 피해비용, 적응비용 및 온실가스 감축비용은 급증할 것이다.

그런데 우리가 '대응' 전략을 취한다면 다음 세대는 다른 미래를

● 원래 논문 제목은 'What We Know and Don't Know About Climate Change, and Implications for Policy(기후변화에 대해 우리가 아는 것과 모르는 것, 그리고 정책에 대한 시사점)'이다.

기후변화가 경제에 미치는 영향

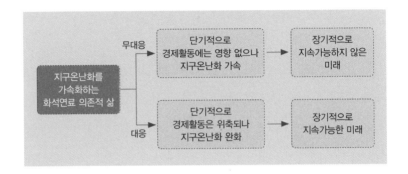

맞이할 것이다. 다음 세대들이 지불해야 하는 기후변화 피해비용의 총량도 줄어들 것이고, 기후변화 적응비용 및 온실가스 감축비용도 감소할 것이다. 곧 단기적으로는 경제가 위축될 수도 있으나, 장기적으로는 지속가능한 미래를 물려줄 수 있을 것이라 생각한다. 그렇기에 지금의 단기적인 경제 위축이 현재 세대에게 비용으로 인식될 수도 있으나, 미래 세대를 위한 투자일 수도 있다.

기후변화
재난피해비용

보험회사도 보험을 든다는 것을 아시나요?

우리가 보험금을 내고 보험에 가입하듯이 보험회사도 자신들이 확률적으로 계산하지 못한 대형 사고가 발생할 경우를 대비해 보험금을 주고 보험에 가입한다. 예를 들어 2022년 8월 수도권을 중심으로 발생한 집중호우로 자동차 약 1만 2천 대가 침수되었다. 누구도 예상치 못한 일이지만, 국내 손해보험사들은 미리 자연재해로 발생할 손해액에 대비해 '초과손해액 재보험' 가입을 통해 피해액 일부를 상쇄했다.[93] 이렇게 보험회사가 가입하는 보험회사를 '보험회사의 보험회사'라 하여 재보험회사라 한다. 가장 유명한 재보험회사는 스위스 취리히에 본사가 있는 스위스리(Swiss Re)다.[94]

스위스 리는 매년 재난으로 발생하는 경제적 손실 통계를 발표한다. 2021년 12월 발표한 결과에 따르면 2021년에 재난으로 발생한 경제적 손실액이 2,500억 달러로 1970년부터 통계를 집계한 이후 네 번째로 높은 손실액이다. 2021년을 제외하고 경제적 피해비용이 컸던 해는 2005년 북미 허리케인 카트리나(Katrina), 리타(Rita), 윌마(Wilma), 2011년 일본 및 뉴질랜드 지진, 태국 홍수, 2017년 북미 허리케인 하비(Harvey), 어마(Irma), 마리아(Maria) 등 대규모 자연재해가 발생한 경우다. 2020년 전 세계 GDP가 84조 9,100억 달러이므로 이와 비교하면 현재도 GDP의 0.3% 정도를 기후변화 피해비용으로 이미 지불하고 있는 셈이다.

날씨와 관련된 재난으로는 결빙, 홍수, 뇌우, 폭염 및 허리케인 등

재난으로 발생하는 경제적 피해금액

(단위 : 억 달러, 2021년 가격 기준)

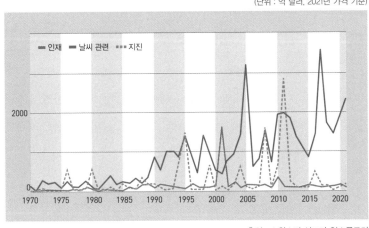

출처 : 스위스리 시그마 익스플로러

이 있는데, 이로 인한 피해액만 2,332억 달러다. 2021년에는 2월 미국 텍사스에 영향을 끼친 겨울 폭풍 우리(Uri), 8월 미국 뉴욕에 영향을 끼친 허리케인 아이다(Ida)와 7월 유럽 독일과 벨기에에 발생한 홍수 피해가 반영된 결과다. 여기에 추가하여 6~7월 미국 북서부 및 캐나다 서부의 폭염으로 발생한 산불 피해도 포함되었다. 더욱 심각한 문제는 '기후 뉴 노멀(New Normal)'에 따라 자연재해로 발생한 경제적 피해비용은 지속적으로 증가할 것이라는 점이다.

더욱 암담한 미래

《스턴보고서》 이후 많은 연구진은 기후변화에 따른 중장기적인 피해비용을 계산하기로 했다. 그러나 미래는 아직 가보지 않았기에 '기후모델'을 통해 미래를 예측할 수밖에 없다. 기후모델이란 대기, 해양, 지면 등 기후시스템을 구성하는 요소들 간의 복합적인 상호작용을 고려하여 시뮬레이션하는 것을 의미한다. 자연적인 요소들뿐 아니라, 미래 온실가스 농도를 기반으로 한 기후변화 시나리오도 반영하여 분석한다.

그러나 기후모델마다 개발 시점, 국가, 용도가 다르기에 연구진마다 여러 가지 다른 가정사항과 변수를 사용하여 미래를 예측한다. IPCC는 연구진마다 미래 온실가스 농도에 대한 가정이 다르면 결과에 대해 혼선이 올 수 있기에 지구온난화와 기후변화를 일으키

는 온실가스 배출 시나리오를 제시했다. 이것이 앞서 말한 '대표농
도경로(RCP)'와 '공통사회경제경로(SSP)'다.

이러한 대표농도경로와 공통사회경제경로를 바탕으로 국내외 연
구진은 기후변화에 따른 경제적 손실을 전망했다. 이 역시 연구진
마다 다른 가정과 변수를 사용하지만 '기후변화에 따른 경제적 손
실은 사실이며, 미래로 갈수록 손실은 더 크다'라는 결과는 동일하
다. 이 결과는 현재 세대가 기후변화 완화를 위해 노력한다면 미래
세대의 피해를 줄일 수 있다는 의미이기도 하면서, 현재 세대가 노
력하지 않고 주저한다면 기후피해를 다음 세대가 오롯이 받는다는
의미이기도 하다. 그렇기에 우리가 다음 세대를 위해서 온실가스를

기후변화의 경제적 피해비용 추정 결과

저자	분석대상	분석년도 평균 피해비용	
		2050년	2100년
채여라 외(2012)	우리나라	GDP 약 0.6%	GDP 약 3%
채여라 외(2017)	전 세계	GDP 0.5~0.7%	GDP 0.5~4.3%
채여라 외(2020)	전 세계	GDP 1.43%	GDP 3.47%
ADB(2014)	남아시아 6개국	GDP 1.3~1.8%	GDP 2.5~8.8%
ADB(2013)	태평양 지역	GDP 2.2~3.5%	GDP 2.9~12.7%
OECD(2015)	전 세계	-	GDP 최대 12%
Hsiang et al.(2017)	미국 지역별	21세기 후반 GDP 1.0~3.0%	

출처 : 채여라, IPCC 신시나리오 체계를 적용한 우리나라 기후변화의 피해비용 분석, 2017

감축해야만 하는 것이다.

2021년 뉴욕대 법대 정책연구소(NYU School of Law Institute for Policy Integrity)는 전 세계 경제학자 738명을 대상(이중 733명이 응답)으로 기후변화와 경제성장에 관한 설문조사 결과를 공개했다.[95][96] 그 결과에 따르면 전 세계 경제학자들은 기후변화 대응을 위한 '즉각적이고 과감한 행동'의 필요성에 상당수가 동의(74%)했으며, 기후변화가 세계 경제 성장률에 부정적 영향을 미칠 것(76%)이라고 내다봤다.

그리고 경제적 피해 규모도 예측했는데, 미래에 예상되는 GDP의 손실 규모가 2025년에 1%, 2075년에 5%, 2130년에 10%, 2220년에는 20% 정도라고 예측했다. 금액으로 따지면 2025년에만 1조 7천억 달러(약 2,040조 원)라는 어마어마한 손실이 발생한다는 것이다. 우리나라의 GDP가 1조 6,400억 달러(2020년)임을 감안했을 때, 우리나라 GDP에 해당하는 금액이 기후변화로 손실을 본다는 것이다. 그러나 전 세계 국가들이 '2050년 탄소중립' 목표를 달성한다면 전 세계 GDP의 손실 규모가 예측보다 크게 줄어들어 결국에는 탄소중립을 위해 투자한 비용보다 탄소중립으로 얻는 이익의 규모가 클 것이라고 결론을 맺는다.

한국도 마찬가지다. 2021년 스위스리 연구소(Swiss Re Institute)에서 기후경제지수(Climate Economic Index)[97] 분석 결과 보고서를 발간했다. 《기후변화 경제학(The economics of Climate change : no action no an option)》이라는 보고서인데, 부제에서도 명확히 제시하듯이 '아무런 행동을 하지 않는 것은 (우리의) 선택지에는 없다'는 것이다. 보고서에 따르면 2048년까지 전 지구 평균기온이 3℃ 올라간다면 한국은 최악의 시나리오에서 GDP의 12.8%까지 손실[98]을 경험할 수 있다고 한다.

앞서 이야기했듯이 어떤 기후모델과 어떤 기후변화 시나리오를 쓰느냐에 따라 예측 결과는 다를 것이다. 그러나 기후모델이 공통적으로 이야기하는 것은 현재보다는 2050년, 2100년에 기후변화 피해비용이 지속적으로 증가한다는 점이다. 반면 우리가 지금 어떤 노력을 하느냐에 따라 미래 피해비용의 규모는 줄어들 것이며, 지금 투자해야 하는 예산이 미래에 발생할 손실비용과 투자비용보다는 훨씬 적은 규모이기에 '경제성'이 있다는 것이다.

현재 세대가 기후변화를 완화하기 위한 행동을 주저한다면 다음 세대는 기후피해를 오롯이 경험해야 한다. 그리고 정부의 탄소중립 이행을 위한 예산 규모는 확대될 것으로 전망되기에 미래 세대가 지불해야 하는 세금의 규모는 더욱 커질 것이다. 이상기후가 강화될수록 보험사들은 기후재난손실을 보전하기 위한 보험상품을 지속적으로 개발할 것이다. 미래엔 기후재난손실 보험도 일상화될 것이다. 미래 세대는 자신들의 책임이 아님에도 기후변화 재난피해비용에 더 많은 비용을 지불해야 한다. 그렇기에 다음 세대는 우리 세대보다 더 큰 부담을 짊어져야 한다.

봉이 김선달

조선 말기 평양에는 '봉이(鳳伊) 김선달'이라는 사람이 살았다. 김선달은 한양에서 욕심 많은 부자 상인이 온다는 정보를 입수하고 사기극을 준비한다. 그는 대동강 물을 길어 가는 평양의 물장수들이 물을 길으러 왔을 때, 미리 준비한 엽전 두 냥을 준다. 그리고 다음에 다시 물장수들이 물을 길으러 올 때 자신에게 이전에 주었던 엽전 두 냥 중 한 냥을 달라고 한다. 이 장면을 욕심 많은 부자 상인에게 보여준다. 부자 상인은 혹할 수밖에 없다. 왜냐하면 사람들이 물을 길으러 올 때마다 돈을 내고 대동강 물을 사 가는 것이 아닌가? 이에 김선달은 부자 상인에게 대동강 물 판매권을 거금 수천

냥에 팔아넘긴다. 이튿날 부자 상인은 김선달처럼 대동강 강변에 가서 물장수들에게 돈을 받으려고 한다.

결론은 어떻게 되었을까? 부자 상인은 물장수들에게 몰매를 맞고, 김선달에게는 한 푼도 못 받고 쫓겨난다. 바로 이것이 봉이 김선달의 유명한 '대동강 물 사기 사건'의 일화다. 봉이 김선달은 대동강 '물'이라는 눈에 보이는 것을 거래했으나 온실가스 배출권거래제는 눈에 보이지 않는 '온실가스'를 거래한다.

배출권거래제의 경제학

배출권거래제는 온실가스 등 환경오염 물질을 감축할 때 기업마다 감축비용이 다른 것에 착안하여 사회 전체의 환경 목표를 달성하면서도 기업의 감축비용을 극소화하도록 설계된 시장기반의 제도다. 그리고 물품을 거래하는 5일장처럼 자연발생적 시장이 아닌 환경오염물질 배출에 따른 부정적인 문제, 곧 외부효과(externality)를 해결하기 위해 인위적으로 개발한 제도다. 기업이 제품생산 과정에서 대기오염물질을 배출하면 주변에 사는 사람들의 호흡기 질환에 영향을 줄 것이고, 수질오염물질을 배출하면 개천이나 강의 생태계에도 영향을 줄 것이다. 이렇게 경제 주체의 생산 활동 과정에서 관련이 없는 대상에게 주는 영향을 외부효과라고 하는데, 1980년대까지만 해도 기업에 환경오염 처리비용을 제대로 부과하지 않았다. 그러다 미국은 1994년 세계 최초로 배출권거래제 방식으로 '산성비 프로그램'을 만들어 환경오염 처리비용을 관리하기 위한 시장을 만들었다.[99] 이는 기존에 상품과 서비스에 반영되지 않은 외부효과를 상품과 가치에 내부화하는 것이 목적이다.

국제사회에서는 국가별 온실가스 감축목표를 달성하기 위한 감축비용을 극소화하도록 시장 기반의 온실가스 배출권거래제를 받아들였다. 세계 최초의 '온실가스 배출권거래제'는 2005년 유럽에서 시작된 '유럽 배출권거래제(EU-ETS, European Union Emission Trading Scheme)'이고, 우리나라는 2015년에 600개 주요 기업을 대상으로 배출권거래제가 시작되었다.

그렇다면 직접적인 규제를 통해 감축목표를 줄이는 것과 비교해서 배출권거래제가 어떤 점에서 효과적인지 예시로 살펴보자. 여기 두 기업(A기업, B기업)이 있고, 두 기업의 내년도 온실가스 예상 배출량은 각각 1,000톤이라고 가정하자. 정부는 온실가스 감축목표 준수를 위해 두 기업에 내년도에 온실가스를 800톤씩만 배출하도록 했다. 두 기업은 온실가스 감축목표 의무를 준수하기 위해 온실가스 배출량을 200톤씩 줄여 국가 전체적으로는 400톤의 온실가스가 줄어든다. 이를 위해 두 기업은 자체 공장에서 온실가스를 줄이는 데 투자해야 한다. 공장에서 온실가스 1톤을 감축하는 데 A기업은 1톤당 4만 원, B기업은 1톤당 2만 원이 든다고 가정하자. 여기서 온실가스 1톤당 감축비용을 '한계저감비용(MAC, Marginal

Abatement Cost)'이라고 한다.

직접 규제의 경우 A기업은 200톤을 줄이기 위해 800만 원(200톤 ×4만 원/톤)을 지출해야 하며, B기업은 200톤을 줄이기 위해 400만 원(200톤×2만 원/톤)을 지출해야 한다. 두 기업의 온실가스 감축량의 합은 400톤으로 정부는 온실가스 감축목표를 달성했고, 국가 전체적으로는 1,200만 원의 비용이 발생했다.

만약 배출권거래제를 시행한다면 어떻게 될까? 이번에도 A기업과 B기업이 둘 다 200톤씩 줄여 국가 전체적으로 400톤의 온실가스를 감축해야 한다. 다만 차이점이 있다면 배출권거래제도에 따라 두 기업은 자기 공장에서 직접 줄일 수도 있고, 온실가스 배출권 거래시장에서 배출권을 사 와서 온실가스 감축의무를 준수할 수도 있다. 그리고 현재 배출권 거래시장에서의 배출권 가격은 3만 원/톤이라고 가정해보자.

A기업은 한계저감비용이 너무 비싸서 100톤만 직접 줄이고, 100톤을 시장에서 사려고 한다(매수). 이때 A기업은 100톤을 직접 줄이기 위한 비용 400만 원(100톤×4만 원/톤)과 시장에서 사 오는 비용 300만 원(100톤×3만 원/톤)을 포함하여 총 700만 원의 비용이 발생한다. 반면 B기업은 한계저감비용이 싸기 때문에 200톤보다 100톤 많은 300톤을 줄여 600만 원(300톤×2만 원/톤)의 비용이 발생하는데, 배출권 거래시장에 목표보다 더 많이 줄인 100톤을 시장가격에 판매한다면 수익 300만 원(100톤×3만 원/톤)이 발생하여

배출권거래제의 경제학

직접 규제			배출권거래제		

	1,000	800	1,000	800		1,000	900	1,000	700
	A기업		B기업			A기업		B기업	

직접규제 시 총 감축비용			배출권거래제 시 총 감축비용		
A기업	200톤×4만 원/톤	800만 원	A기업	100톤×4만 원/톤 +100톤×3만 원/톤	700만 원
B기업	200톤×2만 원/톤	400만 원	B기업	300톤×2만 원/톤 －100톤×3만 원/톤	300만 원
합계		1,200만 원	합계		1,000만 원

배출권거래제에 따라 국가 전체적으로 200만 원 지출 감소

총 300만 원의 비용이 발생한다. A기업이 100톤, B기업이 300톤을 줄인 결과 국가 전체적으로 400톤을 줄여 정부는 온실가스 감축 목표를 달성했다. 반면, 국가 전체적으로는 두 기업에 의해 발생한 총비용의 합인 1,000만 원의 비용이 발생했다.

배출권거래제가 없다면 직접 규제를 통해 두 기업이 지출한 비용의 합은 1,200만 원이나, 배출권거래제 시행에 따라 국가 전체적인

온실가스 감축목표를 준수하면서도 두 기업이 지출한 비용의 합은 1,000만 원만 발생한 것이다. 결과적으로 국가 전체적으로 온실가스 감축비용이 적게 발생하면서도 온실가스 감축목표를 달성하게 된 것이다.

탄소비용의 반영

배출권거래제에 참여하는 기업은 정부에서 규정한 배출권 할당량 범위 내에서 온실가스 배출을 할 수 있으며, 감축 노력을 수행하여 배출권이 남는 기업은 배출권 거래시장을 통해 배출권을 매도할 수 있다. 반면 생산량 증대, 비효율적 설비 운영 등에 따라 배출권이 부족한 기업은 배출권 거래시장을 통해 배출권을 매수하여 규제를 준수해야 한다. 결국 배출권거래제에 참여하는 기업들은 정부에서 할당한 배출량 한도 내에서 온실가스를 배출해야 한다. 그렇기에 기업은 규제준수를 위해 ① 생산시설 효율 개선 및 태양광 발전 설치 등을 통해 배출량을 줄이거나, ② 배출권을 확보할 수 있는 사업을 발굴하거나, ③ 배출권 시장에서 현금을 주고 배출권을 사 오거나, ④ 최악의 경우는 벌금을 지불해야 한다. 결국 배출권거래제가 사라지지 않는 한 기업은 비용 지출을 통해 규제를 준수해야 한다.

그러나 누가 손해를 보며 장사를 하고 싶겠나? 결국 탄소중립 정책과 배출권거래제가 강화될수록 기업의 탄소규제 대응비용은 증가할 것이다. 기업은 온실가스를 감축하기 위해 공장의 공정을 개선하거나 발전소의 연료를 전환하는 데 모두 대규모 재원이 필요하기 때문이다. 정부는 이를 위해 기업에 재정 지원을 해줄 수도 있다. 다만 이 재원은 바로 미래 세대의 세금에서 나온다. 결국 미래 세대는 탄소가치가 반영된 제품과 서비스를 구매하거나 탄소재정에 더 많은 지출을 해야 한다. 우리보다 더 가난해질 수 있다.

전기요금고지서와
기후환경요금

아파트 관리비 영수증

몇 년 전 아파트로 이사 오기 전까지는 필로티 구조의 빌라 2층에 살았다. 그때는 매달 집으로 한국전력공사에서 직접 전기요금 청구서를 보냈다. 청구서에는 기본요금, 부가가치세, 연체료 등 의미를 알 수 있는 항목도 존재하나, 전력량요금, 역률요금, 전력기금처럼 일상생활에서 잘 쓰지 않는 항목도 있다.

지금은 아파트에 살고 있어 매달 말쯤에 아파트 관리사무소에서 관리비 영수증을 보내준다. 여기에는 세대 전기료와 사용량뿐 아니라, 일반관리비, 청소비, 승강기유지비, 수도료, 난방비, 장기수선충당금 등 여러 항목이 청구된다. 아파트 관리비 영수증을 좀 더 자세히 살펴보자. 우리 집 관리비 영수증을 보면 '전기 에너지' 부분에 낯선 항목이 있다. 바로 '기후환경요금'이다. 지금 이 글을 읽는 독자들도 한국전력공사의 전기요금청구서나 관리비 영수증을 꺼내서 살펴보면 '기후환경요금' 항목이 있을 것이다.

저자의 아파트 관리비 영수증

☑ 전기에너지 💡			42,190 원
우리집	42,190원	전력량료 등 28,594	공동전기료 6,910
동일면적	49,740원	기후환경 1,576	승강기전기 1,530
		연료비조정 1,080	TV수신료 2,500

기후환경요금이란?

2021년 1월부터 한국전력공사는 전기요금 부과 항목에 '기후환경요금' 항목을 신설했다. 전기요금은 기본요금과 전력량요금의 합계인데, 전력량요금은 가정에서 사용하는 전력사용량(kwh)에 '전력단가(원/kwh)'를 곱하여 계산한다. 그렇기에 전력사용량이 증가할수록 전력량요금은 증가한다. 그리고 전력단가는 발전소 운영비용을 포함하여 전력 생산과 관련된 비용을 통해 결정된다.

2020년까지는 기후환경요금을 '전력단가'에 포함하여 소비자들에게 부과했는데, 2021년부터는 전력단가에 숨어 있던 기후환경요금을 별도로 빼낸 것이다. 이러한 방식은 우리나라뿐 아니라 미국,

독일, 일본에서도 적용하고 있다. 고객들에게 환경을 지키기 위한 비용을 분리하여 보여줌으로써 우리가 사용하는 전력에도 환경오염과 관련한 내용이 포함되어 있다는 것을 사람들에게 인식시키는 역할을 한다.

기후환경요금을 이루는 세부 항목에는 ① 발전사가 자신의 발전량에 비례하여 재생에너지를 의무적으로 사 와야 하는 신·재생에너지의무공급제도(RPS, Renewable Portfolio Standard) 이행비용, ② 배출권거래제도 이행비용, ③ 미세먼지 계절 관리제 시행에 따라 석탄발전 감축 시 손실을 보전해줘야 하는 석탄발전 감축운전 소요비용이 있다. 세부 항목의 비용을 산출하는 방식은 복잡하나, 이러한 비용은 발전소가 정부의 환경규제 대응을 위해 추가적으로 발생하는 비용으로 이해하면 쉽다.[100] 그렇기에 환경규제의 강도가 강화될수록 기후환경요금의 크기는 커질 것으로 전망된다.

기후환경요금의 증가

2021년부터 전력량요금에서 분리하여 부과된 기후환경요금은 소비자들에게 전기가 무조건 친환경적인 것이 아니라 기후변화와 환경오염을 발생시키는 요인들이 반영된다는 사실을 인식시키는 요소로 작용할 것이다. 기후환경요금은 전력량요금과 마찬가지로 전력사용량에 '기후환경요금 단가(원/kwh)'를 곱하여 계산한다. 그렇기에 전력사용량이 줄어들면 기후환경요금이 적게 부과될 테니 소비자들은 전력사용을 줄이려 노력할 것이다.

최근 들어 우크라이나 전쟁으로 연료 단가가 상승하고 있으며, 미세먼지 저감을 위해 발전소는 연료를 전환(석탄→LNG)하기 위한 시설에 투자하고 있기에 이러한 상황을 반영하여 전기요금을 상승시키자는 '전기요금 현실화' 논의가 지속되고 있다. 이에 정부는 2021년부터 연료비 상승과 하락을 전기요금에 반영하고(연료비조정요금), 기후환경요금을 반영하도록 전기요금 결정 체계를 변경했다. 현재 전기요금 결정 체계는 산업부, 기획재정부와 전기위원회 심의를 거쳐 결정된다. 그러나 한국전력공사가 공기업이고 정부가 전기요금에 대한 가격결정 권한을 갖기에 정부는 매번 정치적, 경제적 등 여러 가지 이유로 전기요금 현실화를 제때 이루지 못하고 '전년 대비 동결'을 내건다. 전기요금이 오르지 않으니 소비자로서는 다행이다.

그러나 언제까지 동결될 수 있을까? 오래가지는 못할 것이다. 예를 들어 발전사가 신·재생에너지의무공급제도(RPS)를 통해 의무적으로 발전해야 하는 재생에너지 발전 비율이 2022년 12.5%, 2023년 14.5%, 2024년 17.0%, 2025년 20.5%, 2026년 이후 25%까지 순차적으로 증가한다.[101] 그렇기에 발전사는 RPS 이행 시 추가로 발생하는 비용을 고려하여 한국전력공사에 전력을 판매할 것이며, 한국전력공사는 이 비용을 기후환경비용에 반영하여 소비자에게 전가할 수밖에 없을 것이다.

아직까지는 상상이기는 하나 더 먼 미래에는 전력시장이 한국전력공사의 독점체계에서 벗어나거나, 한국전력공사의 가격결정 방식이 정부로부터 좀 더 자유로워진다면 기후환경요금은 높아질 가능성이 있다. 2021년 1월 1일 처음 기후환경요금이 도입되었을 때 5.3원/kwh였다. 그러나 2022년 4월부터는 7.3원/kwh로 상승했으며, 2023년 1월부터는 9.0원/kwh로 또다시 상승했다. 그리고 탄소중립 정책과 배출권거래제가 강화될수록, 미세먼지가 심해질수록 이 요금은 상승할 것이다. 우리의 다음 세대는 전기 사용 시 현재 세대보다 더 많은 비용을 지불해야 한다.

기후착시,
친환경이라고
다 친환경이 아니다

기업은 친환경적인가?
: 그린워싱, ESG워싱

광고는 자본주의의 꽃

광고는 '자본주의의 꽃'이라 불린다. 기업은 광고를 통해 자사의 제품을 알리고, 소비자는 광고를 통해 상품에 대한 정보를 얻는다. 그만큼 광고는 기업과 소비자의 접점이며, 기업 상품 마케팅의 최전선에 있다. 그런데 광고 속 상품과 서비스에 대한 정보는 소비자보다는 기업이 더욱 많이 알고 있기에, 기업이 잘못된 정보를 담아 광고한다면 소비자는 상품과 서비스의 허위 여부를 제대로 판단할 수가 없다. 특히 식품이나 의약품에 대한 잘못된 정보는 소비자의 생명까지 위협할 수 있다. 그렇기에 정부는 '표시·광고의 공정화에 관한 법률'을 통해 허위·과장 광고 시행 기업에 대해서는 처벌하도

록 하고 있다. 또한 기업은 자신들의 상품과 서비스를 광고하는 것
뿐 아니라, 기업 이미지를 각인시키기 위해 광고를 사용하기도 한
다. 대표적으로 홍보하는 방식이 기업의 친환경활동, 사회공헌활동
이며 최근 들어서는 ESG* 경영활동을 홍보한다.

그린워싱

그린워싱(Greenwashing)이란 친환경을 의미하는 그린(Green)과
하얗게 칠하다, 불법행위의 진상을 은폐하다, 눈가림하다는 의미의
화이트워싱(Whitewashing)의 합성어다. 이는 기업이나 단체에서 실
제로는 환경에 악영향을 끼치는 제품과 서비스를 생산하면서도 광
고를 통해 기업을 친환경적인 모습으로 포장하는 활동을 의미한다.

그린워싱의 개념은 1980년대 환경운동가 제이 웨스터벨트(Jay
Westervelt)가 기업의 '가짜' 친환경 홍보 활동을 비판하면서 대두되었
다. 그리고 2007년 캐나다의 친환경 컨설팅 기업 테라초이스(Terra
Choice)가 《그린워싱의 7가지 죄악(Seven Sins of Greenwashing)》이
라는 보고서를 발표하면서 대중적으로 각인되었다. 이 보고서에는
기업이 자행하는 그린워싱의 사례를 7가지로 정리했고, 소비자들이
기업의 그린워싱 행태에 속지 말도록 당부하고 있다.

● ESG는 환경(Environment), 사회(Social), 지배구조(Governance)의 영어 앞글자를
조합한 단어로, 기업의 재무적 성과뿐 아니라 비재무적 성과를 의미한다.

그린워싱의 7가지 죄악

1. **상충효과 감추기**(Hidden Trade-Off) : 친환경적인 특정 속성만 강조해 다른 속성의 영향은 감추는 행위
2. **증거 불충분**(No Proof) : 근거 없이 친환경이라고 주장
3. **애매모호한 주장**(Vagueness) : 광범위하거나 오해를 일으킬 수 있는 용어 사용
4. **부적절한 인증라벨**(Worshiping False Labels) : 인증받은 상품처럼 위장
5. **관련성 없는 주장**(Irrelevance) : 내용물은 친환경과 무관한데 용기가 재활용된다는 이유로 친환경 제품이라고 표기
6. **유해상품 정당화**(Lesser of Two Evils) : 환경적이지 않지만 다른 제품보다 환경적일 때 친환경이라 주장
7. **거짓말**(Fibbing) : 거짓을 광고

한국소비자원이 녹색표시 그린워싱 모니터링 및 개선 보고서를 통해 제시한 결과에 따르면, '녹색' 관련 표시가 된 제품 중 46.4%, '녹색' 관련 표시가 된 인쇄광고 중 31.1%가 허위 내용 및 과장 내용을 표현하거나, 친환경과 관련된 중요 정보를 누락한 것으로 나타났다. 또한 친환경 인증라벨로 오인할 수 있는 도안이나 이미지를 사용하여, 기업의 제품을 친환경제품으로 위장하여 소비자에게 광고하는 활동 등이 존재했다.[102]

그렇다면 기업은 왜 이렇게 친환경성을 앞세워 허위 광고 및 과장 광고를 할까? 그 이유는 가격과 품질이 비슷한 제품 및 서비스

에 대해 소비자는 친환경제품을 선호할 가능성이 높기 때문이다. 환경부가 2005년 조사한 결과에 따르면 조사 대상자 중 73%가 품질이 동일하면 다소 비싸더라도 친환경 상품을 구매할 것이라고 응답했고, 소비자들은 품질이 동일하면 친환경 제품에 비교 제품보다 20~30% 높은 가격을 지불할 의향도 있다고 했다.[103] 그만큼 소비자들이 친환경 제품에 대한 선호도가 높고, 더 높은 가격을 지불하기 때문에 기업은 친환경성을 앞세우는 것이다.

ESG 워싱

최근 들어 ESG 부각에 따라 기업의 친환경성뿐 아니라, ESG 경영활동 전반에 걸친 홍보를 소비자들이 헷갈리지 말도록 강조하는 개념으로 'ESG 워싱' 개념이 나타났다. 이 역시 그린워싱과 마찬가지로 기업이나 단체가 실제로는 ESG에 역행하는 활동을 하면서 광고를 통해 기업이 ESG 경영을 하는 것처럼 보이게 만드는 것을 의미한다.

ESG 워싱의 몇 가지 예시를 살펴보자. 유럽에 기반을 둔 저가 항공사 라이언에어(Ryanair)는 지난 2019년부터 '전 세계 항공사 중 이산화탄소(CO_2) 배출량이 가장 낮다'는 취지의 광고를 했는데 검증 결과 이산화탄소 배출 규모에 대한 구체적 증거가 없었기에 영국 광고표준위원회(ASA)의 경고를 받고 광고를 수정했다.

독일의 완성차 업체 폭스바겐(Volkswagen)은 디젤 자동차의 매연저감장치를 개발한 이후 '클린 디젤'이라는 캐치프레이즈로 자사 자동차를 홍보했다. 당연히 소비자의 반응은 좋았다. 그러나 미국의 디젤차 오염물질 배출 기준을 맞추기 위해 소프트웨어를 조작한 사실이 2015년에 발견되어 엄청난 보상금을 지불해야 했다.

음료업계의 대표주자인 네스프레소와 코카콜라는 공정무역 커피와 지속가능성을 앞에 내세웠지만, 다른 한편으로는 기업의 제품을 통해 수많은 알루미늄캡슐과 캔이 소비된다. 의류업계에서도 폐플라스틱을 이용한 섬유로 옷을 만든다고 하지만 아직도 최빈국에서 열악한 노동환경에 노출된 근로자들의 저임금 노동으로 단가를 유지하고 있으며, 패스트 패션이라는 명분하에 제품 판매 주기가 짧아짐에 따라 의류 폐기물도 급속도로 증가하고 있다.

녹색분류체계

결국 친환경이 무엇을 의미하는지, ESG의 정확한 정의는 무엇인지 논의해야 한다. 그래야 정부는 그린워싱과 ESG워싱에 속지 않고 지원할 것이고, 금융기관과 투자자는 그린워싱과 ESG워싱에 속지 않고 투자할 것이고, 소비자는 그린워싱과 ESG워싱에 속지 않고 제품과 서비스를 구매할 것이다.

EU 집행위원회는 2018년 3월 '지속가능금융 행동계획'을 발표하면서 ESG 제도의 재정비를 선언했다. 그리고 그 첫 번째 행동계획이 '녹색분류체계(Green Taxonomy)'의 개발이다. EU는 녹색분류체계 개발을 통해 '진정한 녹색'이 무엇인지 정의했으며, 이를 규정(Regulation)으로 정해 법적 구속력을 갖도록 했다. EU가 녹색분류체계를 만든 이유는 녹색으로 분류되는 것에 대해 금융기관의 투자를 독려해 가급적 자본이 '녹색'으로만 흘러가게 만든다는 취지다. 아직 녹색분류체계 포함 여부에서 논란이 되는 것이 원전과 천연가스다. 특히 원전을 포함하는 것에 대해 EU 내에서도 독일을 중심으로 한 반대국과 프랑스를 중심으로 한 찬성국이 부딪혔다.

그러나 우크라이나 전쟁으로 발생한 에너지 안보위기가 분위기를 바꾸었다. 현재는 원자력 말고는 에너지원에 대한 대안이 없기에 결론적으로 원전이 EU 녹색분류체계에 편입되었다.[104] 다만 EU는 녹색분류체계에 원전의 포함 조건으로 고준위 방사성 폐기물 처리장 마련 및 안전한 처분의 보장, 기존 원전 시설의 개선 및 사고 확률이 낮은 핵연료 사용 조건이 지켜질 경우에 한해서만 인정한다고 했다.[105]

우리나라는 문재인 정부에서 2021년 12월에 발표한 '한국형 녹색분류체계(K-녹색분류체계)'에는 원자력이 빠졌으나, 윤석열 정부에서는 2022년 9월 원전을 다시 K-녹색분류체계에 포함했다. 다만 EU 녹색분류체계와 마찬가지로 사고저항성핵연료 적용 및 고준위 방사성 폐기물의 안전한 저장과 처분을 위한 조건을 달성할 경우에

만 인정된다는 전제를 달았다.[106]

결국 녹색분류체계로의 편입 여부에 따라 자본의 흐름이 달라질 것이고, 산업의 희비도 엇갈릴 것이다. 녹색분류체계에서 제외된 기업은 자본시장에서 투자를 받기가 어려워질 것으로 전망된다. 특히 국민연금도 전체 투자자산의 50%에 대해 ESG 기준을 반영한다는 계획을 갖고 있기에, LNG 발전소와 같은 대규모 자본투자를 요구하는 산업은 기업의 운명을 가를 수도 있다.

재생에너지는
친환경적인가?

재생불가능한 재생에너지 폐기물

2020년 블룸버그 그린(Bloomberg Green) 뉴스를 통해 미국 와이오밍주 캐스퍼(Casper) 지역에서 찍은 사진 하나가 보도되었다. 이 사진은 길이 90m에 이르는 풍력발전 설비의 날개, 곧 블레이드를 세 조각으로 잘라 매립하는 장면이다. 블레이드 폐기 방식은 현재 수준에서 매립이 최선이다.

풍력발전 설비의 날개(블레이드)는 가벼우면서도 부러지지 않아야 하고, 오랜 시간 견딜 수 있어야 한다. 이러한 조건을 모두 만족시키는 것이 유리섬유다. 그러나 유리섬유는 재활용이 거의 불가능하기에 20~25년인 풍력발전기의 수명이 지난 다음에 블레이드는 소각하거나 매립하는 방식으로 처리된다.

태양광발전 설비는 태양에너지를 활용하여 전기를 생산하는 패널과 생산된 전기를 전환하여 송전할 수 있도록 변환해주는 인버터로 이루어져 있다. 태양광패널 전체 소재의 70~75%는 강화유리이고, 20~25%는 알루미늄 프레임과 뒤판으로 구성된다. 그리고 전기 생산을 위한 태양전지 셀(cell)은 3~4%를 차지한다. 태양광패널의 폐기물 중 강화유리는 경제성이 높지 않아 재활용하지 않으며, 알루미늄 프레임 정도만 재활용된다. 그리고 재활용이 되는 알루미늄 프레임을 제외한 태양광패널 폐기물의 나머지 부분은 현재 매립 방식으로 처리된다.

제5차 신·재생에너지 기본계획(2020~2034)[107]에 따르면 우리나라 전체 발전량 중 재생에너지가 국가 전체 발전량에서 차지하는 비율이 2019년 5.0%에서 2034년 22.2%까지 증가한다. 이에 따라 태양광발전 설비는 2018년 8.1GW에서 2034년 49.8GW로 급증하고, 풍력발전 설비도 2018년 1.3GW에서 2034년 24.9GW로 급증하게 된다. 태양광발전 설비와 풍력발전 설비가 증가하는 만큼 시차를 두고 태양광 및 풍력 폐기물이 증가할 수밖에 없다. 한국환경연구원의 연구결과에 따르면 태양광 폐패널이 2023년 9,665톤, 2028년 1만 6,245톤, 2033년에는 5만 8,369톤으로 급격히 증가할 것으로 예측되었다.[108]

그러나 현재 수준에서 재생에너지 폐기물에 대한 마땅한 대책이 없다는 것이 문제다. 정부는 R&D 사업을 통해 태양광 폐패널에서 셀, 유리, 유가금속을 회수하는 공정을 개발했고, 2020년에서야 상용화 단계에 이르렀다. 이를 위해 충청북도 진천에 '태양광모듈 활용센터'[109]를 설립했으며, 여기에서는 태양광 폐모듈을 연간 3,600톤 정도 처리할 수 있다. 그나마 태양광은 폐기물 발생현황 및 처리 현황에 대한 통계라도 존재한다. 풍력발전 설비는 블레이드 등 풍력 폐부품 폐기물 발생현황을 집계조차 하지 않는다. 그렇기에 어떻게 처리되는지 제대로 알 수 없으나, 일반적으로는 소각하거나 매립한다고 알려져 있으며, 유리섬유는 그 자체로 매립할 경우 거의 영구히 썩지 않는다. 재생불가능한 재생에너지 폐기물이 급증하는 미래가 올 수밖에 없는 상황이다.

산지 태양광발전 시설 산사태

2020년에 지역별 집중호우와 장마로 산사태 피해가 발생했다. 그리고 이 산사태가 발생한 시설 중 태양광발전 시설의 피해 모습이 언론에 보도되었다. 태양광발전 시설의 피해가 장마 때문에 자연적으로 발생한 어쩔 수 없는 상황인지, 아니면 태양광발전 시설을 설치하기 위한 난개발에 따른 인재인지를 두고 설전이 벌어졌다.

해당 보도[110]는 산림청의 자료를 인용하여 2017~2020년 동안 산지에 태양광발전 시설 설치를 위해 전국 임야에서 총 232만 그루

태양광발전 시설 산사태 피해

<blockquote>출처 : 연합뉴스</blockquote>

의 나무가 베어졌고, 2020년 장마철에만 전국 6곳의 산지 태양광발전 시설에서 토사 유실 등 산사태가 발생했다고 보도하면서 '탈(脫) 원전 정책에 따른 태양광발전 시설의 난개발이 주요 원인'이라 제기한다. 그리고 태양광발전 시설 공사과정에서 산림을 크게 훼손하고 있으며, 태양광패널의 효율을 높이기 위해 경사진 산비탈에 설치하기에 구조적으로 산사태를 막을 나무나 토지기반이 무너져 태양광발전 시설이 있는 곳은 산사태에 취약할 수밖에 없다고 한다. 이 의견에 동의하는가?

반대로 산업통상자원부는 보도자료 설명자료를 배포하여 이에 대해 반박한다. 요지는 2020년 산지 태양광발전 시설의 산사태 건수는 12건으로 전체 산사태 발생건수(1,174건) 대비 1%밖에 안 되며, 전체 산지 태양광 허가건수(12,721건) 대비 0.1%에 불과하다는 것이다. 그리고 정부는 산지 태양광발전 시설 건설로 발생하는 환경훼손 방지를 위한 제도(산지 일시사용허가제도)를 도입하고, 경사도(25도→15도) 허가기준을 강화했으며, 정기점검도 의무화하여 산지 태양광발전 시설에 따른 산사태 발생 우려를 제거했다고 반박했다. 결론적으로 '산사태 발생과 산지 태양광 허가실적 간 정(正)의 상관관계는 없다'는 것이다. 이 의견에도 동의하는가?

재생에너지는 탄소중립 시대에 화석연료를 탈피하는 대안으로 제시된다. 2020년 발전량 기준 화석연료(석탄, 가스, 유류)가 차지하는 비율이 62.4%이고, 신·재생에너지의 비율은 6.6% 수준이다. 반면 2050년에는 화석연료(석탄, 가스)가 차지하는 비율이 0.3%, 신·재생에너지의 비율은 최대 70.8%까지 증가한다. 그러나 재생에너지 발전시설 폐기물 처리 기술은 초기 단계라 아직 갈 길이 멀기에 재생에너지가 지금 당장의 해법이 아닐 수도 있다는 고민도 해야 한다.

또한 국토면적 대비 산림의 비율이 63.2%인 상황에서 재생에너지를 보급, 확대하기 위한 방편으로 산림훼손은 불가피할 수도 있다. 산림훼손에 따라 산사태 역시 불가피하게 발생할 수밖에 없으며 기상이변의 빈도와 강도가 강해지는 상황에서 재생에너지 발전시설은 기후변화에 취약할 수밖에 없다.

재생에너지의 목표만 세우는 것이 아니라, 이러한 미래에 대한 고

민을 우리 세대에서 먼저 해야만 다음 세대가 더 나은 미래를 물려
받을 수 있다.

전기차는 친환경적인가?
: 생산에서 폐기까지

전기차는 기존의 내연기관 자동차와 달리 휘발유(가솔린)나 경유(디젤) 같은 화석연료를 사용하지 않기에 온실가스를 훨씬 더 적게 배출한다. 그러나 지금보다 기후위기에 둔감했던 과거에는 전기차가 온실가스를 적게 배출하는 대체 수단임에도 그 중요성이 부각되지 않았다.

우리나라도 전기차 보급 활성화를 위해 '무공해차 구매보조금 지원' 제도를 도입하여 내연기관 자동차보다 비싼 무공해차를 구매하면 보조금을 지급했다. 이에 전기차 보급대수는 꾸준히 증가했으며, 2020년 기준으로 13만 4천 대가 등록되어 있다.

전기차는 운행과정에서 온실가스 배출량이 0이다. 그렇기에 친환경차다. 그런데 과연 저탄소 배출로 부각되는 전기차는 얼마나 저탄소인지, 그리고 얼마나 친환경적인지 알아보자.

운행과정 vs 전과정

내연기관 자동차는 차량 운행과정에서 휘발유나 경유를 연소함에 따라 최종 산물로 온실가스와 미세먼지 유발물질들이 발생한다. 반면에 전기차는 차량 운행과정에서 화석연료를 사용하지 않기에 온실가스 배출량은 0이다. 그렇기에 우리나라 온실가스 배출량의 14.3%[111]를 차지하는 수송 부문 온실가스 감축대책으로 전기차와 수소차가 부각받고 있다.

그런데 여기서 주목할 것은 차량 운행과정에서만 온실가스를 배출하지 않을 뿐, 전기차의 주 연료인 '전기'를 생산하는 과정에서는 온실가스가 배출된다는 것이다.

차종별 평균 온실가스 배출량을 보면 좀 더 자세히 알 수 있다. 휘발유, 경유, LPG의 원료물질인 원유가 국내에 수입되면 '정제과정'을 거친 후 주유소까지 '운송과정'을 거쳐 소비자가 차량을 운행하는 과정에서 온실가스를 배출한다. 마찬가지로 전기차는 화석연료 발전소까지 원료를 운반하는 '상류과정(upstream process)'이 필요하며, 발전소에서 전기 '발전과정'을 거치면서 온실가스를 배출하고, 운행과정에서는 온실가스를 배출하지 않는다.

이렇게 운행과정에만 초점을 맞추지 않고, 원재료의 생산, 운송,

차종별 평균 온실가스 배출량 비교

(단위 : gCO2eq/km)

구분	상류과정	생산과정			차량 운행과정	합계
		석유제품 정제과정	전기 발전과정	석유제품 운송과정		
휘발유	–	15.911	–	0.660	185.790	202.361
경유	–	14.380	–	0.923	195.232	210.535
LPG	–	11.688	–	0.787	162.106	174.581
전기차	0.763	–	107.114	–	0.000	107.877

출처 : 김재경, 자동차의 전력화 확산에 대비한 수송용 에너지 가격 및 세제 개편 방향 연구, 2017

사용, 폐기까지 제품의 전체 과정을 통해 오염물질 배출량을 살펴보는 것을 전과정평가(LCA, Life Cycle Assessment)라 한다.

전기차는 운행과정에서만 온실가스를 배출하지 않을 뿐이다. 전과정 관점에서 살펴보면 107.877gCO$_2$eq/km의 온실가스를 배출하며, 이는 기존 내연기관 차량 대비 51~62% 수준의 온실가스를 계속 배출하는 것이다. 0이 아닌 것이다.

그렇기에 EU는 자동차의 운행단계뿐만 아니라 자동차 전과정에서의 환경오염물질 배출 기준을 논의하기 시작했다. 유럽연합 집행위원회는 2023년을 목표연도로 EU 공통의 전과정평가 방법과 법제화 방안을 마련 중이다.[112] 이러한 자동차 시장에서의 전과정 관점에서의 평가는 중국, 일본 등으로 확대되고 있으며, 자동차 업계는 이에 발맞추어 선행적인 대응방안 마련에 고심 중이다.

다만 전기차의 전과정 평가 결과는 향후에 달라질 수 있다. 현재의 결과는 전력발전량 중 석탄이 35.6%(2020년)를 차지하는 전력생산 구조를 바탕으로 산정된 결과다. 그렇기에 탄소중립 정책이 시행되면 발전원 중 화석연료 생산비중은 줄어들 것이고, 온실가스를 배출하지 않는 재생에너지나 수소를 통한 발전이 주가 될 것이다. 그렇다면 앞에서 제시한 전기발전 과정의 온실가스 배출량 역시 급속도로 줄어들 것이기 때문이다.

배터리 원료 채취와 사용 후 배터리 처리 문제

전기차에 대해서 온실가스 관점에서만 문제를 제기했으나, 전기차는 전과정 관점에서 다른 환경문제도 존재한다.

첫째, 배터리 원료 채취 문제다. 전기차의 핵심기술은 배터리다. 현재 대부분의 전기차는 리튬이온 배터리를 사용하고 있으며, 회사에 따라 파우치형, 각형, 원통형 등 다양한 형태의 배터리를 사용한다. 그런데 여기서 문제가 되는 것이 배터리 핵심원료인 '리튬'이다. 리튬은 전기자동차와 에너지저장장치(ESS, Energy Storage System) 시장의 급성장에 따라 수요가 급증하고 있다. 그리고 전 세계 리튬의 46%는 오스트레일리아에서 생산되며, 칠레 28%, 중국 13%, 아르헨티나 11% 순으로 생산된다.[113]

국제앰네스티는 2019년 배터리의 주원료인 리튬을 채굴하는 과정에서 인권침해 문제나 환경오염 문제가 발생한다고 고발했다. 리튬 채굴과정에서 안전장비나 보호장구가 제대로 갖추어지지 않은 상황에서 광부들이 일하고 있으며, 심지어 어린이들까지 노동 현장에 투입된다는 것이다. 이에 국제앰네스티는 전기차 배터리 생산 시장을 차지하는 중국, 한국, 일본 기업들에 사용하는 원자재 생산 시 인권침해와 환경오염 물질 저감 대책을 마련하라고 했다.[114] 또한 다른 원료인 코발트 역시 문제가 된다.[115] 전 세계 코발트의 60~70%가 콩고민주공화국에서 공급되는데, 코발트 채굴 광부들 역시 위험에 노출되어 있다. 그리고 원석을 추출하는 공정에서 황산 같은 오염물질 배출에 따른 수질오염 문제나 분진 문제도 급증하며 기형아 출생도 급증하는 현실이다.

둘째, 폐배터리도 문제다.[116] 정부는 전기차의 사용상 안전을 위해 7년 사용에 잔존율 70% 수준을 권고하며, '유독물질의 지정고시'에 따라 폐배터리는 산화코발트, 리튬, 망간, 니켈 등을 1% 이상 함유한 유독물질로 분류되어 아무렇게나 처리하면 안 된다.

일반적으로 폐배터리를 다시 사용하는 기술은 재사용(Re-use), 재제조(Remanufacturing), 재활용(Recycling)으로 나눈다. 재사용이란 기존 전기차에서 안전상의 이유로 철거된 폐배터리를 안전과는 상관이 덜한 용도로 다시 사용하는 것이다. 재제조는 사용한 배터리나 부품을 수리해 새제품 성능으로 되돌리는 것이며, 재활용은 핵심 부품에서 원료를 추출해 다시 제품을 만드는 것을 의미한다.

폐배터리는 공급물량 부족과 재활용 기술 개발 부진 등의 이유로 1~5%만 재사용되고 있다. 이러한 폐배터리는 2020년에는 약 4,700개에서 2025년에는 1만 3천 개, 2030년에는 8만 개까지 늘어날 전망이기에 폐배터리 사후처리 문제에 대한 대책이 시급하다.[117]

결국 전기차는 운행과정에서 온실가스 배출량이 0이므로 저탄소 수송수단으로 부각되고 있으나, 전과정 관점에서는 우리나라가 화석연료 의존적 발전 구조이기에 온실가스를 상당량 배출하고 있다. 그리고 전기차 배터리의 주원료 생산과정에서 우리가 간과하는 인권 및 환경 문제가 존재하며, 이는 기업의 ESG 관점에서 중요한 관리 포인트다. 또한 아직까지 전기차 폐배터리 발생 개수가 적어 사회 문제로 부각되지 않았으나, 폐배터리 처리 문제도 이젠 해결해야 할 중요한 문제다.

텀블러는
친환경적인가?

한동안 코로나19 때문에 오프라인으로 개최하는 행사가 많이 열리지 않았으나, 점차 외부기관이 주최하는 콘퍼런스나 세미나가 오프라인으로 열리기 시작했다. 오프라인으로 열리는 행사에서는 자료집을 에코백에 담아주거나, 행사가 끝나면 기념품으로 에코백을 주기도 한다. 또한 어떤 행사에서는 텀블러를 참석자들에게 선물로 주기도 한다.

이렇게 받은 에코백이나 텀블러에는 대부분 행사 제목이나 행사를 주관한 기관 이름이 인쇄되어 있다. 그렇기에 다른 누군가에게 선물로 줄 수도 없어서 거실장에 하나둘씩 쌓여간다. 사용 승인을 받지 못한 에코백과 텀블러는 그렇게 거실장에서 잠을 잔다.

리바운드 효과

환경을 지키는 일과 온실가스를 줄이는 일은 이제 우리 생활 속에 깊숙이 들어와 있다. 그렇기에 에코백과 텀블러 한두 개는 어느 가정에서나 쉽게 볼 수 있다. 또한 코로나19로 플라스틱 쓰레기 문제와 미세플라스틱에 의한 오염 문세도 부각되면서 에코백과 텀블러를 사용하는 사람이 많이 늘어났다. 이젠 환경을 지키는 일이 선택이 아니라 필수가 되는 '필(必) 환경' 시대를 사는 것이다.

그런데 과연 우리가 사용하거나 가지고 있는 에코백과 텀블러가 친환경적일까?

일회용품은 생산 및 폐기의 전과정에서 다량의 온실가스를 배출한다. 견고한 에코백을 만들기 위해 원재료의 생산, 이동, 제작 과정을 거칠 것이고, 그 중간에 염료로 염색하거나 기업의 로고를 새기는 공정에서도 온실가스를 배출한다. 그리고 수명이 다한 에코백을 소각하거나 매립하는 과정에서도 온실가스가 배출된다. 결국 에코백 생애의 전과정 관점에서는 에코백을 한두 번만 쓰고 버리면 비닐봉투를 쓰는 것보다 온실가스가 더 많이 배출된다. 더욱이 선물받은 에코백을 쓰지 않고 집 어딘가에 쌓아놓았다가 언젠간 그냥 버리기도 한다. 비닐봉투는 한 번이라도 사용하는데, 이러한 에코백은 한 번도 사용되지 않는다.

텀블러도 마찬가지다. 텀블러와 플라스틱 일회용 컵 모두 원재료의 생산, 이동, 제작 과정을 거칠 것이며, 사용 후 폐기 과정을 거친다. 특히 텀블러는 일회용 플라스틱 컵과는 달리 몸체는 스테인리스 재질이고, 뚜껑은 플라스틱(폴리프로필렌) 재질이기에 생산 과정에서 일회용 플라스틱 컵 1개보다는 더 많은 온실가스가 배출된다. 그리고 재사용을 위해 세척하는 과정에서 물과 세제를 사용한다. 당연히 수돗물을 정화하는 데 화학물질을 사용하고, 그 과정에서도 온실가스를 배출한다.

이렇게 환경을 위한 행동이 오히려 환경에 독이 될 수 있는 상황을 '리바운드 효과(Rebound Effect)'라고 한다. 다회용품을 오래 사용하지 않거나, 쓰지 않고 보관만 할 경우 일회용품보다 몇 배 혹은 몇십 배 더 많은 온실가스 배출을 초래할 수 있다는 것이다.

다회용품 오래 쓰기

과연 다회용품은 몇 번이나 재사용해야 이러한 리바운드 효과를 방지할 수 있을까?

한강유역환경청이 미국의 연구 결과를 인용하여 제시한 결과에 따르면, 텀블러가 일회용 종이컵보다 친환경적이기 위해서는 유리 텀블러는 최소 15회, 플라스틱 텀블러는 최소 17회, 세라믹 텀블러는 최소 39회 사용해야 한다. 또한 다른 연구에서는 스테인리스 텀블러는 최소 220회 사용해야 한다. 마찬가지로 에코백은 131회를

다회용품은 얼마나 사용해야 할까?

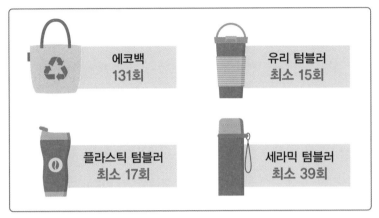

에코백
131회

유리 텀블러
최소 15회

플라스틱 텀블러
최소 17회

세라믹 텀블러
최소 39회

출처 : 한강유역환경청

써야 비닐봉지 대체 효과가 있다. 과연 우리는 텀블러와 에코백을 이 정도로 사용하는지 생각해보아야 한다.

그러나 현실은 어떨까? 2021년 10월 〈여성신문〉이 에코백과 텀블러 사용 경험이 있는 20~60대 여성 200명을 대상으로 에코백과 텀블러 사용 실태를 조사했다.[118] 그 결과, 설문조사에 참여한 응답자들은 에코백을 1인당 평균 6개 갖고 있었고, 많은 경우(4개 정도) 사은품으로 받았다고 했다. 응답자들은 월평균 5.9회 에코백을 사용하며, 에코백 1개당 평균 29.8회 정도 재사용한다고 응답했다. 앞서 말한 에코백이 정말 친환경적이기 위해 사용해야 하는 131회와는 상당한 괴리가 있는 것이다. 에코백을 그냥 보관(56.5%)하거나 버린다(7.5%)는 응답도 상당히 높았다.

텀블러에 대한 조사 결과도 유사하다. 응답자들은 텀블러를 1인당 평균 6개 갖고 있었고, 에코백과 마찬가지로 텀블러도 많은 경우(4개 정도) 사은품으로 받았다고 했다. 응답자들은 월평균 6.5회 텀블러를 사용하며, 텀블러 1개당 평균 45.8회 재사용한다고 응답했다. 스테인리스 텀블러라면 정말 친환경적이기 위해 사용해야 하는 220회와는 상당한 괴리가 있는 것이다.

결국 진짜 친환경적인 삶을 살기 위해서는 다회용품을 여러 번 쓰는 것이 가장 좋다. 에코백과 텀블러를 한두 번만 쓰면서 친환경적 삶을 사는 듯한 착시현상에서 벗어나야 한다. 또한 에코백과 텀블러를 사은품으로 받는다면 정중히 거절하는 것도 하나의 방법이다. 누군가는 여러 번 쓸 수 있고, 나는 그냥 집 안 어딘가에 넣어두고 쓰지 않는 것보다는 더 나은 삶일 것이다.

반대로 에코백을 나누어주는 곳에도 이런 제안을 하고 싶다. 기념품으로 주는 에코백은 대부분 관련 행사명이나 주최자의 명칭이 에코백 외부에 적혀 있다. 그런데 몇 년 전 한국기후변화연구원이 주관하는 '대한민국 탄소포럼'에 갔을 때, 자료집을 넣어 나누어 준 에코백에는 후원, 주관, 주최자 정보가 에코백 안쪽에 새겨져 있었다. 이 에코백은 행사에서 선물로 받은 에코백이 아닌 듯해 보여 나도 동네 마트에 갈 때 그 에코백을 주로 들고 다녔다. 사용자가 에코백을 사용하지 않는 이유 중 하나가 이렇게 에코백 외부에 행사 정보가 노출되는 것을 꺼리기 때문인 경우도 있을 것이다. 이렇게 작은 변화만 주어도 사용자가 에코백을 사용하는 횟수가 늘어날 것이다. 하나의 넛지(nudge) 효과다.

3부

우리는 미래를
바꿀 수 있다

탄소 의존적인
사회의 최후

석유시대는
정말 끝날 수 있을까

피크오일 vs 채굴기술 개발

미국의 지질학자인 킹 허버트(M. King Hubbert)는 1956년 미국석유연구소(American Petroleum Institute)에서 미국의 석유 생산량이 늦어도 1970년에는 정점, 피크오일(Peak Oil)에 이를 것으로 예측했다. 허버트의 석유 생산량 그래프는 종(鐘) 모양의 곡선 형태이며, 석유 생산량이 점차 증가하다가 어느 순간부터 감소하기 시작한다. 바로 이 석유 생산량의 최고점을 '허버트의 정점(Hubbert's Peak)'이라고 한다. 실제로 1970년에 미국의 석유 생산량이 35억 2천만 배럴(barrel)로 최대를 달성했으며, 2008년에 18억 3천만 배럴로 최소치를 기록했다. 허버트의 모델은 산유국의 유정과 유전, 석유 수요

미국에서의 허버트 피크오일 예측치와 실제 생산량

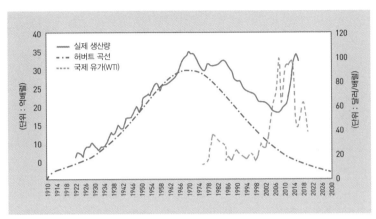

출처 : Our World in Data

를 바탕으로 국가의 석유 생산 정점 및 하락 시점 연구에 불을 지
폈다. 다만 이 그래프는 석유가 고갈되어 생산이 감소한다는 것을
의미하지는 않는다.[119]

허버트의 정점이 언제인지에 대해서는 연구자마다 다른 결론을
내린다. 그러나 시간이 지나 석유 채굴기술이 발달해 더욱 저렴하
게 석유를 채굴할 수 있게 되었다. 곧 기존에 경제성이 나오지 않
던 유전에서 비용효과적으로 석유를 채굴할 수 있게 된 것이다. 이
에 허버트의 예측보다는 더 늦은 속도로 석유 생산량이 줄어들었
다. 더욱 저렴한 비용으로 더욱 많은 석유가 전 세계에 보급됨으로
써 석유 의존적 산업구조 전환은 요원한 일로 치부되었다. 왜냐하
면 국제 유가가 비싸게 형성되어야 대체에너지에 대한 수요가 증가

하고, 기술개발에 대한 투자도 증가하기 때문이다. 2000년대 초반까지의 저렴한 국제 유가는 그 당시 대체에너지 개발의 필요성을 낮추었고, 전기차나 수소차 같은 친환경차 기술에 대한 투자도 낮추었다.

셰일혁명의 시작

셰일(Shale)이란 입자의 크기가 작은 모래나 진흙이 쌓여 오랜 세월 동안 단단하게 뭉쳐져 형성된 퇴적암이다. 셰일 퇴적암층에는 흔치 않게 탄화수소가 풍부한 석유나 천연가스가 포함되어 있다. 셰일오일(Shale Oil)은 이 퇴적암층에 갇혀 있던 원유를 뜻하고, 셰일가스(Shale Gas)는 이 퇴적암층에서 뽑아낸 천연가스를 의미한다.

원유가 반쯤 굳은 것을 역청(瀝靑)이라고 하는데, 이 역청이 셰일층에 섞여 있는 것이 바로 샌드오일(Sand Oil)이다. 역청 2톤에서 원유 1배럴(원유 159L) 정도를 생산할 수 있다. 그러나 샌드오일은 그 단어의 의미처럼 모래 같은 불순물이 섞여 있기에 불순물을 제거하는 후공정을 거쳐야 한다. 그렇기에 기존의 전통적인 원유와는 달리 생산단가가 비쌀 수밖에 없다. 셰일오일은 배럴당 생산단가가 30달러 수준이고, 셰일가스는 셰일오일의 약 두 배 수준으로 알려져 있다.[120]

2000년대 초반까지 배럴당 30달러 수준이었던 국제 유가가

2000년대 중반 이후로 급격하게 상승했다. 1998년 글로벌 외환위기 해소 이후 낮아진 금리가 시장의 유동성을 풍부하게 했으며, 돈이 원자재 시장으로 들어와 원자재 시장의 가격을 끌어올렸다. 이는 코로나19로 인한 국제사회의 저금리와 유동성이 원자재 가격을 상승시킨 상황과 유사하다. 이렇게 국제 유가가 2005년 이후로 상승 랠리를 시작했으며, 2014년 최대 114달러까지 상승했다. 기존까지 국제 유가가 30달러 수준이었을 때는 셰일오일과 셰일가스는 채굴해도 경제성이 없었으나, 국제 유가가 상승함에 따라 이젠 채굴에 경제성이 생긴 것이다.

다른 한편으로는 셰일오일을 시추하는 혁신적인 방식이 개발되었다. 기존 유전과 달리 셰일층은 수평으로 넓게 퍼져 있기에 전통적인 수직의 시추 방식은 사용하기가 불가능하다. 그런데 수압파쇄법(Hydraulic Fracturing)과 수평시추법(Horizontal Drilling)이라는 시추 방식이 개발되어 셰일을 시추하기가 용이해졌다. 수압파쇄법은 고압의 물을 셰일층에 주입해 이 압력으로 지하의 암석을 파쇄하여 셰일오일을 채굴하는 기술이고, 수평시추법은 셰일층에 철근 콘크리트관 자체를 수평으로 밀면서 굴착하여 셰일오일을 채굴하는 기술이다.

이렇게 원유의 가격이 급등하고, 셰일오일과 셰일가스를 저렴한 비용으로 시추하게 됨으로써 에너지 업계의 지각변동이 시작됐다. 바로 셰일혁명의 시작이다. 셰일오일과 셰일가스는 전통적인 원유와 달리 전 세계에 널리 퍼져 있다. 전 세계 셰일오일의 매장량은 3,350억 배럴이며, 러시아 750억 배럴, 미국 480억 배럴, 중국 320억 배럴, 아르헨티나 270억 배럴 순으로 보유하고 있다. 마찬가지로 셰일가스의 매장량은 207조m^{3}으로 추정되며, 중국 31조 5천억m^3, 아르헨티나 22조 7천억m^3, 알제리 20조m^3, 미국 18조 8천억m^3, 캐나다 16조 2천억m^3 순으로 추정된다.[121]

셰일혁명 이후로 미국은 중동에서 석유를 수입해 쓰던 방식에서 벗어나 국내에서 직접 셰일오일을 생산하기 시작했다. 미국에서 생산되던 석유가 2008년에 최저(18억 3천만 배럴)로 기록된 이후 셰일오일 때문에 자국 내에서의 석유 생산이 급증했다. 원유를 생산하기 시작한 것이다.

석유시대의 종말

요즘은 다시 피크오일에 대한 논쟁이 불붙고 있다. 과거에는 공급 관점에서 피크오일을 전망했으나, 이제는 수요 관점에서 피크오일을 전망한다. 코로나19 여파로 인한 석유 수요의 감소뿐 아니라, 글로벌 탄소중립에 따라 재생에너지로의 에너지원 전환이 수요 관점에서의 피크오일을 앞당긴다는 것이다. 국제에너지기구(IEA)는 글로벌 피크오일을 2030년으로 전망했다.[122] 이에 따라 글로벌 석유회사들은 신규 유전 개발에 소극적으로 나설 수밖에 없다. 과거와는 달리 줄어든 석유 수요가 피크오일 시점을 앞당기는 것이다.

BP(British Petroleum)의 통계에 따르면 2020년 기준 전 세계의 하루 평균 원유 생산량은 8,849만 배럴이며, 이중 19%인 1,659만 배럴은 미국에서 생산된다. 그리고 사우디아라비아가 1,104만 배럴(12%), 러시아가 1,067만 배럴(12%), 이라크가 411만 배럴(5%) 순이다. 원유 수출국 중에서 사우디아라비아는 국가 GDP에서 석유산업이 차지하는 비율이 40% 정도로 석유에 의존적인 산업구조를 가지고 있기에 석유 가격의 추이는 국가 경제에 큰 영향을 준다. 그러나 석유 왕국이라 불리는 사우디아라비아가 바뀌고 있다. 사우디아라비아의 무하마드 빈 살만 왕세자는 2019년 스마트시티 네옴(NEOM) 건설 계획을 발표한다. 이는 5천억 달러(약 670조 원)를 투자하여 사우디아라비아 북서쪽 지역에 세계 최대 규모의 스마트시티를 건설하는 프로젝트다. 네옴시티는 화석연료를 사용하지 않고, 조력, 태양열 등의 재생에너지를 활용한 도시 건설 프로젝트다. 네옴은 인공강우 시스템으로 사막에 비를 내리게 하고, 로봇과 하늘을 나는 택시, 자동화된 공장, 최첨단 병원, 리조트 시설 등이 갖추어진 미래 도시로 개발될 것이다. 또한 글로벌 ICT 기업을 유지하여 석유 의존적 경제 모델을 탈피하는 미래지향적 구상을 가진 도시다.[123 124]

다른 한편으로 사우디아라비아는 국부펀드(PIF, Public Investment Fund)를 활용하여 재생에너지에 투자하고 있다. 아이러니하게도 대표적 화석연료인 석유를 팔아 번 돈이 재원인 국부펀드를 이용해 재생에너지에 투자하는 것이다. 사우디아라비아 정부는 현재 310MW 수준인 재생에너지 발전용량을 2024년까지 27.3GW, 2030년까지 58.7GW로 향상을 목표로 삼았다. 이를 위해 사우디 국부펀드는 사우디 전력공급회사(Saudi Power Procurement Company)와 1,500MW 태양광 발전소를 건설하는 계약을 체결했다. 2021년 10월에는 이집트와 3,000MW 규모의 전력 상호연결 (Power Interconnection) 프로젝트 계약을 체결했는데, 이는 약 16억 달러(1조 9천억 원) 규모로 예상된다.[125] 사우디아리비아는 재생에너지로 생산된 전력을 사용하여 암모니아를 생산하고, 이 암모니아로 수소를 생산해 에너지원을 수소로 전환할 계획이다.

대표적 산유국인 사우디아라비아는 석유 판매 수입을 기반으로 한 국가 운영은 지속가능하지 않다고 판단하고, 석유 판매 수익을 ICT 기술과 재생에너지 산업에 재투자하고 있다. 기존의 석유 의존적 산업은 더 이상 저유가와 탈화석연료 시대에서는 지속가능하지 않다는 결론에 이르렀기 때문이다.

탄소중립과
몰락하는 탄소경제

2050 탄소중립 달성을 위한 투자

2050 탄소중립을 달성하기 위해서는 많은 비용이 수반된다. 우선 에너지원을 전환하는 비용이 발생한다. 아직까지 전 세계는 화석연료에 의존적인 삶을 살고 있다. 국제에너지기구(IEA)의 분석에 따르면 2020년 기준 전 세계 에너지 생산량은 589.1EJ이다. 여기에서 EJ(exajoule, 엑서줄)은 에너지의 크기를 계산하는 단위로 $1EJ=10^{18}J$을 의미한다. 이중 재생에너지가 68.5EJ로 12% 정도를 차지한다. 그리고 전통적인 화석연료인 천연가스는 24%(138.7EJ), 석탄은 26%(155.8EJ), 원유는 29%(171.4EJ) 비율로 공급된다.[126] 현재 세대는 전 세계 에너지 공급량의 79% 정도를 화석연료에 의지하

는 것이다. 그렇기에 전 세계 에너지 공급량의 79%를 차지하는 화석연료를 재생에너지로 대체하기 위해서는 아직 갈 길이 멀다. 에너지 전환을 위해 재생에너지 설비에 투자해야 하는 비용은 상상을 초월할 것이다. 또한 일반적으로 화석연료 발전기의 운전수명을 30년으로 가정했을 때 지금 당장 이들을 멈추게 하려면 발전소에 보상해줘야 하는데 이 비용도 막대할 것이다.

신기술 개발 비용도 수반된다. 전통적인 화석연료 의존적 산업을 탈탄소 산업구조로 전환하기 위해서는 공정상의 에너지원을 무탄소 혹은 저탄소 에너지원으로 바꾸는 것뿐 아니라, 공정에서 발생하는 온실가스 배출을 감축해야 한다. 이를 달성하기 위해서는 기술개발에 투자해야 한다. 대표적인 기술로 철강 업종의 수소환원제철기술과 디스플레이 업종의 불소계 온실가스 감축기술이 있다. 다른 한편으로는 배출된 온실가스만을 선택적으로 골라내어 제거하는 이산화탄소 포집 및 활용·저장(CCUS) 기술, 직접공기포집(DAC)과 같은 기술개발에 대한 투자도 필요하다.

2022년 1월에 글로벌 컨설팅 기관인 매킨지글로벌연구소(MGI, Mckinsey Global Institute)의 《넷제로 전환(The Net-zero Transition)》 보고서에 따르면 전 세계가 파리협정에 따라 전 지구 평균기온 상승 폭을 1.5℃로 제한하기 위해서는 2050년까지 해마다 3조 5천억 달러(약 4,200조 원/년) 규모의 추가 지출이 필요하다고 예측했다.[127] 현재 전 세계 각국과 기업이 넷제로를 위해 투입하는 비용은 매년

5조 7천억 달러에 달하는데, 여기에 추가 지출 규모인 3조 5천억 달러를 합산하면 전 세계는 매년 9조 2천억 달러(약 1경 1,040조 원)를 넷제로를 위해 투자해야 한다.[128] 넷제로 이행에는 천문학적인 규모의 비용이 발생하나 넷제로 전환은 손해가 아닌 미래를 위한 투자라고 앞에서 언급했다. 이는 넷제로 전환 과정에서 화석연료 관련 일자리가 사라지기는 하나, 반대로 그 이상의 신규 일자리가 창출될 것이기 때문이다.

자동차 업종에 찾아온 기회

전기차 회사의 대표주자인 테슬라(Tesla)의 주식이 2022년 중반까지 연일 치솟았다. 2021년 11월에는 주당 407달러로 최고가를 찍었다. 과연 테슬라 초기의 주가는 어땠을까? 지금으로부터 13여 년 전인 2010년 6월 29일 테슬라가 미국 나스닥에 처음 상장한다. 이때 가격은 주당 17달러(2회 액면분할 이전)였다.* 13년 동안 엄청나게 성장한 것이다. 그 결과 테슬라의 시가총액은 한때 1조 달러를 넘었다. 이는 기존 내연기관 자동차를 대표하는 도요타를 비롯해 폭스바겐, GM, 포드, 피아트크라이슬러, PSA 그룹 등 전 세계 6개 자동차 업체의 시가총액을 합친 것보다 높은 수치다.

● 테슬라는 2020년 5월 5:1 비율, 2022년 8월 3:1 비율로 총 2회 주식을 액면분할 했다.

우리나라의 현대자동차는 2021년에 두 번 충격적인 선언을 한 다.[129] 우선 1월에 내연기관엔진 개발을 접고, 수소전기차와 순수전 기차로 대표되는 친환경 자동차를 주력으로 생산하겠다고 발표했 다. 그리고 12월에는 내연기관엔진 개발 조직 자체를 없앴다. 다음 으로 9월에 현대자동차는 독일에서 열린 'IAA 모빌리티 2021' 모 터쇼에서 '2045년 탄소중립 선언'을 발표했다. 현대자동차는 자사 에서 생산한 내연기관 자동차가 운행단계에서 온실가스를 많이 배 출하기에, 전 세계에 판매하는 자동차 중 전동화 모델의 비중을 2030년에 30%, 2040년에는 80%까지 끌어올린다는 것이다. 그리 고 2045년에 탄소중립을 달성하기로 목표를 세웠는데, 이를 위해 2045년까지 전 세계 사업장 전력 수요의 100%를 재생에너지로 전 환한다는 계획이다.[130]

과연 무엇이 테슬라의 시가총액을 이렇게 끌어올렸으며, 내연기 관 완성차의 대표주자인 현대자동차가 친환경 자동차를 주력으로 생산하겠다고 선언하게 만들었을까? 바로 기후변화다. 시장은 전기 차의 선두주자인 테슬라가 미래에 더욱 성장하리라 예측한 것이고, 현대자동차는 친환경 자동차 시장이 미래의 새로운 먹거리라고 전 망한 것이다. 기후변화와 탄소중립이 자동차 산업에서는 기회인 셈 이다.

발전 업종에 찾아온 위기

2020년 기준 우리나라의 전력발전량은 552.2Twh이다. 이 중 석탄이 196.3Twh(35.6%), 원자력이 160.2Twh(29.0%), LNG가 145.9Twh(26.4%), 신·재생에너지가 36.5Twh(6.6%)를 차지한다.[131] 그리고 정부의 '2050 탄소중립' 추진전략에 따르면 2050년 미래에 필요한 전력발전량은 1,208.8~1,257.7Twh로 지금보다 2배 이상 늘어난다.

정부는 탄소중립도 달성하면서 늘어나는 전력 수요를 충당하기 위한 두 가지 전략을 갖고 있다. 첫째, 원전을 점차 폐기하여 원자력 발전량을 반으로 줄이고, 현존하는 석탄발전소를 전면 중단시키며, LNG 발전량도 점차 감소시킬 계획이다. 둘째, 원자력, 석탄, LNG 발전 감소로 인한 전력 수요는 재생에너지로 충당하려고 한다. 이는 전력발전 체계를 기존의 화석연료 의존적 전력발전 체계에서 재생에너지 기반 전력발전 체계로 전면 개편하는 것으로 현재 6.6% 수준인 재생에너지 발전량을 60~70%까지 끌어올리는 계획이다.

우리나라 전력산업은 한국전력공사를 중심으로 생태계가 갖추어 있다. 한국전력공사의 발전 관련 자회사(발전자회사)인 한국남동발전, 한국중부발전, 한국서부발전, 한국남부발전, 한국동서발전이 그것이다. 그리고 원자력발전을 주로 하는 한국수력원자력과 민간발전회사 및 구역전기사업자가 전력을 생산한다. 민간 발전회사는 포스코에너지와 GS파워, 대규모 발전시설을 갖추고 한국전력공사에 전력을 파는 민간기업을 의미한다. 구역전기사업자는 신도시나 산업단지 내부에 위치하면서 생산한 열(스팀)과 전기를 신도시나 산업단지에 바로 공급하는 발전소를 운영하는 업체를 의미한다. 이들이 생산한 전력은 전력거래소(KPX, Korean Power Exchange)를 통해 한국전력공사에 판매된다. 그리고 한국전력공사는 전력 송배전망을 통해 전력을 소비자에게 판매한다.

우리나라의 전력 생산에 대한 중장기 계획은 '전력수급기본계획'이라는 법정 계획을 통해 수립되며, 현재는 2020~2034년까지의 '제9차 전력수급기본계획'이 수립되어 있다. 전력수급기본계획에서는 전력의 장기적인 수급을 전망하고, 전력 수요를 관리하기 위한 목표를 설정하고, 전력의 발전, 송전 및 변전 설비계획, 대규모 발전소 체계가 아닌 분산형 전원 확대, 전력을 생산할 때의 온실가스와 미세먼지 감축방안 등을 담고 있다.[132] 여기서 중요한 것은 중장기 계획에 따라 발전소에서 생산하는 발전원의 큰 틀을 국가에서 결정한다는 것이다.

한국수력원자력은 우리나라의 원자력발전을 책임지고 있는데, 원자력발전을 통해 우리나라 국가 총발전량의 29.0% 정도인 160.2Twh의 전력을 공급하고, 재생에너지 설비를 통해서도 4.4Twh의 전력을 공급한다. 회사별로 좀 더 자세히 살펴보면, 한국남동발전은 전체 발전량 중 93%를 석탄화력발전을 통해 생산하고 있으며, 나머지 네 개 발전자회사도 68~80% 정도로 석탄발전 비중이 상당히 높다. 한국전력공사 다섯 개 발전자회사의 2020년도 매출액은 20조 3천억 원(개별 기준), 임직원 수는 13,105명으로 이들의 매출액과 고용 효과는 무시하지 못할 정도로 큰 회사들이다.

그런데 정부의 탄소중립 정책에 따라 석탄발전이 전면 중단될 경우 이들이 국가 경제에 미치는 파급효과는 상당할 것으로 추정된다. 일차적으로 발전자회사의 임직원이 타격을 받을 뿐 아니라, 발전소 설계, 건설, 장비 보급 및 설치, 유지·보수를 하는 기업과 그 기업 직원들의 일자리는 직접적으로 영향을 받을 것이다. 그리고 대부분의 석탄발전소가 강원도(강릉시, 동해시, 삼척시), 경상남도(사천시, 하동군), 전라남도(여수시), 충청남도(당진시, 보령시, 태안군)[133]에 있기에 현지 직원들이 지역경제에 미치는 파급효과도 상당히 클 것이다.

또한 급격하게 석탄발전을 줄이는 규모에 상응하는 만큼 재생에너지를 안정적으로 공급하기 위한 방안도 마련되지 않았다는 것이다. 재생에너지는 석탄화력발전이나 LNG발전과 달리 유연성이 부족하다. 태양광발전은 태양이 존재하는 낮 동안, 그것도 맑은 날에만 최대 효율로 발전이 가능하다. 그리고 풍력발전은 바람이 불어야 발전이 가능하다. 그러나 전력은 이런 조건과 상관없이 지속적으로 필요하다. 그렇기에 석탄 및 LNG 발전소가 모두 폐쇄된 상태에서 재생에너지로 생산된 전력이 제대로 공급되지 않을 경우는 상상하기도 싫을 정도로 끔찍하다. 바로 모든 국가 전력망이 꺼지는 블랙아웃(Black Out) 상태가 발생하는 것이다.

발전자회사는 공공기관이기에 정부의 계획을 따르는 방향으로 갈 것이다. 그러나 발전사에는 발전자회사뿐 아니라 민간발전회사 및 구역전기사업자도 존재한다. 이들은 대규모 자본을 투자해 발전

회사별 발전현황 및 정보(2020년 기준)

회사별 발전원별 발전비율*	회사명	발전량 (Gwh)	매출액** (억원)	임직원수** (명)
남동발전 93%	남동발전	51.8(9.4%)	42,589	2,718
중부발전 72%	중부발전	48.9(8.9%)	42,934	2,640
서부발전 74%	서부발전	40.0(7.2%)	36,060	2,651
남부발전 68%	남부발전	43.4(7.9%)	40,159	2,550
동서발전 80%	동서발전	45.6(8.3%)	41,554	2,546
한국수력원자력 0%	한국수력원자력	164.6(29.8%)	99,997	12,551
한국전력 0%	한국전력	0.3(0.1%)	579,894	23,551
타사 5%	타사***	157.6(28.5%)	103,284	2,190
0% 20% 40% 60% 80% 100%	합계	552.2(100.0%)	986,471	51,397

■ 수력   ■ 석탄화력
■ 유류 및 가스화력   ■ 내연 및 복합/집단
■ 원자력   ■ 신재생에너지

* 그래프의 수치는 전체 발전량에서 석탄화력발전이 차지하는 비율을 의미함
** 매출액은 개별기준이며, 직원수는 기간제 포함 전체 직원수
*** 타사 : (주)대륜발전, (주)에스파워, (주)지에스동해전력, 동두천드림파워(주), 디에스지파워(주),
씨지앤율촌전력(주), 지에스이피에스(주), 지에스파워(주), 에스케이이앤에스(주),
파주에너지서비스(주), 평택에너지서비스(주), 포스코에너지(주), 포천파워(주), 포천민자발전(주)

출처 : 한국전력공사, KISLINE

소를 건설했는데, 정부는 민간기업에 일방적으로 석탄화력발전 중단을 요구할 수는 없을 것이다. 발전소가 약 30년의 수명을 가지고 있기에 연장사용 금지나 가동중지 명령을 내릴 수도 있으나, 민간발전사와의 싸움이 쉽지는 않을 것이다.

탄소중립 이행에 따라 영향을 받는 대표적인 산업 두 개를 살펴보았다. 자동차 업종은 전기자동차, 수소연료전지자동차 수요의 증가에 따라 탄소중립이 기회의 요인이 될 것이다. 그러한 이유로 테슬라에 돈이 몰리는 것이고, 현대자동차가 선제적으로 체질 전환을 하는 것이다. 반면 발전 업종은 위기다. 석탄화력발전의 전면 중단과 LNG발전의 일부 유지에 따라 석탄화력발전으로 사업을 운영하는 발전사들은 큰 위기에 봉착했다. 특히 발전원을 임의로 선택하지 못하고, 전력수급기본계획에 따라 허가만 받을 수 있는 전력산업 구조의 경직성은 이들을 더 궁지로 몰아갈 것이다.

탄소중립은 많은 산업의 희비를 엇갈리게 할 것이다. 과연 탄소중립을 기회로 생존할 것인가, 탄소중립의 위기를 그냥 받아들일 것인가. 자동차 업종과 발전 업종 두 개를 중심으로 살펴보았으나, 실제로는 탄소중립 정책은 대부분 산업에 큰 영향을 줄 것이다. 바로 기후변화로 인한 대격변의 시작이다.

기후기술에
돈이 몰린다

CES와 지속가능성

매년 1월 미국 라스베이거스에서는 CES(소비자가전전시회, Consumer Electronics Show)라는 행사가 열린다. CES는 인공지능(AI), 5G 이동통신, 증강현실(AR), 가상현실(VR), 블록체인, 에너지 및 전력, 디지털 헬스, 사물인터넷(IoT) 등 전 세계 첨단 기술의 미래를 엿볼 수 있는 행사다. CES는 매년 오프라인으로 열리는데, 2021년에는 코로나19 때문에 온라인으로 열렸다가 2022년에는 2년 만에 온·오프라인 하이브리드로 열렸으며, 2023년에는 전면 오프라인으로 개최되었다. 2023년 CES에 참여한 기업은 약 2,400개 사로 우리나라 기업은 469개 사가 참여할 정도로 국내 기업의 참여율이 높다.[134]

CES에서는 매년 전체 28개 부문에 출품한 창의적인 기술·제품을 평가하여 혁신상(Innovation Awards)을 수여한다. 특히 지속가능성(Sustainability, Eco-Design & Smart Energy) 부문의 기술은 35개 기술·제품이 수상했다. 우리나라 기업 중에서도 지속가능성 부문에서는 현대일렉트릭앤에너지시스템, 현대에너지솔루션의 기술이 선정되었다.

삼성전자, LG전자, SK그룹 등 국내 대기업들도 전시관을 운영한다. 2023년 CES에서는 SK그룹의 8개 관계사가 '행동(Together in Action : 함께, 더 멀리, 탄소 없는 미래로 나아가다)'을 주제로 전시관을 운영했다. 앞서 SK텔레콤은 2022년 CES에서 네트워크 장비 통합 운영 기술인 '싱글랜(Single RAN)'을 소개했다. 싱글랜 기술은 3G와 4G(LTE) 장비를 하나로 통합하여 운영하는 기술로, 기존의 통화 품질은 개선되면서도 장비 운영 대수를 줄여 온실가스 배출량을 기존 대비 53% 줄이는 기술이다. SK텔레콤은 온실가스 감축에 대한 기술개발뿐만 아니라, 온실가스 감축효과를 정량적으로 계산하여 배출권거래제에서 정부로부터 배출권을 확보하는 성과도 거두었다.

기후기술 벤처에 투자금이 유입

CES는 혁신상 수상자 중에서 최고혁신상(Best of Innovation)을 따로 선발한다. 2023년 CES 최고혁신상 중 지속가능성 부문에서는

SK텔레콤 싱글랜 온실가스 감축기술

태양광발전 기능과 1,200W 용량의 배터리를 갖춘 재커리(Jackery)의 텐트(LightTent-Air)와 상수도관을 돌아다니며 상수도관의 상태와 막힘, 물의 깨끗한 정도를 알려주는 ACWA 로보틱스가 개발한 '클린 워터 패스파인더(Clean Water Pathfinder)가 수상했다. 2022년 CES 최고혁신상 중 지속가능성 부문에서는 오션그레이저(Ocean Grazer)라는 네덜란드 기업이 유일하게 수상했다. 기존의 에너지저장장치(ESS)는 풍력, 태양광 같은 재생에너지에서 생산되는 전력을 24시간 안정적으로 확보할 수 없기에, 전력이 풍부하게 생산되는 시점에 전력을 배터리에 저장해야 한다. 그리고 ESS를 생산하고 폐기하는 과정에서 환경 문제가 발생한다. 그러나 오션그레이저의 해양배터리(Ocean Battery) 기술은 전력 생산이 많을 때 생산된 전기로 물을 높은 곳으로 끌어올리고, 전기가 부족할 때 물을 내려보내 다시 발전함으로써 기존의 ESS가 갖는 한계를 극복했다.

이러한 혁신기술을 가진 벤처기업들은 기술이 있어도 자금이 없으면 상용화를 위한 대규모 투자를 할 수 없다. 그러나 기후기술을 가진 기업들이 다양한 기후 비즈니스 모델을 제시하면서 이 시장의 투자 가치를 알아본 투자자를 통해 벤처캐피털(VC) 자금이 몰리고 있다. 자본시장의 데이터 분석 기관인 피치북(Pitch Book)에 따르면 전 세계에서 기후기술과 관련된 벤처기업에 유입된 자금은 2011년 14억 달러에서 2020년 161억 달러로 급증했다. 2021년 상반기에만 142억 달러가 기후기술 벤처기업에 흘러간 것으로 추정된다.[135]

시장에서는 기후기술로 주목받는 기업이 많다. 인공지능 및 머신러닝을 이용한 기후 예측 및 리스크 완화 기술을 가진 원컨선(One Concern)이라는 기업이 있다. 원컨선은 지진, 태풍, 홍수 등이 일어나는 지질학적 및 기상학적 메커니즘과 현재의 기상데이터를 인공지능 및 머신러닝 기술과 결합해 자연재해를 예측한다. 그렇기에 이들의 주요 고객은 자연재해가 자주 일어나는 도시나 자연재해와 관련된 기업이다. 원컨선은 기술력을 인정받아 솜포 홀딩스(Sompo Hodings), 소프트뱅크 에너지(Softbank Energy), 아메리칸 패밀리 인슈어런스(American Family Insurance) 등 여러 기업에서 투자받았다.

인공위성, 라이다(LiDAR), 드론으로 산림 탄소흡수량을 원격 감지할 수 있는 기술을 가진 파차마(Pachama)[136]라는 기업이 있다. 파차마는 기존의 원격 탐사 기술로 산림의 변화와 탄소흡수량을 추정하고, 인공지능(AI) 기술로 미래의 탄소흡수량을 예측한다. 궁극적으로 파차마는 산림을 모니터링하고 관리하여 산림의 이산화탄소 흡수에 따른 탄소배출권을 만들어주는 역할을 한다. 파차마에는 마이크로소프트(MS), 쇼피파이, 소프드뱅크 등 여러 기업이 투자하거나 탄소배출권을 구입하려고 한다.[137]

이외에도 기후기술과 관련된 벤처기업으로 건물의 에너지 및 온실가스 데이터 관리 기술을 가진 워터셰드 테크놀로지(Watershed Technology), 공기 중 이산화탄소를 선택적으로 제거하는 직접 공기 포집 기술을 가진 클라임웍스(Climeworks), 카본 엔지니어링(Carbon Engineering), 글로벌 서모스탯(Global Thermostat),[138] 드론 등을 이용한 발전소 효율 관리 기술을 가진 랩터 맵스(Raptor Maps), 인터넷 기반 쌍방향 농업 데이터 분석 기술을 가진 그로 인텔리전스(GRO Intelligence) 등이 있다.

기후기술은 기후위기 시대의 대안을 마련하고 생존을 위한 하나의 해법으로 주목받고 있으며, 이러한 기업들은 현재 벤처캐피털, 사모펀드 등의 자본시장에서 러브콜을 받으며 투자를 유치하고 있다.

혁신적 기후기술이
미래를 바꾼다

탄소경제에서
수소경제로

다양한 색깔을 가진 수소

수소(H_2)는 다양한 색깔을 가지고 있다. 수소는 주기율표의 첫 번째 화학원소로 질량이 가장 작으면서도 우주상에 가장 흔한 원소다. 일반적으로는 무색의 가스이나 에너지·온실가스 세계에서는 수소를 생산하는 방식에 따라 그린수소, 그레이수소, 블루수소로 표현한다.

그린수소(Green Hydrogen)는 태양광 또는 풍력 같은 재생에너지를 통해 얻은 전기로 물을 전기분해하여 얻는 수소다. 물은 전기분해를 하면 수소 분자 2개와 산소 분자 1개가 생산된다($2H_2O \rightarrow 2H_2 + O_2$). 재생에너지 전력을 사용하다 보니 수소 생산과정에서 온실가스 배출이 없기에 그린 수소라 불린다.

그레이수소(Grey Hydrogen)는 천연가스에 풍부한 메탄(CH_4)을 고온의 수증기와의 촉매 화학반응을 통해 얻는 수소다. 이 공정을 개질 공정이라고 하는데, 이 과정에서는 수소뿐만 아니라 이산화탄소도 배출된다. 또한 정유공정의 나프타 분해 과정에서 부산물로 수소가 생산되는데 이 과정에서도 이산화탄소가 배출된다. 일반적으로 그레이수소 1톤을 생산하기 위해서는 이산화탄소 10톤이 배출되는 것으로 알려져 있다. 그렇기에 그레이수소는 화학 공정상의 부산물로 생산되는 수소를 의미한다.

블루수소(Blue Hydrogen)는 그레이수소를 생산하는 방식과 동일한 방식으로 수소를 생산한다. 다만 그레이수소를 생산하는 공정에서 나오는 이산화탄소를 기술적으로 포집 및 저장하여 온실가스 배출을 줄인 수소를 의미한다.

수소경제시대의 도래

수소는 저탄소 발전, 경우에 따라서는 무탄소 발전 기술인 연료전지에 필수적인 요소다. 그렇기에 연료전지발전을 위해서는 수소의 안정적인 공급이 필요하다. 그러나 수소는 아직까지 생산단가가 비싸고, 그레이수소인 '개질 수소' 생산 시 온실가스를 배출하기에 근본적 대책이 아니었다. 그레이수소와 그린수소는 아직까지 기술과 공급량이 부족하기도 하며, 수소가 공급되더라도 수소 공급을 위한 인프라와 수요처가 없으면 이것 역시 문제다.

그렇다고 손을 놓고 있을 수는 없다. 수소는 생산, 저장, 이용 단계에서 기존 화석연료와는 완전히 다른 산업생태계를 만들 수 있다. 이러한 수소 산업생태계를 '수소경제'라 칭한다. 수소경제는 '수소를 중요한 에너지원으로 사용하여 국가의 경제·사회 전반 및 국민 생활 등에 근본적 변화를 초래하여, 경제성장과 친환경 에너지원의 원천이 되는 경제'를 의미한다.

수소경제는 기존의 화석연료 의존적인 탄소경제와 어떤 차이가 있을까? 가장 큰 차이는 원료를 어디서 얻을 수 있는가와 오염물질을 배출하는지 여부다. 우리나라는 석유, 석탄, 가스 등을 외국에서 99% 정도 수입해서 쓸 정도로 화석연료에 대한 수입의존도가 높으며, 에너지 단가 상승은 경제 전반에 직접적인 영향을 줄 수 있다. 2022년 러시아와 우크라이나 전쟁으로 원유와 천연가스 가격의 급등은 내연기관 자동차를 타는 우리에게도 직접적으로 영향을 줬다. 또한 화석연료는 온실가스뿐 아니라, 대기오염물질(NOx, SOx)을 배출한다. 반면 수소는 에너지를 생산하는 과정에서 부산물로 온실가스가 아닌 물을 생산한다.

수소경제는 아직 시장 초기단계이나 우리나라의 많은 기업이 수소경제 생태계를 조성하고 있어 중장기적인 새로운 시장으로 부각되고 있다. 대표적인 업체로 수소 밸류체인을 구축하고 있는 SK를

탄소경제와 수소경제 비교

구분	탄소경제	수소경제
에너지 패러다임	탄소자원(석유, 석탄, 가스 등) 중심	탈탄소화 수소 중심
	수입 의존(99%)	국내 생산으로 에너지 자립 기여
에너지 공급	대규모 투자가 필요한 중앙집중형 에너지 수급	소규모 투자로 가능한 분산형 에너지 수급
	입지적 제약이 크고 주민 수용성이 낮음	입지적 제약이 적고 주민 수용성이 높음
경쟁 양상	자원개발 및 에너지 확보 경쟁	기술경쟁력 확보 및 규모의 경제 경쟁
환경성	온실가스, 대기오염물질 배출 * CO_2, NOx, SOx 등	온실가스 배출이 적어 친환경적 * 부산물 = 물(H_2O)

출처 : 김재경, 탄소중립 달성을 위한 수소경제의 역할과 과제, 2021.09.14.

비롯하여, 제철 공정에서의 탈탄소가 필요한 포스코, 재생에너지의 강자 한화, 충전/저장 인프라 구축을 준비 중인 효성, 수송 인프라의 대장으로 떠오를 현대중공업 그룹 등을 들 수 있다.

수소경제 로드맵

글로벌 탄소중립 정책 이행에 따라 수소경제는 지속적으로 상승할 것으로 전망된다. 2050년까지 글로벌 수소 산업은 연간 5조 달러의 관련 매출과 2조 5천억 달러 정도의 부가가치, 그리고 누적 3천만 개 정도의 일자리가 창출될 것으로 전망된다. 또한 2030년까지 전 세계에 약 240만 대의 수소자동차 보급이 예상되는데 이는 2017년 약 7,800대에 비해 상당히 증가한 양이다.[139] 이에 정부도 수소경제의 청사진을 그리기 위한 '수소경제 활성화 로드맵'을 2019년 1월 발표했다. 수소경제로드맵은 수소차와 연료전지를 양대 축으로 하여 수소경제 산업생태계를 구축하려고 한다.

수소차와 관련하여 수소 승용차, 비스, 택시 등 청정 교통인프라를 확대하고 이를 위한 수소충전소를 대폭 확대할 계획이다. 이에 따라 수소차 보급량이 2022년에 8만 대, 2040년 620만 대까지 늘어날 것으로 추정하고 있다. 그리고 현재 14개소 수준인 수소충전소를 2022년 310개소, 2040년 1,200개소로 확대할 예정이다.

이에 발맞추듯 현대자동차그룹은 수소연료전지 담당 부서를 신설하여 수소연료전지 개발과 사업운영 및 자동차 생산기술 개발을 준비하고 있다.[140] 또한 쿠팡은 친환경 수소화물차(11톤)를 도입하여 로켓배송 전용 차량에 사용할 계획이며, 시범사업 이후 지속적으로 수소화물차를 확대할 예정이다.[141] 아직은 수소충전소 보급이 적어 수소충전 문제가 발생[142]하고 가격도 높은 편이지만, 장기적으로는 이러한 문제들이 차츰 해결될 것으로 전망하고 있다.

연료전지와 관련해서는 향후 발전용 연료전지를 설치·확대하고 설치비 및 발전단가를 중소형 가스 발전기 수준으로 대폭 절감하는 것을 목표를 한다. 단기적으로는 그레이수소 생산을 위한 천연가스 요금제를 도입하고, 그린 수소 도입 시 인센티브를 주는 방안도 고민하고 있으며, 장기적으로 수소가스발전 기술개발을 목표로 하고 있다. 그리고 가정·건물용 연료전지를 정부 예산으로 지원하여 설치·확대할 예정이다. 인천광역시 동구에는 2021년 7월부터 민간 연료전지 발전소가 가동되고 있다. 인천연료전지발전소는 2,700평 정도의 부지에 39.6MW 규모의 연료전지설비가 있으며, 이는 인천시 거주 약 11만 가구가 쓸 수 있는 규모다.[143] 다만 인천연료전지발전소 설치 초기 연료전지 발전소에 대한 안전성 등의 이유로 주민들의 반발이 있었다는 점을 감안했을 때 가정·건물용 연료전지 보급을 위해서는 현실적으로 풀어야 할 문제도 존재한다.

진정한 수소경제를 위해서는 수소자동차 및 연료전지의 공급 문제뿐 아니라 수소의 수요 문제도 풀어야 한다. 현재는 그레이수소(부생수소, 추출수소)에 머물러 있는 기술을 재생에너지 발전단지와 연계한 그린 수소 생산, 탄소포집 및 저장 기술개발을 통해 블루수소를 생산하여 진정한 저탄소 수소경제를 만들어갈 구상을 하고 있다. 나아가 바닷물로 수소를 생산하고 저장하는 '해수전지 수소저장 시스템' 같은 새로운 기술개발도 중요하다.[144] 마지막으로 수소 생산뿐 아니라, 공급 기술도 중요하다. 외국에서 수소를 도입할 경우를 대비한 수소운반선박이나, 수소를 액체화·고체화하여 운송 방식을 효율화하는 기술도 지속적으로 개발해야 한다.

수소경제는 이제 새로운 시장이다. 탄소중립 이행에 따라 이 시장의 규모는 급증할 수밖에 없으며, 2050년까지 연간 5조 달러 이상의 글로벌 시장이 될 것이다. 우리나라의 수소자동차 생산 및 연료전지 기술은 뛰어나지만 아직까지 수소 생산 인프라와 기술은 선진국에 비해 뒤처진 측면이 존재한다. 그러나 수소경제와 수소생태계가 완성된다면, 도심에서는 온실가스 배출과 미세먼지 발생이 없는 자동차가 다닐 것이고, 친환경 연료전지 보급을 통해 온실가스 감축, 수소경제 산업생태계 조성을 통한 부가가치가 창출되고, 다음 세대의 일자리도 증가할 것이다. 막연한 상상일 수도 있으나, 상상이 현실이 되는 현재를 살고 있기에 수소경제의 미래는 기대해볼 만하다.

소형모듈원자로(SMR)의
현실화

아이언맨의 에너지원

마블(Marble)의 캐릭터 아이언맨(Iron Man)의 가슴에는 '아크 원자로(Arc Reactor)'가 있다. 아크 원자로는 아이언맨의 주인공 토니 스타크가 개발한 초소형 원자로로 아이언맨은 이 원자로를 에너지원으로 사용한다. 처음에는 사고로 몸 속에 박힌 금속들이 심장으로 가는 것을 막기 위해 만들었는데, 나중에는 아이언맨 슈트를 작동시키는 에너지원으로 사용하게 된다.

원자로란 핵반응으로 생성되는 열을 이용하여 전기에너지를 얻는 장치다. 원자로가 이용하는 핵반응은 크게 두 가지가 있다. 핵분열과 핵융합이다.

핵분열은 원자량이 큰 원소를 이용하여 발생시키는데, 대부분 우라늄이나 플루토늄을 이용한다. 원자를 구성하는 물질 중 하나인 중성자를 우라늄과 플루토늄에 충돌시키면 우라늄과 플루토늄 원자가 쪼개지는데 이때의 반응을 핵분열이라고 하며, 이때 많은 양의 에너지가 발생한다.

핵융합은 수소의 동위원소인 중수소($^2_1$H)와 삼중수소($^3_1$H)를 고온에서 반응시킨다. 여기에서 동위원소란 원자 번호는 같지만 질량이 다른 원소를 의미한다. 이때 중수소와 삼중수소 두 원자가 융합되면 헬륨이 생성되는데 이때의 반응을 핵융합이라고 하며, 이때 많은 양의 에너지가 발생한다. 자연적인 핵융합 반응의 대표적인 예가 바로 태양이고, 아이언맨의 아크 원자로도 핵융합 반응으로 에너지를 얻는다.

소형모듈원자로의 부각

소형모듈원자로(SMR, Small Modular Reactor)는 핵융합 반응으로 전기를 생산하는 원자로 중 하나로 전기출력이 300MW 정도인 소형원자로를 말한다. SMR은 원자로와 증기발생기, 냉각재 펌프, 가압기 등의 주요 기기가 하나의 원자력 압력용기에 담겨 있는 일체형 구조다. 기존 원전은 원전의 구성요소들이 모두 별개의 장비로 구성되어 배관을 통해 서로 연결된다. 그렇기에 사고 발생 시 배관

연결부위에서 방사능이 유출될 우려가 있다. 그러나 SMR은 구성요소 모두가 하나의 압력용기에 담겨 있어 상대적으로 방사능이 유출될 염려가 적다.[145]

이러한 일체형 구조를 세계 최초로 개발한 곳은 한국 연구진이다. 한국원자력연구원은 1997년 소형원자로 '스마트(SMART, System-integrated Modular Advanced ReacTor)'를 개발하기 시작하여 2012년 표준설계인가를 획득했다. 그러나 아쉽게도 현재 SMR은 우리나라가 아닌 미국이 주도하고 있으며, 러시아와 중국 등 여러 국가에서 민간 주도 혹은 민관 협동으로 개발하고 있다. 특히 빌 게이츠와 워런 버핏이 SMR에 투자하면서 사람들의 관심도 증가했다. 빌 게이츠가 2008년 설립한 원전 기업 테라파워(Terra Power)는 2024년부터 미국 서부 와이오밍주 케머러(Kemmerer)에서 345MW 규모의 SMR을 건설한다고 한다.[146] 이는 25만 가구에 전력을 공급할 수 있는 양이며, 건설비는 10억 달러(1조 2천억 원)로 대형원전 대비 1/3 수준이다. SK그룹도 2022년 8월 빌 게이츠의 한국 방문에 맞추어 테라파워에 2억 5천만 달러(3천억 원) 규모의 지분을 투자했다.[147] SK그룹은 넷제로 달성을 위한 수단 중 하나로 SMR을 선택했는데, SMR을 통해 탄소배출이 없는 에너지원을 확보한다는 전략이다.

국제사회도 탄소중립 이행을 위한 대안 중 하나로 원자력에너지에 관심을 가지기 시작했다. 전 세계에서 현재 71개 SMR 모델이 개발 중이며, 2030년경부터는 본격적으로 상용화될 것으로 전망된다.

영국 국립원자력원연구소의 추정에 따르면 2035년까지 390~630 조 원 규모(65~85GW)의 시장이 전망된다고 한다. 미국 바이든 행 정부는 2021년 1월 '원자력전략비전'을 수립하여 차세대 원자로와 SMR 개발에 7년간 32억 달러(약 3조 8천억 원) 투자를 확정했다. 러시아는 '에너지전략 2035'를 바탕으로 국유에너지기업 로사톰 (RosAtom)의 주도 아래 차세대 원자로와 SMR에 약 1,200억 루블 (2조 2천억 원)을 투자한다.[148]

우리나라도 2020년 12월 열린 '제9회 원자력진흥위원회'에서 혁 신형 SMR 개발에 향후 8년간 4천억 원 투자를 위한 예비 타당성 조사를 시작했다. 그리고 한국수력원자력과 한국원자력연구원을 중 심으로 SMART를 개량해 경제성, 안정성 및 혁신성이 향상된 '혁신 형 SMR'을 개발 중이다. 2028년 인허가 획득이 목표이며, 이후 본 격적인 글로벌 원전 수출 시장에 뛰어들 구상이다.[149] 두산에너빌리 티°도 40년간 원전 기기 제작 시장에서 쌓아올린 기술력을 바탕으 로 SMR 시장에 뛰어들었다. 특히 두산에너빌리티는 2019년 미국 의 뉴스케일파워(NuScale Power)에 4,400만 달러(530억 원) 규모의 지분투자에 나서는 등 SMR 시장을 선점하기 위한 노력을 시작했 다.[150]

• 두산중공업은 친환경 사업에 집중한다는 취지로 2022년 3월 사명을 '두산에너 빌리티'로 변경했다.

원자력에너지는 무조건 나쁜 것인가?

원자력에너지는 우리나라 법에서 신·재생에너지에 해당하지 않는다. 그렇다고 원자력을 친환경에너지라고 표현할 수는 없다. 왜냐하면 원자력발전 시 온실가스와 대기오염물질(NOx, SOx)이 나오지 않는 것은 사실이나, 부산물로 나오는 방사성 폐기물이 환경에 미치는 영향에 대해서는 여전히 불확실한 측면이 있기 때문이다. 온실가스 배출량이 적은 것은 사실이기에 원자력에너지를 저탄소에너지로 명명할 수 있다.

원자력에너지가 친환경에너지인지에 대해 '진정한 녹색'이 무엇인지 구분하기 위해서 유럽과 우리나라는 녹색분류체계라는 기준을 만들었다. 이는 투자자들이 해당 경제활동이 녹색투자대상인지 아닌지를 판단하는 기준으로, 녹색분류체계에 포함된다는 것은 해당 기술이 녹색, 곧 친환경 기술임을 의미하는 것이다. 유럽과 우리나라는 원자력에너지를 제한적 조건을 달아 녹색분류체계에 포함했다. 이는 우크라이나 전쟁으로 발생한 에너지 안보위기를 타파하기 위한 수단으로 원자력에너지를 현재 시점에서는 포기할 수 없기 때문이다.

에너지 안보위기 상황에서 유럽과 우리나라는 원자력에너지를 당분간은 포기할 수 없다. 우리나라의 2050년 탄소중립 시나리오는 석탄발전은 전면 중단하고, LNG발전은 시나리오에 따라 발전량 중에서 0~5%는 유지하는 것으로 결정했다. 그러나 원자력발전은 탄소중립 시나리오에서도 국가 전체 발전량 중 6.1~7.2% 비율을 계속 유지하는 것을 봤을 때, 우리나라 에너지 수급 상황에서 원전은 장기적으로 봤을 때도 포기하기 어려운 수단이다.

결국 탄소중립 시나리오에서도 원자력에너지의 전면 포기는 불가능하다고 가정한 것이다. 석탄(무연탄) 이외에는 화석연료를 전량 수입하고 있고, 연료전지와 수소에너지는 아직까지 에너지 수요를 충당하기에는 한계가 있다. 재생에너지를 무한정 늘릴 수도 없다. 이런 상황에서 원자력에너지는 당분간 대체 불가능한 에너지원일 것이다. 그렇기에 원자력에너지에 대한 급진적 폐쇄론보다는 좀 더 친환경적으로 방사성 폐기물을 관리할 수 있는 기술을 개발하고, 2035년까지 390~630조 원 규모로 예상되는 글로벌 시장을 선점하는 관점에서 원자력에너지를 다시 돌아보는 혜안도 필요하다.

스마트에너지 시스템으로
모든 것이 모인다

서기 2000년대의 생활

지금으로부터 60여 년 전인 1965년에 원로 만화가 이정문 화백이 '서기 2000년대의 생활의 이모저모'라는 주제로 만화를 그렸다.[151] 이정문 화백이 1965년에 전망한 미래의 모습은 이미 대부분 우리에겐 익숙한 것이 되었다. 우주선을 타고 달나라로 수학여행 가는 것만 빼고는 대부분 이루어졌다. 아니, 테슬라 창업자 일론 머스크(Elon Musk)가 이끄는 스페이스X(Space X)와 아마존 창업자 제프 베이조스(Jeffrey Bezos)가 이끄는 블루오리진(Blue Origin)에서 이미 민간인을 대상으로 한 우주여행을 이끈 것을 봤을 때 달나라 수학여행은 이미 어느 정도 실현된 것으로 봐도 무방할 것이다.

서기 2000년대의 생활의 이모저모

1965년에 원로 만화가 이정문 화백이 그린 만화.
당시 예측한 미래 모습이 지금은 익숙한 일상이 되었다.

© 이정문

사람들은 태양열을 이용한 집에서 전자신문을 보고, 인터넷강의로 공부도 하고, 집에서 원격진료도 받을 수 있다. 요리할 때 주방에 달린 작은 모니터로 TV를 볼 수 있고, 청소는 로봇청소기가 대신한다. 그리고 컴퓨터의 도움으로 에너지를 관리하고, 전기자동차로 공해 없이 운전하는 모습을 1965년에 예측했다.

에너지 통합 관리 시스템

기후변화 완화와 탄소중립 달성을 위한 방법은 무엇이 있을까? 우선 현재의 산업구조를 급격히 바꿀 수 없기에 온실가스를 적게 배출하면서 에너지를 생산해야 한다. 둘째, 생산된 에너지를 최대한 효율적으로 사용하여 낭비와 손실이 없게 해야 한다. 마지막으로는 부득이하게 생산된 온실가스를 포집하여 다시 원점으로 돌리는 방법이 있다.

이중 온실가스를 적게 배출하면서 에너지를 생산하는 것이 앞서 살펴본 수소경제와 소형모듈원자로(SMR) 기술이다. 그리고 부득이하게 생산된 온실가스를 포집하여 다시 원점으로 돌리는 방법이 뒤에 나올 탄소포집 기술이다. 여기에서는 생산된 에너지를 최대한 효율적으로 사용하는 방법을 살펴볼 것이고, 이후 부득이하게 배출된 온실가스를 다시 포집하여 원점으로 돌리는 탄소포집 기술에 대해 설명할 것이다.

생산된 에너지를 최대한 효율적으로 사용하여 낭비가 없게 하려면 에너지 생산, 수송, 사용에 이르는 전과정을 최적으로 관리해야 한다. 도시에서 에너지 사용의 전과정을 체계적으로 관리할 수 있는 시스템이 바로 '스마트시티' 기술이다. 스마트시티란 재생에너지를 기반으로 에너지 공급과 소비가 상호 통합·연계되는 에너지 시스템을 의미하는데, 재생에너지 전력을 기반으로 에너지원 간 통합이 구현되고 이를 통해 공급과 소비 부문이 서로 연계되는 것이다.

그렇다면 재생에너지 최적 관리가 왜 필요할까? 재생에너지, 특히 태양광발전과 풍력발전은 연중 안정적으로 확보할 수 없다는 문제가 있다. 태양광발전은 낮 동안에는 효율이 높으나 밤에는 아예 발전이 불가능하다. 그리고 봄철~여름철에는 태양의 남중고도가 높아 효율이 높으나, 겨울철에는 낮다. 또한 여름철 태풍이나 장마철에 비가 오거나 흐릴 때, 그리고 겨울철에 눈이 태양광 패널에 쌓일 때는 효율이 떨어진다. 마찬가지로 풍력발전은 사계절 균질한 바람이 부는 것이 아니므로 바람이 불지 않을 때는 발전 효율이 떨어진다.

1년 중 월별로 살펴볼 때, 태양광 발전량은 여름철(6~8월)보다는 봄철(3~5월)에 하루 평균 발전 시간이 높은 것으로 나타났다. 월별 태양광 발전량을 살펴보면 봄철에는 하루 24시간 중에서 3월에 4.41시간/일, 4월에 5.08시간/일, 5월에 4.41시간/일 정도 발전이 가능하나, 겨울철인 1월은 2.26시간/일로 가동효율이 상당히 낮다.[152]

다른 문제로는 재생에너지는 과다하게 생산되더라도 기존 전력망에 무한대로 보낼 수는 없다는 것이다. 이미 차량이 많은 도로를 생각해보자. 자동차가 많은 도로에 계속 자동차가 진입하려고 하면 교통체증 문제가 생길 수밖에 없다. 이를 전력을 이송하는 관점에서는 '계통수용성' 또는 '접속한계용량'이라고 표현한다. 제주도만 하더라도 재생에너지 설비는 계속 증가하는데, 보낼 수 있는 전기에너지 양은 정해져 있다. 그렇기에 과다하게 재생에너지를 생산하지 않기 위해 인위적으로 재생에너지 발전을 멈추는 출력제어를 한다. 재생에너지는 더 생산할 수 있는데, 계통수용성 때문에 재생에너지 발전을 멈추고 화력발전은 그대로 하는 모순적인 모습이다. 그렇기에 재생에너지 발전량을 최적으로 관리하면서 남는 재생에너지 전력을 저장할 수 있는 에너지저장장치 기술이 필수적이다.

생산된 재생에너지를 효율적으로 관리하기 위해서는 생산된 에너지의 최적 관리 기술이 필요하다. 이러한 기술을 그린에너지 통합 시스템이라고 하는데, 이 시스템의 핵심은 생산된 에너지를 효율적으로 관리하는 요소기술(V1G, V2G, V2H, P2G, P2H 등)을 탄력적으로 통합하는 것이다. 좀 어려운 용어일 수도 있으나, 사례를 생각해보면 쉽게 이해할 수 있다.

2021년 미국 텍사스주에 몰아친 기록적인 한파로 대정전(블랙아웃) 사태가 발생했다. 이때 소셜미디어(SNS)를 통해 블랙아웃 상황에서도 혼자만 불이 켜진 집의 사진이 올라와 화제가 되었다. 이 집은 정전 상황에서 테슬라 전기차의 배터리를 집에 연결하여 전기를 사용한 것이다. 자동차(Vehicle)에 충전된 전기를 가정(Home)에 연결하는 방식이다. 이것이 그린에너지 통합 시스템의 핵심 요소기술 중 V2H(Vehicle to Home) 기술을 설명하는 하나의 예다.[153]

V2G는 전력망(Grid)에서 자동차로 충전하면서도, 필요 시 V2H와 달리 전력망에 전기를 공급하는 방식이다. V1G(단방향충전제어)는 양방향으로 전력의 공급과 수요가 탄력적으로 움직이는 V2G와 달리 단방향으로 전력망에서 에너지저장장치에 전기를 저장하는 것이다. 다만 기존 기술과의 차이점은 잉여전력이 존재하는 시간대나 전력가격이 싼 시간대를 알아서 판단하여 그때만 자동으로 충

미국 텍사스주 정전 당시 테슬라 전기차의 배터리로 전기를 사용한 모습

 Christian Garza @Hey_JustTIC · 2월 16일 ···
Only house in my whole neighborhood with power. All because of @Tesla solar and Powerwalls. @elonmusk #getTeslasolar

GIF

○ 337   ⇄ 1.8천   ♡ 2.2만   ⬆

전한다는 점이다.

P2G(Power to Gas) 기술은 재생에너지 잉여전력을 활용하여 수소로 전환하는 기술이다. 곧 재생에너지 발전량이 풍부한 시간에 에너지저장장치에 저장하지 않고, 재생에너지 잉여전력을 활용해 수소 또는 메탄 등 가스연료를 생산·저장하는 기술을 의미한다.

이와 유사한 컨셉인 P2H(Power to Heat) 기술은 재생에너지 잉여전력을 활용하여 전기보일러나 히트펌프를 이용해 냉·난방열을 생산하고, 생산된 열을 축열조나 빙축열 설비에 저장하여 필요 시에 다시 에너지를 공급하는 기술이다.

결국 미래는 에너지를 어떻게 생산할 것인가뿐 아니라, 생산된 에너지를 어떻게 최적으로 관리할 것인가가 중요하다. 그 핵심에 그린에너지 최적 관리 시스템이 있다. 이러한 모습을 상상한 것이 1965년 이정문 화백이 예측한 '서기 2000년대의 생활의 이모저모'의 모습이다. 머지않아 모든 가전제품과 사물이 통신으로 연결되고 AI로 최적 관리하는 기술이 일상화되리라는 기대를 해본다.

온실가스 배출 제로를 향한
모빌리티의 여정

〈백투더퓨처〉에서 예상한 2015년

우리나라 40~50대 중에는 영화 〈백투더퓨처(Back To The Future)〉를 기억하는 사람이 많을 것이다. 백투더퓨처 시리즈는 1985년, 1989년, 1990년에 총 세 편이 개봉했다. 지금 이야기할 것은 〈백투더퓨처 2〉다. 이 영화의 배경은 1985년이다. 주인공 마티 맥플라이(Marty McFly)는 에메트 브라운(Emmett Brown) 박사와 자동차 '드로리안(DeLorean)'을 타고 2015년 미래로 떠난다. 하늘을 나는 자동차 드로리안은 쓰레기통에 있던 과일 껍질이나 음료 쓰레기를 연료로 사용하여 움직인다. 바이오에너지를 활용한 친환경 자동차다.

이외에도 〈백투더퓨처 2〉에서 상상한 2015년의 미래에는 자동으로 신발끈을 조여주는 운동화, 디지털카메라, 홀로그램, 호버보드 (비행보드), 드론, 지문인식도어, 자동조명등, 스마트TV, 화상전화 같은 다양한 기술이 등장한다. 현재는 모두 상용화되었거나 개발 중인 기술이지만, 영화가 만들어진 때가 1989년이라는 점을 감안하면 이 역시 대단한 상상력과 기술발전이라 생각한다.

영화 〈백투터퓨처 2〉에서 바라본 미래

모빌리티의 미래

글로벌 탄소중립 정책 이행에 따라 모빌리티의 미래도 격동적으로 변하고 있다. 내연기관 자동차의 시대가 저물고, 전기자동차의 시대가 오고 있다. 이를 입증하는 증거 중 하나가 전기자동차의 대표주자인 테슬라의 주가와 시가총액이고, 다른 하나는 우리나라의 현대자동차가 내연기관엔진 개발을 멈추고, 친환경 모빌리티로 사업을 전환한 것이다.

우리나라 정부도 2050년 탄소중립 시나리오에서 수송 부문의 대전환을 계획하고 있다. 우선 도로수송에서는 자동차를 전면 전기자동차화 및 수소자동차화(97% 이상)로 추진하고, 대중교통 및 개인의 모빌리티(자전거, 킥보드 등)를 확대하려고 한다. 현재까지 국내 전기자동차는 약 13만 대가 보급되었다. 과거에는 전기자동차가 관공서 위주로 보급되었는데, 정부가 민간에 보조금을 적극적으로 지원하고 충전 인프라 구축에 박차를 가함에 따라 전기자동차의 보급 대수는 급속도로 늘어났다.

이러한 현상은 우리나라뿐 아니라 글로벌 트렌드이기에 기존 자동차 회사들 역시 생존을 위해 구조적 전환을 모색하고 있다. GM은 2035년 이후 휘발유와 디젤 엔진 자동차의 생산과 판매를 전 세계적으로 중단하겠다고 선언했으며, 2025년까지 전 세계에 30종의 전기차를 출시하겠다고 발표했다. 벤츠(Benz)는 2030년부터 전 차종을 전기차로 출시한다는 목표를 세우고, 배터리 전기차 부문에만 400억 유로(약 52조 원)를 투자할 계획이다. 볼보(Volvo)도 2030년까지 생산하는 전 차종을 전기차로 생산하겠다는 계획을 발표했으며, 2024년까지 글로벌 판매의 50%는 전기차, 50%는 하이브리드차로 구성하려는 야심찬 계획을 세웠다. BMW는 2030년까지 전기차 1천만 대를 공급하고, 이산화탄소 배출량도 2억 톤 이상 감축할 계획이다. 포드(Ford)도 2030년부터 유럽에 전기차만을 판매하겠다는 목표를 수립했다.[154] 국제에너지기구(IEA)에 따르면 2030년까지 전 세계에 전기차가 2억 3천만 대 보급될 것으로 전망했으며, 블룸버그 뉴에너지 파이낸스(BNEF)에 따르면 2040년에는 연간 60만 대 이상의 전기차가 보급될 것으로 예측했다.[155]

철도수송에서도 변화가 예측된다. '2050 탄소중립' 추진전략에서는 2050년까지 남아 있는 디젤 철도차량을 전기 및 수소로 작동하는 무탄소 철도차량으로 100% 전환한다는 계획이다. 한국철도통계연보에 따르면 국내에는 2020년 기준 15,937대의 철도차량이 있으며, 이중 디젤 철도차량은 364대(디젤기관차는 243대, 디젤전동차는 121대)다. 이중 전쟁상황을 대비한 필수 디젤 철도차량을 제외하고는 모두 무탄소 철도차량으로 바꾼다는 것이다.

다른 한편으로는 철도차량의 이동시간을 줄이는 연구도 진행되고 있다. 바로 '하이퍼루프(Hyperloop)'다. 영화 〈토탈리콜〉을 보면 오스트레일리아와 영국을 단 17분 만에 관통하는 초대형 엘리베이터가 나온다. 이는 반진공 상태의 원통형 튜브를 만들어 공기 저장을 최소화해 빠르게 이동하는 원리다. 공기 마찰이 없기에 급속도로 빠르다. 하이퍼루프는 이론적으로는 시속 1,000km에 달하는 속도로 이동할 수 있다고 한다.

2013년 테슬라의 일론 머스크는 하이퍼루프의 설계도를 공개했다. 일론 머스크의 하이퍼루프는 미국 로스앤젤레스에서 샌프란시스코까지 614km(382마일)를 30여분 만에 운행한다는 계획이다.[156] 이 계획에 따라 2020년에 컨벤션루프를 최초로 개통했다. 이는 지하에 양방향 터널을 뚫은 후 62대의 테슬라 전기자동차를 투입하여 운행했다. 컨벤션루프의 속도는 시속 64km로, 걸어서 20~30분 걸리는 거리를 2분 만에 갈 수 있게 해준다. 컨벤션루프는 당초에 계획한 시속 240km에 미치지 못하는 시속 64km 정도이지만, 일론 머스크는 남들은 상상으로만 그치는 기술들을 실제로 구현해낸다는 점에는 찬사를 보낼 만하다.[157]

생활습관을 바꾸는 것이 중요

대중교통을 얼마나 이용하는지 조사하는 통계가 있는데, 이를 '교통수단별 수송분담률'이라고 한다. 육상으로 통행하는 교통수단의 총 여객수송실적 중 대중교통수단의 여객수송비율을 산정한 것으로, 육상으로 통행하는 교통수단에는 대중교통(철도, 버스), 택시, 승용차가 포함된다. 2019년 기준 우리나라의 대중교통 수송분담률은 43.0%(철도 20.0%, 버스 23.0%)로 채 절반이 안 된다. 반면 택시는 2.8%, 승용차 54.1%로 아직까지도 승용차로 이동하는 비율이 가장 높다.[158]

정부나 민간이 대중교통 및 전기자동차에 대한 인프라를 구축하더라도, 결국에는 사람들의 생활습관이 바뀌어야 한다. 정부는 국민의 생활습관이 바뀌지 않는 이유를 찾아 인프라를 구축하고, 생활습관을 바꾸도록 편리성을 높여야 한다. 예를 들어 마스(Maas, Mobility as a Service)라는 개념이 있다. 이는 스마트폰 하나로 카셰어링뿐 아니라, 철도, 택시, 자전거, 전동스쿠터, 주차장, 렌터카까지 하나로 묶어 포괄적으로 제공하는 모빌리티 시스템을 의미한다. 이는 사용자가 목적지까지 가기 위해 교통수단별로 개별적인 예약시스템을 통해 예약하는 것이 아니라 스마트폰 앱 하나로 모든 이동수단을 한 번에 예약 및 결제할 수 있는 시스템이다. 모든 이동수단을 하나로 연결하여 소비자가 대중교통과 친환경 교통수단을 편리하게 사용할 수 있도록 만드는 것이다. 이러한 인프라가 많을수록 국민의 생활습관을 바꾸게 만들기에는 용이할 것이다.

인프라의 변화와 동시에 시민의 의식전환을 위한 캠페인과 교육, TV 프로그램, 인센티브 정책 개발도 필요할 것이다. 아무리 공유인프라와 친환경 수단을 개발하더라도 결국에는 사람이 이용하는 것이다. 사람의 생활 속 실천이 따르지 않는다면 길가에 무분별하게 주차된 공유자전거나 킥보드처럼 외면받는 정책이 될 수 있다.

탄소를 공기 중에서
잡아서 제거하라!

탄소중립 시나리오

'2050 탄소중립' 시나리오에서는 온실가스 배출을 줄이는 것뿐 아니라, 이미 배출된 온실가스를 흡수, 제거하는 기술이 포함되어 있다. 흡수는 산림을 통한 이산화탄소 포집을 의미하고, 제거는 이산화탄소 포집 및 활용·저장(CCUS, Carbon Capture, Utilization and Storage)과 직접공기포집(DAC, Direct Air Capture) 기술을 이용하는 것이다.

2050년 탄소중립 시나리오를 달성하기 위해 정부는 화석연료 발전을 대폭 줄이고, 재생에너지 발전량을 지속적으로 확대하려고 한다. 그런데도 발생하는 온실가스는 공기 중에서 온실가스만을 선별적으로 분리하여 포집하는 기술로 제거해야 한다.

이산화탄소 포집 및 활용·저장

2017년 포항에서 지진이 발생했을 때 포항 영일만에서 실증사업 중이던 이산화탄소 저장 사업이 지진의 원인으로 지목받았다. 결과적으로 포항 지진과 실증사업은 무관하다고 결론이 났으나, 영일만 실증사업은 아직까지 제대로 추진되지 못하고 있다.[159]

이산화탄소 포집 및 활용·저장(CCUS)은 말 그대로 발전소와 공장에서 제품생산 공정에서 배출되는 이산화탄소를 포집(Carbon Capture)하여 지중에 주입한 후 저장(Storage)하거나, 제품생산에 활용(Utilization)하는 기술을 통칭한다. 그렇기에 CCUS는 이산화탄소의 포집, 저장 및 활용 단계별로 핵심기술이 존재하는데 영일만에서 진행한 사업은 바로 저장 기술의 실증사업이었다.

단계적으로 살펴보자. 우선 포집은 발전소와 공장의 공정상 포집 단계에 따라 연소 전, 연소 중, 연소 후 포집기술로 나눌 수 있으며, 여러 물질에 혼합된 가스에서 이산화탄소만을 선별해 포집하여 분리하는 기술을 의미한다. 현재는 화력발전소를 위주로 실증기술이 개발되고 있으나 대규모 상용화는 되지 않았다. 포집을 위해서는 포집제를 사용해야 하는데 현재 기술로는 포집제를 재사용하기 위해 상당한 양의 에너지를 또 소비해야 한다.[160] 이산화탄소 포집을

CCUS 기술 개념도

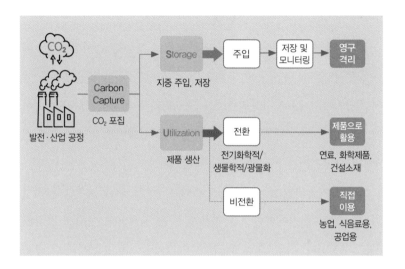

위해 이산화탄소를 또 배출해야 하는 모순이 생기는 것이다. 그러나 이산화탄소 포집 기술이 주목받는 만큼 향후를 위한 기술개발 추진 명분은 충분하다고 생각한다.

포집된 이산화탄소는 이산화탄소가 필요한 산업에서 사용할 수 있다. 이산화탄소가 사용되는 산업은 많다. 예를 들어 콜라와 사이다 같은 탄산음료에 이산화탄소를 주입하기도 하고, 아이스크림 포장 시 녹지 않도록 넣어주는 드라이아이스 생산을 위해서도 쓰인다. 드라이아이스가 바로 고체 이산화탄소다. 이산화탄소 용접을 위해 이산화탄소가 쓰이며, 비닐하우스에서 농작물을 키울 때 생물의 생육 촉진을 위해 '탄산가스 발생기'에서 이산화탄소가 쓰인다.

또한 이산화탄소는 마취제, 살충제로 쓰이고, 용수 폐수처리나 화력발전소 탈취 등에서도 쓰인다.

포집된 이산화탄소는 기존에 인위적으로 생산하던 이산화탄소를 대체할 수 있다. 다만 문제가 되는 것은 사람들의 인식이다. 예를 들어 순도 99.9999% 이산화탄소를 포집했다고 하더라도, 내가 마시는 탄산음료에 석탄발전소에서 포집한 이산화탄소를 사용한다면 소비자들이 꺼릴 가능성이 있기 때문이다.

포집된 이산화탄소를 해양과 지중에 저장할 수도 있다. 해양저장기술은 포집된 이산화탄소를 기체화 또는 액체화해 심해에 가라앉히는 기술이다. 다만 해양생태계에 이산화탄소를 주입하는 기술은 이미 바닷물 속 이산화탄소 농도가 증가함에 따라 산호초 백화 등의 문제가 발생하는 상황에서 인위적으로 이산화탄소를 추가로 바닷물에 녹이는 기술이기에 현재는 연구 목적으로만 진행된 금지된 기술이다.

지중 저장기술은 포집된 이산화탄소를 특정 지질구조의 지중에 강제로 주입하여 누출되지 않도록 하는 것이다. 여기서 중요한 것은 주입한 이산화탄소가 누출되지 않는 특정 지질구조를 찾는 것이다. 대표적인 지질구조가 심부염수층이다. 심부염수층은 해수보다 더 높은 염분 농도로 채워진 다공질 암석으로 다행히도 전 세계 대부분 지역에 존재한다. 심부염수층은 구조 상부에 불투성의 덮개암이 존재하기 때문에 이산화탄소를 오랜 기간 대규모로 저장할 수 있다.[161]

다음으로 주목받는 것이 포집된 이산화탄소를 초임계상태로 고온 가압하여 고갈된 유전 및 가스전에 저장하는 것이다. 이산화탄소 주입 초기에는 고갈된 유전 및 가스전의 빈 공간에 이산화탄소가 가스 형태로 존재하나 시간이 지나면 액체 상태로 변한다. 그리고 수백 년 이상이 흐르면 광물질과 결합해 암석 같은 고체 물질로 변해 반영구적으로 지중에 저장되는 방식이다. 우리나라도 동해 바다에 있는 가스 생산이 종료된 동해가스전을 이산화탄소 저장시설로 활용하는 사업에 착수했다. 2025년부터 연간 40만 톤, 향후 30년간 1,200만 톤의 포집된 이산화탄소를 동해가스전에 저장한다는 계획이다.[162]

직접공기포집, 그리고 탄소포집의 미래

CCUS 기술보다 더욱 알려지지 않은 기술이 직접공기포집(DAC) 기술이다. 직접공기포집은 공기 중에 있는 이산화탄소를 직접 포집하는 기술이다. 앞서 살펴본 CCUS 기술은 발전소의 발전 과정에서 발생한 이산화탄소를 굴뚝과 같은 가스 배출구에서 바로 포집하기에 이산화탄소의 농도가 공기 중 이산화탄소 농도보다 높다. 반면 직접공기포집 기술은 공기 중에 0.04%밖에 없는 이산화탄소를 선별적으로 포집하는 기술이다. DAC 기술은 공기 중의 이산화탄소만을 직접 포집하는 것이기에, CCUS 기술에 비해 이산화탄소 포집량이 적고 기술적으로도 어려움이 따를 수밖에 없을 것이다.

DAC 기술을 개발하는 대표적인 기업으로는 스위스 클라임웍스(Climeworks), 캐나다 카본 엔지니어링(Carbon Engineering), 미국 글로벌 서모스탯(Global Thermostat) 등이 있다. 클라임웍스는 흡입기로 공기를 빨아들인 뒤 흡착제 성분이 들어간 필터로 이산화탄소만 포집한다. 카본 엔지니어링은 흡입기를 이용하여 공기를 빨아들이는 것은 동일하나, 이산화탄소를 걸러내는 데 특수용액을 쓴다. 글로벌 서모스탯은 물을 빨아들이는 스펀지처럼 이산화탄소를 빨아들이는 다공성 세라믹 소재를 이용한다. 이중 클라임웍스는 업계에서 가장 많이 투자받은 기업으로 누적 투자 유치액만 1억 2천만 달러에 이른다.[163]

테슬라 대표 일론 머스크의 머스크 재단이 후원하는 비영리 벤처재단 엑스프라이즈(Xprize Foundation)는 이산화탄소를 직접 제거하는 기술을 개발하는 기업에 1억 달러(1,200억 원)의 상금을 걸었다.[164] 또한 빌 게이츠가 만든 '브레이크스루 에너지 캐털리스트(BEC)' 펀드는 직접공기포집기술, 그린 수소 생산기술, 바이오매스같이 친환경 원료로 만들어진 지속가능한 항공연료(SAF, Sustainable Aviation Fuel), 장기간 저장이 가능한 에너지 저장기술에 150억 달러(18조 원)를 투자한다고 밝혔다.[165]

이산화탄소 포집 및 직접 포집 모두 탄소중립을 위해서는 중요한 기술이다. 그러나 아직 넘어야 할 산은 많다. 다만 상용화되면 많은

양의 이산화탄소를 저감할 수 있는 획기적인 기술임에는 틀림없다. 이산화탄소 포집과 직접 포집으로 포집된 이산화탄소는 화학 전환을 통해 탄소 소재로 사용하고, 광물탄산화를 통해 시멘트·콘트리트 대체 건설 소재로 쓰일 수 있을 것이다. 그리고 화학 전환·생물학적 전환으로 이산화탄소 합성연료와 바이오디젤을 만들고, 플라스틱 대체 제품도 만들 수 있을 것이다. 그리고 재생에너지를 사용하여 이산화탄소도 저장할 수 있고, 기능성 바이오 소재로 이산화탄소가 쓰이기도 할 것이다. 아직은 상상일 수 있으나 우리 다음 세대는 우리의 상상을 현실에서 경험할 것이다.

블랙카본, 그린카본
그리고 블루카본

다양한 색깔을 가진 탄소(카본)

탄소(C)도 다양한 색깔을 가지고 있다. 이건 또 무슨 말인가 싶을 것이다. 앞에서는 수소에 색깔이 있다고 하더니 이젠 탄소에도 색깔이 있다고 한다. 탄소가 고체 상태로 존재할 때 우리가 익숙하게 볼 수 있는 물질은 대표적으로 두 가지다. 하나는 검은색으로 연필에 쓰이는 흑연이고, 다른 하나는 투명한 색으로 많은 사람이 좋아하는 다이아몬드다. 흑연과 다이아몬드는 모두 탄소 한 가지 원소로만 구성되어 있다. 그러나 탄소 원자의 결정구조가 달라 이러한 차이가 나타나는 것이다. 이렇게 한 가지 원소로 구성되지만 다른 성질을 갖는 물체를 동소체(Allotropy)라고 한다.

수소경제에서 수소의 색을 그린수소, 그레이수소, 블루수소로 이야기했듯이, 온실가스 세계에서는 탄소를 다양한 색깔로 표현한다. 우선 화석연료를 사용하는 발전소나 공장의 굴뚝, 그리고 자동차에서 배출하는 이산화탄소(CO_2)와 메탄(CH_4)에 포함된 탄소를 블랙카본(Black Carbon)이라 한다. 말 그대로 세상을 검게 만드는 탄소다.

식물은 화석연료 사용으로 대기 중에 배출된 이산화탄소를 광합성 과정에서 생물에 저장한다. 숲, 산림, 우림에 있는 식물이 광합성을 통해 저장하는 탄소를 그린카본(Green Carbon)이라 한다. 말 그대로 세상을 더욱 푸르게 만들어주는 좋은 이산화탄소 흡수원이다.

바닷속 이산화탄소 저장고

블루카본(Blue Carbon)은 상상이 가는가? 바로 바다와 관련되어 있다. 블루카본은 바닷가 염분이 많은 토양에서 자라는 염생식물(halophyte), 해수에 적응하여 바닷속에서 자라는 잘피식물(seagrass) 등 연안에서 서식하는 식물과 갯벌 등의 퇴적물을 포함한 해양생태계가 흡수하는 탄소를 의미한다. 곧 탄소 결정체의 색깔에 따른 표현이 아니라, 탄소가 파란색 바다에 저장되어 있다는 의미로 블루카본이라고 칭한다.

해양생태계의 염생식물과 잘피식물은 대기와 바닷물 속의 이산화탄소를 광합성 과정을 통해 흡수하여 잎, 줄기, 뿌리에 고정시키

해양생태계의 블루카본 저장 모식도

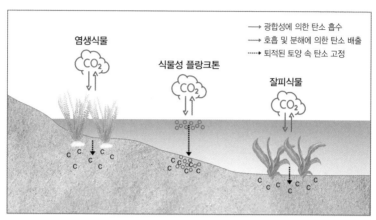

출처 : 해양수산부, 기후변화 문제의 새로운 대안, '블루카본'을 논하다, 2017.10.18.

고 결과적으로 뿌리를 통해 갯벌 퇴적층에 이산화탄소를 고정시키게 된다. 또한 갯벌에 사는 식물성 플랑크톤은 광합성 과정에서 이산화탄소를 흡수한다. 식물성 플랑크톤은 시간이 지나면 입자 형태로 점차 가라앉고 지속적인 해저면 퇴적과정에서 갯벌 아래로 가라앉게 되어 고정된다.

세계자연보전연맹(IUCN)에 따르면 해양생태계가 온실가스를 흡수하는 속도는 육상생태계가 흡수하는 속도보다 50배나 빠르다고 한다.[166] 1헥타르(1만m^2=100m×100m)를 기준으로 평가했을 때, 토양과 유기물에 이산화탄소를 저장하는 양은 해초류는 511톤/ha, 염생습지는 949톤/ha, 강가의 맹그로브 나무는 1,524톤/ha, 해안가의 맹그로브 나무는 2,243톤/ha이라고 한다. 열대우림이 토양과 유기물에 이산화탄소를 저장하는 양이 800톤/ha이라고 하니, 상대적으로 열대우림보다는 해양생태계가 많은 양의 이산화탄소를 저장하는 것을 알 수 있다.

우리나라는 삼면이 바다로 둘러싸여 있으며 갯벌의 전체 면적은 2,482km²다. 이중 전남 지역이 1,054km²로 전체 갯벌의 42%를 차지한다. 그리고 인천(29%), 충남(14%), 경기(7%) 순이다. 특히 서해와 남해가 세계 5대 갯벌 중 하나로 불리는 만큼 우리나라는 상당한 양의 이산화탄소 저장고를 가지고 있는 것이다. 현재 우리나라의 갯벌은 약 1,300만 톤의 탄소를 저장하고 있으며, 연간 26만 톤의 이산화탄소를 흡수하고 있다.

온실가스 배출량 산정 방법을 규정한 IPCC '온실가스 배출량 산정가이드라인'[167]에서는 염습지와 해초대는 온실가스 흡수원으로 규정하고 있으나, 갯벌은 온실가스 흡수원으로 인정하지 않는다. 그렇기에 해양수산부는 2021년 12월에 '블루카본 탄소흡수원 국제인증 전략'을 마련하여 국제사회에서 우리나라 갯벌의 탄소흡수원 인정을 추진하고 있다. 다만 탄소흡수원으로 인정받기 위해서는 갯벌이 흡수하는 이산화탄소를 계량화하여 측정할 수 있는 표준화된 방법을 만드는 등의 기반 연구가 필수적이다.

2050년 탄소중립 시나리오에서도 산림과 같은 육상생태계 흡수원뿐 아니라 해양생태계의 블루카본 흡수원을 확대하려고 한다. 다만 우려되는 것은 갯벌의 온실가스 흡수량을 인정받는 것도 중요하나, 역으로 갯벌이 사라졌을 때는 온실가스 배출량으로 계산해야 한다는 것이다. 예를 들어 서해안 갯벌을 간척하여 도시나 농경지로 개간할 경우 사라진 갯벌만큼은 온실가스 흡수량에서 제외해야 한다. 당연히 우리나라 삼면의 갯벌이 흡수하는 온실가스 흡수량을 신규로 인정받아 추가되는 온실가스 흡수량의 규모가 크겠으나, 한편으로는 갯벌의 가치를 인정해달라고 하면서 다른 한편으로는 간척을 통해 흡수원을 제거하는 이중적인 모습을 국제사회에서 어떻게 보느냐는 문제가 남는다.

어찌 보면 가장 혁신적인 기후기술은 인위적으로 개발한 온실가스 감축기술이 아니라, 갯벌과 같은 자연자원 그 자체일 수도 있다. 이렇게 자연자원을 통해 온실가스 문제와 환경 문제를 해결하는 방식을 일컬어 자연기반해법(NbS, Nature-based Solution)이라고 한다. 그런데 우리나라는 현재 진행 중인 해수면 상승으로 갯벌이 잠기고 있다. 이산화탄소 흡수원인 자연기반 그 자체가 점차 소멸하는 것이다.

4부

미래 세대를 위해
어떤 유산을
남겨줄 것인가

기후변화와
일자리의 미래

기후변화도
의무교육인 시대

국민학교를 졸업하셨나요?

학창 시절을 돌이켜보면 대다수 독자와 마찬가지로 공교육의 일반적이면서 일방적인 교육과정을 경험했다. 그 과정에서 조금은 특이한 경험도 있다. '국민학교'라는 명칭이 일제강점기의 잔재라고 하여 1996년 3월 1일 자로 '초등학교'로 바뀌었다. 1983년생인 나는 '○○국민학교'라고 찍힌 초등학교 졸업장을 받은 마지막 세대다. 이때가 우리나라의 제6차 교육과정 시기다.

고등학교 3학년 때 수시입학제도가 처음으로 도입되었다. 그당시 대학수학능력시험을 치르던 11월보다 훨씬 전인 1학기 때부터 수시입학에 합격한 친구들이 있었다. 이때가 우리나라의 제7차 교육과정 시기다. 나는 수능시험을 쳤는데, 2002학년도 수능은 최악의 '불수능'이었다.

이렇게 12년의 정규 교육과정을 겪으면서 과거 배운 내용을 생각해보면 환경과 관련된 내용은 오존층 파괴와 산성비, 중금속 오염과 이타이이타이병 등이었다. '기후변화'에 대해 배운 내용이 잘 기억나지 않는다. 그러나 지금 우리 아이들의 교육 현실은 전혀 다르다.

기후변화 교육 의무화 트렌드[168]

과거와 달리 환경에 관심 갖는 사람이 늘어났으며, 특히 폭염과 집중호우 같은 극한기후를 직접 경험하면서 사람들의 관심이 고조되고 있다. 이러한 현실을 반영하여 초중고 교육과정에도 기후변화 관련 내용이 의무화되었다.

이탈리아는 2020년부터 기후변화를 정규 교육과정으로 편성하여 33시간의 의무교육을 진행하고 있다. 기후변화 교육을 통해 어린이 세대부터 기후변화에 대한 경각심과 관심을 심어주기 위해서다. 이탈리아의 초등학교(5년)와 중학교(3년)는 의무교육으로 국가에서 정한 교육과정이 적용되는데, 이에 따라 이탈리아 어린이는 기후변화 교육을 의무적으로 받게 된다. 미국도 폭염, 산불, 태풍, 폭설 등 기후재난을 지속적으로 겪음에 따라 기후변화 교육에 대한 요구가 증가하고 있다. 미국은 환경 관련 과학교육은 학교의 재량에 따라 선택할 수 있다. 특히 산불, 가뭄 등의 기후재난을 겪고 있는 캘리포니아주에서는 자체적으로 환경교육이 포함된 교육과정을 정식 교과과목으로 채택하여 시행 중이다.

우리나라도 예외가 아니다. 우리나라 청소년은 '2015년 개정 교육과정' 과학 과목에서 생태계, 환경 및 지구온난화를 배우고, 고학년으로 길수록 에너지, 기후변화 및 신·재생에너지 등에 대해서 더 심화된 내용을 배운다. 실제 시중에 출판된 초등학교 교재와 참고서를 살펴보면 기후변화, 지구온난화, 미세먼지, 신·재생에너지, 저탄소생활, 자원순환 등 어른도 알아야 하는 내용을 초등학생이 필수 내용으로 공부한다는 것을 알 수 있다.

대학교에 입학하기 위해서는 기후변화에 대해 고차원적인 사고 능력도 가져야 한다. 2018년 8월 서강대학교가 실시한 온라인 모의 논술시험에 '환경문제와 기후변화협약'이라는 주제의 논술 문제가 출제되었다.[169] 이 문제는 '자연계열'이 아닌, '인문사회계열' 학생에게 제시된 문제다. 전체 7개의 제시문을 읽고 7개 지문을 종합한 문제에 답하는 방식이다. 총 7문제 중 첫 번째 문제는 '기후변화 협상이 어려운 이유'를 서술하라는 것이다. 기후변화 과학, 불평등, 기후변화협약, 당사국총회, 그리고 가장 중요한 '공동의 차별화된 책임'의 의미와 몰디브 및 투발루 이야기를 통한 국제협상의 어려움 등을 종합하여 답해야 하는 문제다.

이렇게 예전의 교육과정에서 다루지 않은 것을 요즘 아이들은 자

제시문

(가) 기후 변화 협약은 대기권 내부의 온실가스 농도가 지속적으로 증가함에 따라 나타나는 기상 이변, 해수면의 높이 상승, 생물 종의 변화 등을 범지구적 차원에서 공동 대응해야 한다는 동기가 형성되면서 이루어졌다. 기후 변화 협약은 선진국과 개발도상국 간의 차별화된 온실 가스 감축 부담 의무를 원칙으로 하고 있다. (중략) 기후 변화 협약에서 의무 부담의 기본 원칙은 형평, 책임, 능력이며, 각 당사국은 형평성의 원칙을 바탕으로, 공통적이나 차별화된 책임과 각자의 능력에 따라 기후 체계를 보호해야 한다.

연스럽게 배우고 있다. 이 책의 내용이 무척 낯설게 느껴지는 사람도 있을 것이다. 그러나 다음 세대와의 소통을 위해서라도 필수적으로 기후변화와 관련된 내용들을 현재 세대는 공부해야 한다.

아이들의 기후변화에 대한 인식

2020년에 한겨레신문과 초록우산어린이재단이 공동으로 현재 세대(부모)와 다음 세대(자녀)의 기후변화에 대한 인식 차이에 관해 설문조사를 했다.[170] 14~18세 청소년 500명과 19~59세 성인 500명을 대상으로 조사했다. 청소년의 75.6%는 기후변화 대응 교육을 받은 것으로 나타났으며, 성인은 32.6% 정도만 기후변화에 대한 교육을 받은 것으로 나타났다. 청소년의 기준 연령은 14세부터이기에 아직 기후변화에 대한 교육을 받지 않은 청소년이 일부 존재할 수 있다. 반면 성인은 과거에 정규 교육과정에서 기후변화 관련 내용을 다루지 않았기에 기후변화에 대한 교육 비율이 낮을 수밖에 없다. 다음 세대는 우리 세대보다 기후변화에 대해 더 많이 학습하고 있음을 파악할 수 있다.

기후변화는 누구에게 책임이 있는가에 대해서도 청소년과 성인을 대상으로 물어봤다. 청소년은 자원을 독점하고 고갈시킨 선진국(28.8%)이 가장 큰 책임이 있다고 생각하는 것으로 나타났으며, 다음으로 기후변화와 환경에 무관심한 어른 세대(26.6%)의 책임 역시 크다고 생각하는 것으로 나타났다. 반면 어른들 스스로는 기후변화와 환경에 무관심한 어른 세대(38.2%)의 책임이 가장 크다고 생각하는 것으로 나타났다.

2013년에는 청소년을 대상으로 과학기술, 환경 및 기후변화에 대한 인식을 조사한 연구[171]도 있다. 해당 연구는 중학생과 고등학생 청소년 210명을 대상으로 설문조사를 했다. 그 결과 청소년은 과반수 이상이 인터넷(51.1%)을 통해 과학기술, 환경 및 기후변화에 대한 정보를 접하고 있으며, 다음으로 학교 교육(17.3%) 및 텔레비전(10.8%)을 통해 정보를 습득하는 것으로 나타났다. 그리고 응답자의 77.0%가 기후변화에 대해 심각하다고 느끼고 있으며, 기후변화로 자연재해를 경험하게 될 것이라고 응답한 청소년은 94.2%나 되었다. 이를 해결하기 위한 해법으로는 '전국민적인 에너지 절약 운동'(30.9%)이 필요하며, 신·재생에너지 보급(24.5%), 기후변화 적응대책 시행(22.3%), 배출권거래제와 탄소세 도입(20.9%) 등 상당히 현실적인 대책을 고민하고 있었다.

청소년은 아직 어리다고 치부하는 사람도 있을 텐데, 다음 세대는 기후변화에 대해 우리 세대보다 많이 학습하고 있으며, 다양한 수단을 통해 기후변화에 대한 심각성을 인지하고 있다. 어떤 청소년은 어른들의 기후행동을 촉구하는 시위를 하는가 하면, 어떤 청소년은 우리나라 '2050년 탄소중립' 목표 달성 시기를 10년 앞당겨 '2040년 탄소중립'으로 하자고 탄소중립녹색성장위원회에 '2040 기후중립 시나리오' 의견서를 제출하기도 했다. 이들이 '탄소중립' 대신 '기후중립'이라고 쓴 이유는 단순히 온실가스 감축을 넘어 지구생태계를 복원하는 것까지 신경 써야 하기 때문이라고 한다. 심지어 어떤 청소년은 현재의 온실가스 감축목표가 미흡해 청소년의 생존권, 평등권, 인간답게 살 권리 등의 기본권이 침해받았으므로 '기후위기 방관은 위헌'이라며 정부와 국회를 상대로 소송 중에 있다. 우리가 상상하는 이상으로 아이들은 기후변화에 대한 지식도 깊고 행동의 폭도 넓다.

그린 잡,
친환경 일자리의 미래

그린 잡을 아시나요?

그린 잡(Green Job)은 말 그대로 녹색, 친환경과 관련된 일자리라고 추측할 수 있다. 그린 잡에 대해서는 많은 기관이 정의를 내렸다. 유엔환경계획(UNEP)은 그린 잡을 '온실가스 감축과 지구환경, 생태계 보호를 통해 지속가능한 성장과 관련된 재화, 서비스를 제공하는 직업'이라고 정의한다. 국제노동기구(ILO, International Labour Organization)는 그린 잡을 '과거 제조업, 건설업 등 전통적인 산업 혹은 새롭게 부상하는 친환경 산업에서 환경을 보존하고 회복하는 데 기여하는 괜찮은 일자리(decent job)'라고 정의한다.[172] 여기에서 괜찮은 일자리란 '전체 산업 월 평균 임금 수준을 웃도는 일자리'로 그린 잡은 환경도 보존하면서 평균 임금도 상대적으로 높은 일자리를 의미한다.

그린 잡의 정의는 다양하나 요지는 '친환경적 제품과 서비스를 생산하거나 친환경적인 생산 과정을 통해 환경 보존과 회복에 기여하는 일자리'일 것이다. 그린 잡의 대표적인 예시가 재생에너지와 관련된 일자리다. 국제재생에너지기구(IRENA, International Renewable Energy Agency)의 추정에 따르면 전 세계에 재생에너지와 관련되어 2020년에는 1,202만 여 개의 일자리가 존재하며, 이중 유럽에서 가장 많은 130만여 개의 일자리가 존재하는 것으로 나타났다. 이중 태양광발전과 관련된 일자리가 제일 많은데, 2020년만 하더라도 전 세계에서 127GW의 태양광발전 설비가 설치되었으며 60% 이상인 78GW가 아시아 5개국(중국, 베트남, 인도, 한국, 일본)에 설치되었다. 이에 따라 아시아, 특히 중국에 태양광발전 관련 일자리가 많은 것으로 나타났다.[173]

우리나라는 아직까지 신·재생에너지와 관련한 일자리가 많은 편은 아니다. 한국에너지공단은 2021년 12월에 '2020년 신·재생에너지 산업통계'를 발표하면서 신·재생에너지 관련 일자리 현황을 공개했다. 2020년 기준 우리나라에는 신·재생에너지와 관련하여 8만 2천 개의 사업체가 있으며, 이 사업체의 종사자 수는 11만 8천 명 정도 된다. 신·재생에너지 관련한 산업의 분류는 신·재생에너지 제조업, 신·재생에너지 건설업, 신·재생에너지 발전 및 열 공급업, 신·

재생에너지 서비스업으로 구분되는데, 신·재생에너지 발전 및 열 공급업이 사업체 수의 95.6%, 종사자 수의 69.9%를 차지할 정도로 주를 이룬다. 반면 신·재생에너지 서비스업의 경우 사업체 수가 963개, 종사자 수가 5,322명밖에 안 된다.[174]

신·재생에너지 서비스업에 속하는 기업으로는 태양광 에너지 IT 기업 '해줌'이 있다. 해줌은 태양광 발전량을 예측하고, 예상 수익까지 예측할 수 있는 '발전량 예측 시스템' 어플리케이션을 개발했다. 기존까지는 태양광 발전소의 모니터링 장치를 통해 발전량은 확인할 수 있었으나, 발전량에 대한 예측은 불가능했다. 해줌이 개발한 어플리케이션은 천리안2호 인공위성 기상 데이터를 활용해 짧게는 1시간 길게는 수일 후의 태양광 발전량을 예측하는 기술이다.[175] 아직까지는 신·재생에너지 서비스업의 사업체 수와 종사자 수 모두 적은 편이나 향후에는 신·재생에너지 서비스업의 일자리도 지속적으로 늘어날 것으로 전망된다.

미래의 그린 잡

그린 잡의 미래에 대해서는 전망하는 기관에 따라 천차만별이다. 매킨지글로벌연구소(MGI)는 넷제로 전환에 따른 일자리 증가를 전망했다. 2050년까지 넷제로 전환 과정에서 향후 30년간 약 1억 8,500만 개의 일자리가 사라지기는 하나 반대로 약 2억 개의 일자리가 신규로 창출될 것으로 예상했다. 그리고 화석연료 관련 산업에서는 1,300만 개의 일자리가 감소하는 반면, 수소, 바이오 등 친환경 신·재생에너지 분야에서 약 800만 개의 일자리가 생겨날 것으로 예측했다.[176]

국제재생에너지기구(IRENA)는 '1.5℃ 목표' 이행에 따른 미래 재생에너지와 관련된 일자리 증가를 전망했다.[177] 1.5℃ 목표 이행 시에 에너지 부문에서 2050년에 1억 2,200만 개의 일자리가 늘어나며, 이중 재생에너지 관련해서는 4,300만 개의 일자리가 늘어날 것으로 전망했다. 또한 탈탄소 환경이 마련될 경우, 경제활동, 일자리 및 복지에 긍정적 영향을 미칠 것으로 전망했다.[178]

국제에너지기구(IEA)의 분석에 따르면 '1.5℃ 목표' 이행을 위한 재생에너지 분야 투자금액이 2030년에 연간 5조 달러 규모로 급증하며, 연간 0.4% 포인트씩 세계 GDP 성장에 기여할 것이라고 한다. 민간·공공 부문의 지출은 에너지효율, 엔지니어링, 제조업, 건설업 등에서 일자리를 창출할 것이라고 한다. 특히 청정에너지에 대한 투자 덕분에 2030년에 1,400만 개의 일자리가 창출되고, 전기자동차 및 연료전지자동차, 고효율 에너지 기기, 고효율 건축물 건설에 1,600만 개의 일자리가 창출될 것이라고 내다봤다. 반면 아쉽게도 화석연료와 관련된 약 500만 개의 일자리는 사라질 것이라고 전망했다.[179]

수소경제의 도래 역시 일자리의 판도를 바꿀 것이다. 세계적인 수

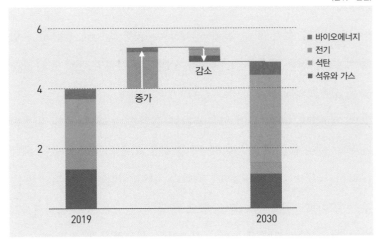

넷제로 경로에 따른 일자리 전망(2019~2030년)

(단위 : 천만)

■ 바이오에너지
■ 전기
■ 석탄
■ 석유와 가스

증가

감소

2019   2030

출처 : IEA, Net Zero by 2050, 2021

소경제 도래에 따라 2050년이면 4억 대 이상의 수소승용차, 2천만 대의 수소트럭, 그리고 500만 대의 수소버스가 도입될 것으로 예측된다. 그리고 수소는 최종에너지 수요의 18%를 감당할 것이며, 연간 60억 톤의 온실가스를 감축할 것으로 기대된다. 더욱 중요한 것은 수소경제 도래에 따라 연간 2조 5천억 달러(3천조 원)의 시장과 3천만 명 이상의 일자리를 창출할 것으로 전망된다는 것이다.[180][181]

우리나라 수소경제의 양대 축은 '수소자동차'와 '연료전지'다. 수소자동차와 연료전지의 협력업체가 대부분 중소·중견기업으로 관련 부품 생산을 위한 고용 창출도 발생할 것이다. 또한 수소의 생산, 운송·저장, 충전소 등 인프라 구축은 금속·화학·기계설비 등 관련 신사업의 성장을 이끌어 새로운 고용을 창출할 것이다.[182] 2040년 기준 수소경제 활성화로 수소 관련 6만 명의 신규 일자리가 발생하고, 수소 관련 전체 일자리는 42만 명으로 추산하고 있다.[183] 42만 명은 2018년도 자동차 사업 고용인원의 75%에 달하는 높은 고용효과다.

탄소중립에 따른 산업계의 재편과 신기술 도래에 따른 일자리 개편도 빠르게 진행될 것이다. 국내 주요 업종은 탄소중립을 위해 다양한 감축기술을 적용하려고 한다. 앞서 설명했듯이 전환(발전) 부문은 화력발전을 줄이는 방향으로, 철강 업종은 수소환원제철기술 개발, 시멘트 업종은 100% 연료전환, 석유화학·정유 업종은 연료 및 원료 전환, 그리고 반도체·디스플레이 업종은 에너지효율화 및 불소계 온실가스 감축이 주요 전략이다.

이렇게 주요 업종의 탄소중립 추진전략을 살펴보면 투자와 일자리의 흐름을 짐작할 수 있다. 이외에 전기자동차나 수소자동차, CCUS 관련 산업이나 소형모듈원자로(SMR) 관련 사업은 지속적인 R&D 개발을 위한 자금이 투입될 수밖에 없다. 이에 저탄소기술 개발 연구인력의 수요는 지속적으로 증가할 것이다. 또한 기술의 보급 및 확산을 위한 기업의 제품 설계, 제조와 관련된 인력 역시 증가할 것으로 예측된다.

반면 화석연료발전 및 내연기관 관련 업종의 일자리는 점차 사라질 것이다. 석탄발전 관련 발전자회사들도 발전시설의 노후화, 그리고 시간이 지남에 따른 직원들의 자연퇴직으로 쇠퇴가 불가피하다. 그리고 발전소 설계, 건설, 장비 보급 및 설치, 유지·보수를 하는 기업과 그 기업 직원들의 일자리에 직접적으로 영향을 줄 것이다. 내연기관 관련하여 엔진·동력전달장치 제조 중소·중견기업은 자동차 사업의 구조 전환으로 일자리 감소가 예상된다. 특히 스마트팩토리와 공정의 자동화에 따른 일자리 감소는 동시에 이루어질 것이며, 내연기관 자동차의 정비·판매 종사자 역시 감소할 것으로 전망된다. 이에 정부는 '한국판 뉴딜' 종합계획에서 석탄발전 등 사업 축소가 예상되는 위기 지역에 있는 기업을 대상으로 한 업종전환 지원대책을 고민하고 있다. 예를 들어 그린 모빌리티, 신·재생에너지 디지털 관리, 해상풍력 설치 플랫폼 등의 재생에너지와 관련된 신산업으로의 전환을 지원한다는 것이다.[184]

이러한 전환점에서 우린 어떤 선택을 할 것이며, 어떤 미래를 제시해줄지 고민이 필요하다.

적정기술,
좋으면서도 더 나은

적정기술의 태동

아무리 좋은 기술이라도 해당 기술이 보급되는 지역의 특성을 고려하지 않는다면 무용지물일 수밖에 없다. 최빈국에 바이오디젤을 연료로 사용하는 조리도구를 보급하더라도 바이오디젤을 구할 수 없거나, 바이오디젤이 있더라도 그것을 구매할 돈이 없는 가난한 사람들에게 보급한다면 무용지물일 것이다. 또한 최빈국의 식수를 확보하기 위해 우물을 파는 사업을 진행하더라도 지역에 따라 우물에 있는 중금속 문제를 해결하지 않는다면 무용지물일 것이다.

이렇게 지역의 다양한 특성을 고려한 기술을 '적정기술(Appropriate Technology)'이라고 한다. 넓은 의미에서 적정기술은 '인간사회의 환경, 윤리, 도덕, 문화, 사회, 정치, 경제적인 측면들을 두루 고려하여 인간의 삶의 질을 향상할 수 있는 기술'이다. 그리고 좁은 의미에서 적정기술은 '인류의 삶의 질을 개선하는 데 필요한 기술'이라 할 수 있다.[185]

적정기술은 초기 영국의 경제학자 슈마허(Schumacher)가 1965년 제시한 '중간기술(Intermediate Technology)'이라는 개념에서 출발했다. 슈마허는 선진국의 자본집약적 기술에 비해서는 저렴하고 소박하면서도 개발도상국이 현재 쓰고 있는 기술보다는 우수한 기술이라는 의미에서 중간기술이라고 명명했다.

개발도상국 및 최빈국 국제원조 시행 시 선진국 관점에서의 기술 보급은 문제를 발생시킬 수 있다. 기술 보급 시 해당 기술이 지역적, 문화적, 경제적 조건과 공존해야 하며, 보급받은 주민들이 지속가능하게 유지관리할 수 있어야 한다. 그리고 적정기술은 유엔 지속가능 발전목표(SDGs, Sustainable Development Goals)와 연계되면서 인류가 나아가야 할 17개 목표를 달성하는 방안으로 부각되었다.

적정기술의 사례

적정기술에 대한 몇 가지 사례를 살펴보자. 가장 대표적인 기술이 구르는 물통 '큐 드럼(Q Drum)'이다. 전 세계에서 수백만 명이 물 부족 문제를 겪고 있으며, 아프리카 오지의 주민들은 깨끗한 물을 얻기 위해 멀리 떨어진 곳에 있는 개울이나 우물까지 물통을 들고 가거나, 수인성 전염병의 위험을 무릅쓰고 오염된 물을 마신다. 또한 아이들이 학교에 가는 대신 물을 얻으러 가야 하기에 아동 착취뿐 아니라, 교육과 돌봄에서도 배제되는 게 사실이다.[186]

이러한 문제를 해결하고자 개발된 것이 큐 드럼이다. 큐 드럼은 도넛같이 생긴 물통이며, 가운데 뚫린 구멍을 통해 끈을 연결한다. 이 끈을 앞에서 당겼을 때 물통과 끈의 전체적인 모습이 알파벳 Q와 닮았다 하여 큐 드럼이다. 큐 드럼은 높이가 36cm, 지름이 50cm다. 여기에 최대 50리터까지 물을 담을 수 있다. 건장한 어른도 5kg의 양동이를 들고 몇 시간을 걸어가는 것은 무리다. 그러나 큐 드럼을 이용하면 아이들도 쉽게 물을 옮길 수 있다. 큐 드럼은 주민들이 오랫동안 사용할 수 있도록 방수성과 내구성이 좋은 선형저밀도폴리에틸렌(LLDPE) 소재로 만들어졌고, 8년 정도 쓸 수 있다.

다른 방식으로 수자원 문제를 해결한 적정기술로는 '라이프 스트로(Life Straw)'가 있다. 이는 깨끗하지 않은 지표수가 있는 지역 주민들이 휴대용 정수 빨대를 이용해 깨끗한 물을 마실 수 있게 한 기술로 스위스의 베스트가드 프랑센(Vestergaard Frandsen)에서 만든 제품이다. 라이프 스트로 한 개로 평균 700리터의 물을 정수할 수 있으며, 이는 한 사람이 1년 동안 마실 수 있는 물의 양이다. 이 적정기술은 누구나 쉽게 사용할 수 있는 장점이 있으며, 장티푸스, 콜레라, 이질, 설사 같은 수인성 질병을 막아준다.

큐 드럼(Q Drum)

라이프 스트로(Life Straw)

출처 : 스미스소니언 연구소

온실가스 절감을 위한 적정기술

수자원 문제를 해결하기 위한 대표적인 적정기술의 사례를 살펴보았다. 그런데 온실가스도 줄이면서 최빈국의 지속가능발전목표를 해결하는 적정기술이 있다. 바로 우리나라의 솔라카우(Solar Cow)다.

아프리카 아이들 5명 중 1명은 '학교'가 아닌 '일터'로 내몰리고 있다. 아이들이 벌어오는 돈은 매우 적지만 아프리카 가정에서는 이렇게 적은 돈마저 중요한 수입원이다. 아프리카 주민들은 주요 통신 수단이자 결제 수단인 핸드폰을 충전하기 위해 한 달 소득의 10~20%를 지불한다. 이를 위해 부모들은 아이들을 학교에 보내지 않고, 일을 시켜 돈을 벌게 하거나 집에서 왕복 4~6시간이나 걸리는 핸드폰 충전소까지 보내 충전해 오도록 하는 것이다.

부모들이 아이들을 일터로 내몰거나 핸드폰을 충전시키느라 학교에 보내지 않는 문제를 슬기롭게 해결한 기술이 스타트업 요크(YOLK)의 솔라카우다. 솔라카우는 소(Cow) 모양의 태양광(Solar)발전 시설을 학교에 설치하고, 아이들이 등교할 때 우유병 모양의 배터리(Solar Milk)를 가져오게 하는 것이다. 아이들이 학교에서 공부하는 동안 태양광발전 시설이 배터리를 충전한다. 그리고 아이들이 하교할 때 충전된 배터리를 가정에 가져가면 부모들은 핸드폰을 충전하거나 야간에 전등을 켜는 데 사용할 수 있다. 솔라카우의 배터리 1개 용량은 2,900mAh로 2G폰 한 대를 충전하고 전등 4시간

CES 2022 혁신상을 수상한 '솔라카우(Solar Cow)'

을 켤 수 있는 양이다.[187]

솔라카우로 충전한 배터리를 학교에서 무료로 가져올 수 있게 되자 부모들은 핸드폰 배터리를 충전하기 위해 아이들을 일터에 내몰지 않아도 되고, 아이들은 노동에서 벗어나 학교에서 배움을 이어갈 수 있게 된 것이다. 그리고 배터리 충전용 전기를 생산하기 위한 등유 발전기도 돌리지 않아도 된다. 솔라카우야말로 진정으로 지속 가능한 혁신적 적정기술이다.

솔라카우는 이러한 기여를 인정받아 미국 《타임》지 선정 '2019년 100대 최고 발명품'에도 이름을 올렸으며, 2021년 우리나라에서 개최한 공공·민간 글로벌 이니셔티브인 P4G 정상회의 스타트업 파트너십으로 선정되었다. 특히 솔라카우는 에너지 분배 문제와 아이들의 교육환경 조성을 인정받아 CES 2019 혁신상에 이어 CES 2022 에서도 혁신상[188]을 수상했다.

또한 탄소배출권을 확보하면서 개발도상국이나 최빈국을 지원하는 사업들도 있다. 바로 고효율 쿡스토브 보급사업이다. 쿡스토브란 금속, 시멘트, 진흙으로 제작하여 나무땔감, 숯을 주 연료로 한 취사도구를 말한다. 그리고 '고효율 쿡스토브 보급사업'이란 기존 재래식 쿡스토브에 비해 효율을 개선한 쿡스토브를 개발도상국이나 최빈국 가정에 보급함으로써 나무땔감이나 화석연료 등을 절감해 온실가스를 감축하는 사업을 의미한다.[189]

국내에서는 에코아이라는 컨설팅 기관이 앞장서서 나이지리아, 방글라데시, 과테말라, 케냐, 캄보디아, 중국을 대상으로 선도적으로 온실가스 배출권으로 인정받는 사업을 개발했다. 그리고 기후변화센터와 같은 NGO, SK텔레콤, GS칼텍스, IBK기업은행, 삼성전자, 한국전력공사, 한국남동발전 등은 직접적인 투자로 고효율 쿡스토브 보급사업을 추진했다.

특히 SK텔레콤은 2018년 미얀마 정부와 협약하여 5만 4천 대의 고효율 쿡스토브를 보급하는 사업을 시작으로 2019년에는 추가로 SK그룹 11개 관계사가 공동으로 참여하여 향후 5년 동안 432만 대의 쿡스토브를 보급하는 계획을 발표했다.[190] 고효율 쿡스토브는 에너지 효율 향상에 따라 온실가스를 감축하는 효과뿐 아니라, 여성의 가사노동 시간도 감소시켜 주민들의 호흡기 질환도 감소되었으며 이에 따라 삶의 질 향상도 기대할 수 있다. 고효율 쿡스토브를 미얀마 현지에서 직접 생산해 주민들에게 보급하다 보니 현지에서 쿡스토브 생산을 위한 일자리 창출효과도 크다.

적정기술은 좋은 기술이자 더 나은 세상을 만드는 기술이다. 최빈국 주민들의 삶의 질 향상과 글로벌 지속가능개발목표를 동시에 달성하는 착한 기술이기도 하다. 더 나은 세상을 만들기 위한 사람들의 노력은 지속되고 있다. 우리나라의 다음 세대인 아이들에게 다른 나라의 다음 세대를 위한 좋으면서도 더 나은 기술이 많이 있다는 사실을 알려주는 것도 삶의 방향을 제시해주는 데 중요할 것이다.

기후변화와
투자의 미래

탄소배출권의
미래

우리나라 배출권거래제

우리나라의 '온실가스 배출권거래제'는 2015년부터 시작되었다. 배출권거래제에 참여하는 기업을 '할당대상업체'라고 하는데, 현재 할당대상 업체는 700개 정도로 SK, 삼성, LG, CJ 등 대기업과 일부 중소기업이 포함되어 있다. 배출권거래제는 정부 관점에서는 상당히 효율적인 제도다. 할당대상업체 온실가스 배출량의 합은 국가 온실가스 총배출량의 약 80%(2015~2017년 평균)에 이른다.[191] 이는 정부가 할당대상업체인 700여 개 기업의 온실가스만 관리해도 국가 온실가스 배출량의 80%를 관리할 수 있다는 것을 의미한다.

배출권거래제는 3~5년 단위의 '계획기간'을 설정하고 있으며, 각

계획기간에서 1년 단위의 기간을 구분하여 '이행연도'라고 명명한다. 배출권거래제의 제1차 계획기간은 3년(2015~2017년), 제2차 계획기간은 3년(2018~2020년), 제3차 계획기간은 5년(2021~2025년)이다. 이에 따라 2023년은 배출권거래제 제3차 계획기간의 3차 이행연도라고 할 수 있다.

배출권거래제에서 사용할 수 있는 배출권은 크게 세 가지다. 우선 정부가 배출권거래제 할당계획에 따라 할당대상업체에 할당한 배출권인 '할당배출권(KAU)'이 있다. 다음으로 유엔기후변화협약에서 인정하는 교토메커니즘의 온실가스 감축사업(CDM)에 따라 발행된 배출권이나, 할당대상업체 사업장 외부에서 진행된 온실가스 감축사업(외부사업)을 통해 감축된 실적인 '외부사업 감축량(KOC)'이 있다. 마지막으로 KOC를 정부의 승인을 거쳐 배출권거래제에서 사용할 수 있도록 전환한 배출권인 '상쇄배출권(KCU)'이 있다.

우리나라 배출권의 종류

구분	할당배출권	외부사업 감축량	상쇄배출권
영문명	KAU (Korea Allowance Unit)	KOC (Korea Offset Credit)	KCU (Korea Credit Unit)
정의	정부가 할당계획에 따라 할당대상업체에 할당한 배출권	외부사업을 통하여 온실가스를 감축한 실적을 인증하는 크레딧	KOC에서 전환된 배출권으로 KAU와는 구분하여 관리
특징	정부계획에 따라 일정 부분만 무상으로 지급하며, 그 외는 경매시장에서 유상으로 구매	배출권은 아니나, 언제든지 KCU로 전환 가능	할당대상업체가 제출해야 하는 배출권에서 일정량만 사용 가능

배출권가격 다이나믹스

배출권 거래시장은 2015년 1월 12일 개장했는데, 할당배출권(KAU)의 시가는 7,860원/톤, 당일 종가는 8,640원/톤을 기록했다. 첫날 거래량은 1,190톤, 거래금액은 974만 원으로 시작은 미미했다.[192]

배출권시장이 시작된 지 벌써 8년 이상이 흘렀다. 정부의 '배출권거래제 기본계획'은 시간이 지남에 따라 조금씩 변경되고 있으나, 배출권 가격은 2020~2021년에 잠시 급락했을 때를 제외하고는 지속적으로 우상향하는 모습을 보였다. 이때 배출권 가격이 급락한

탄소배출권 가격 동향(2015~2022년)

(단위 : 원/톤)

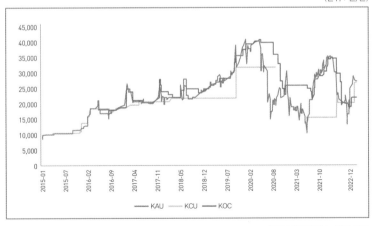

출처 : 한국거래소, 저자 가공

● KCU는 2015년 4월 16일 첫 상장했으며, KOC는 2016년 5월 23일 첫 상장했다.

이유는 코로나19로 기업의 생산활동이 감소하여 배출권이 남을 것으로 예측되었기 때문이다. 잠시 주춤했던 배출권 가격은 코로나19 회복에 따라 예전 가격으로 돌아왔다. 배출권 가격은 시장 참여자들의 배출권 수요와 공급이 만나는 지점에서 결정되는데, 이 수요와 공급을 결정하는 요인을 살펴보자.

첫째, 거시적 요인이다. 경기가 확장, 곧 경기가 활황일 때는 기업은 제품생산을 늘릴 것이고, 이에 따라 에너지 소비량과 온실가스 배출량이 증가할 것이다. 그러면 정부에서 정해준 온실가스 배출한도보다 더 많은 배출권이 필요할 것이다. 마찬가지로 경기가 확장되면 발전소 가동률도 높아질 텐데, 이는 석유, 석탄, 천연가스 같은 1차 에너지에 대한 수요를 높여 1차 에너지의 가격을 상승하게 한다. 에너지 가격 상승이 배출권의 수요 증가와 가격 상승의 신호인 것이다. 반대로 경기위축, 그리고 에너지 가격 하락은 배출권 수요 감소와 가격 하락의 신호다.

둘째, 제도적 요인이다. 정부의 탄소중립 정책에 따라 기업에 배정되는 배출권 할당량이 축소된다면, 기업의 배출권 수요가 증가할 수밖에 없다. 실제 상쇄배출권의 사용한도 감소로 기업의 할당배출권 수요가 증가했다. 배출권거래제 제1~2차 계획기간(2015~2020년) 상쇄배출권 사용한도는 기업 배출량(인증량)의 10%였고, 제3차 계획기간에는 사용한도가 5%로 줄어들었다. 온실가스 외부감축사업을 발굴해도 직접적으로 쓸 수 있는 상쇄배출권 사용한도가 축소되기에 할당배출권(KAU)에 대한 수요는 증가하는 구조다. 반대로 배출권이 과잉 할당되거나, 외부감축사업의 증가는 시장에 배출권 공급을 증가시킬 것이다. 그리고 배출권을 다음 계획기간으로 가져가지 못하게 하는 이월제한 조치는 현재 계획기간에 배출권을 매도해야 하기에 배출권 가격 하락요인이 된다.

셋째, 외부적 요인이다. 2018년 기준 전환(발전) 부문이 우리나라 총배출량에서 차지하는 비율이 37%이며, 배출권거래제 전체 할당량 중에서 차지하는 비율은 44.5%다.[193] 그만큼 전환(발전) 부문은 우리나라 배출권시장에서 시장지배력이 크다. 그런데 평년보다

배출권 가격결정 요인

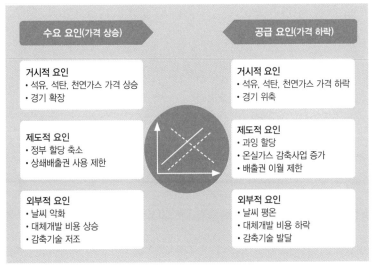

수요 요인(가격 상승)	공급 요인(가격 하락)
거시적 요인 • 석유, 석탄, 천연가스 가격 상승 • 경기 확장	**거시적 요인** • 석유, 석탄, 천연가스 가격 하락 • 경기 위축
제도적 요인 • 정부 할당 축소 • 상쇄배출권 사용 제한	**제도적 요인** • 과잉 할당 • 온실가스 감축사업 증가 • 배출권 이월 제한
외부적 요인 • 날씨 악화 • 대체개발 비용 상승 • 감축기술 저조	**외부적 요인** • 날씨 평온 • 대체개발 비용 하락 • 감축기술 발달

출처 : 김태선, 탄소시장의 비밀, 2009(저자 일부 수정)

날씨가 무척 춥거나 무척 덥다면 어떻게 될까? 난방이나 냉방을 위한 전력 및 스팀 생산이 증가할 테고 이에 따라 발전소의 배출권에 대한 수요는 증가할 것이다. 또한 기업이 에너지원을 전환하기 위한 대체 에너지원의 비용이 상승하거나, 감축기술 개발 속도가 예상보다 저조하다면 온실가스 감축량은 줄어들 것이다. 이러한 외부적 요인이 배출권 가격 상승요인으로 작용할 것이고, 반대의 경우는 배출권 가격 하락요인으로 작용할 것이다.

그렇다면 미래의 탄소배출권 가격은 얼마나 상승할까? 2021년 국제에너지기구(IEA)는 《Net Zero by 2050》을 발간했다. 이 보고서에서는 2050년 탄소중립 달성경로 이행에 따른 필수조건들을 제시했다. 그리고 미래의 탄소배출권 가격을 예측했다. 그 결과 탄소중립 이행 시 전환(발전) 부문의 에너지 생산을 위해 선진국의 배출권 가격은 2050년에 250달러/톤까지 상승할 것이며, 중국, 러시아, 브라질, 남아프리카공화국의 배출권 가격은 같은 시기에 200달러/톤까지 상승할 것으로 전망했다.

2022년 말 우리나라 배출권시장에서 배출권 가격은 15,000원/톤(13달러/톤)이며, EU-ETS 배출권 가격은 85유로/톤(112달러/톤) 수준이다.[194] 이와 비교했을 때 배출권시장의 배출권 가격은 선진국 기준으로 2025년에는 89,000원/톤, 2030년 154,000원/톤, 2050년까지는 297,000원/톤까지 상승할 가능성이 있다는 것이다. 장기적인 안목으로 지금부터 투자해야 할 시점인 것이다.

새로운 투자처,
기후금융상품

녹색금융상품과 탄소마일리지

요즘 많은 사람이 재테크를 하고 있고, 주식이나 부동산과 관련된 책을 읽어보지 않은 사람이 드물 것이다. 그리고 일반적인 금융상품인 예금, 적금, 펀드, 주식을 넘어 선물, 옵션, 금, 달러까지 투자해본 사람도 있을 것이다. 나아가 저작권, 미술품, 가축 그리고 코인이라 불리는 가상자산 및 대체불가토큰(NFT, Non-Fungible Token)까지 투자할 수 있다.

그런데 다양한 투자 수단 중에 녹색금융상품이 있다. 녹색금융이란 친환경금융과 같은 의미로 녹색산업 및 녹색성장과 관련된 투자, 대출 또는 보증 등의 금융상품을 의미한다. 전국은행연합회는 기업과 개인을 대상으로 녹색금융상품을 쉽게 찾아볼 수 있도록 녹색금융종합포털을 마련했다. 녹색금융종합포털에서는 개인이 가입할 수 있는 예금/적금과 카드, 펀드, 보험, 개인대출 상품 리스트를 제공한다. 예를 들어 '카드'를 검색하면 현재 국내 주요 카드회사에서 발급하는 녹색금융 관련 신용카드 및 체크카드의 상세 정보를 파악할 수 있다.

이중에서 개인이 선택할 수 있는 대표적인 친환경카드는 '그린카드'와 '그린체크카드'다. 그린카드는 NH농협카드, IBK기업은행, 부산은행, DGB대구은행 등 다양한 금융기관의 지점과 온라인 홈페이지에서 발급받을 수 있다. 특히 그린카드는 친환경 바이오매스의 함량이 50~85% 정도로 카드 자체를 친환경 성분으로 만든다.

'그린카드'와 '그린체크카드'는 카드 사용 실적에 따라 에코머니 포인트를 적립할 수 있다. 우선 전국에 있는 그린카드와 그린체크카드 가맹점에서 이 카드로 제품을 구매하면 구매금액의 0.2~1.0%를 에코머니 포인트로 적립해준다. 그리고 에코머니 제휴 녹색매장을 방문하여 녹색제품(친환경제품) 식별로고가 부착된 제품을 구매하면 에코머니 포인트를 적립해준다. 다음으로 대표적인 적립 수단으로 서울시에서 운영하는 에코마일리지제도, 서울시를 제외한 전국에서 시행하는 탄소포인트제도가 있다. 에코마일리지제도는 최근 2년 동안 전기, 수도, 도시가스 사용량을 통해 산출한 온실가스 배출량 대비 6개월간의 온실가스 배출량이 5% 이상 감축될 경우 감축실

그린카드와 그린체크카드

적을 에코마일리지로 지급한다. 마찬가지로 탄소포인트제도도 과거 1~2년간 월별 평균 전기, 수도, 도시가스 사용량을 통해 산출한 온실가스 배출량 대비 현재 사용량을 비교하여 에코마일리지로 지급한다.

이렇게 적립된 에코머니 포인트를 에코머니 가맹점에서 사용할 수 있으며, 에코머니가 쌓이면 BC카드의 TOP포인트나 현금으로 전환할 수 있다. 또한 에코머니 포인트를 친환경 분야에 기부도 가능하다.

기후변화·탄소 ETF 투자

ETF(Exchange Traded Fund, 상장지수펀드)에도 기후변화와 탄소배출권 관련 상품이 있다. ETF란 KOSPI200과 같은 특정 지수 및 특정 자산의 가격 움직임과 수익률이 연동되도록 설계된 펀드로 거래소에 상장되어 주식처럼 거래되는 펀드[195]를 말한다. ETF는 증권사 계좌를 통해 주식과 같이 쉽게 거래할 수 있으면서도 특정 지수의 가격 움직임과 수익률이 연동되기에 특정 지수에 편입된 기업에 분산하여 투자하는 것과 같다. 또한 개별종목을 찾아 투자하는 것보다는 이미 특정 목적에 맞추어 선정된 지수를 따라가기에 개별종목을 고르는 탐색비용도 적어진다. 예를 들어 2021년 10월에는 'KRX 기후변화 솔루션지수'를 따르도록 설계된 주식형 ETF 6종이 상장했다. 이 ETF는 KRX 기후변화 솔루션지수를 추종하기에 이 지수에 편입된 40개 종목(기업)에 분산 투자를 하는 효과가 있다.

또한 국내외에는 탄소배출권을 추종하는 다양한 ETF가 상장해 있다. ETF가 따르는 기초지수를 글로벌 배출권시장, EU 배출권시장 및 캘리포니아 배출권시장 등 어디에 두고, 자산운용사가 어디냐에 따라 수수료는 다르다. EU 배출권시장의 가격이 최근 들어 급등했기에 ETF에 따라 최근 몇 개월 사이에 수익률이 20~40%가 되었다. 이는 2022년 들어 강화된 EU의 탄소중립 정책과 기후변화협약 당사국총회의 결과가 반영된 것이다. 미래에는 기후변화와 탄소 관련 규제가 강화되면 탄소배출권 가격도 지속적으로 우상향할 것이라 전망된다.

ETF를 투자할 때 주의할 사항이 있다. ETF는 주가지수와 같이 현물을 추종하는 상품이 있는가 하면, 선물(Future)을 추종하는 상

탄소배출권 ETF 상장종목

국가	ETF 이름	자산운용사	기초지수	특징
국내	SOL 글로벌탄소배출권선물HIS ETF(합성)	신한자산운용	IHS Markit's Global Carbon Index	글로벌 배출권 가격에 수익률 연동
	SOL 유럽탄소배출권선물 S&P	신한자산운용	S&P GSCI Carbon Emission Allowances (EUA)	EU 배출권 가격에 수익률 연동
	KODEX 유럽탄소배출권선물ICE	삼성자산운용	ICE EUA Carbon Futures Index ER	
	HANARO 글로벌탄소배출권선물ICE(합성)	NH–Amundi 자산운용	ICE Global Carbon Futures Index	글로벌 배출권 가격에 수익률 연동
미국	KraneShares Globa Carbon Strategy ETF	크레인셰어즈	IHS Markit's Global Carbon Index	글로벌 배출권 가격에 수익률 연동
	KraneShares European Carbon Allowance Strategy ETF (KEUA)	크레인셰어즈	IHS Markit Carbon EUA Index	EU 배출권 가격에 수익률 연동
	KraneShares California Carbon Allowance Strategy ETF	크레인셰어즈	IHS Markit Carbon CCA Index	캘리포니아 배출권 가격에 수익률 연동

출처 : Investing 누리집, 자산운용사 누리집
＊원고 작성을 위해 사례로 제시한 것일 뿐 언급한 ETF 투자를 추천하는 것은 아님을 밝힙니다.

품이 있다. 선물에 투자하는 ETF는 선물이라는 금융상품의 만기를 계속 바꿔가며 가격이 조정된다. 이는 이달이 만기인 선물에 대해 현물로 받지 않고 만기가 더 많이 남은 다음 달로 만기를 바꾸는 과정을 의미한다. 선물을 추종하는 ETF 상품의 경우 만기에 따라 기준 가격이 달라진다. 곧 다음 달 만기 선물이 이달 만기 선물보다 비쌀 경우 선물을 갈아타는 과정에서 비싼 값을 치러야 한다.

이 과정에서 ETF에는 손실로 반영되는데, 이를 롤오버(Role Over) 효과라고 한다.

모든 투자자산이 그렇듯 급등 뒤에는 급락이 와도 이상하지 않다. EU만 봐도 그린딜 시행에 따라 EU 탄소배출권이 급등했는데, 우크라이나 전쟁과 경제 악화에 따라 다시 급락하는 패턴을 보였다. 그렇기에 탄소배출권을 투자할 때는 항상 배출권의 가격결정 요인을 염두에 두고 투자 의사결정을 해야 한다. 그래야 소중한 자산을 지키고 증식시킬 수 있다.

기후변화, 탄소중립 그리고 ESG 펀드

과거엔 네이버 금융 페이지에서 목적에 맞는 펀드를 쉽게 검색할 수 있었으나 어느 순간 검색기능이 사라졌다. 대안으로 금융투자협회 전자공시서비스나 증권사 홈페이지에서 자신의 목적에 맞는 펀드를 검색할 수 있다. 사용자로서는 한국포스증권의 펀드 페이지를 이용하는 것이 편리하다.

한국포스증권의 펀드 페이지에서는 펀드유형, 운용전략, 운용규모, 위험등급, 운용사에 따른 다양한 펀드를 검색할 수 있다. 특히 기후변화, 탄소중립, ESG 같은 키워드로 나의 목적에 맞는 펀드를 검색할 수 있다. 아직까지는 기후변화, 탄소중립, ESG와 관련하여 출시된 펀드가 많지는 않으나, 자산운용사들이 이를 반영한 펀드 상품을 개발하고 있다. 기후변화, 탄소중립, ESG로 파악해본 결과 현재 40여 개의 펀드가 존재한다. 많은 수가 해외·국내의 기후변화, 탄소중립, ESG 및 재생에너지와 관련한 기업의 주식에 투자하는 주식형펀드이며, 일부 자산은 안정적인 투자를 위해 채권이나 연금에 투자하는 펀드도 있다.

총 보수는 연 0.2~1.2%로 다양하게 포진해 있다. 펀드는 펀드매니저를 통해 간접적으로 투자하는 상품이기에 각종 비용이 발생한

기후변화, 탄소중립, ESG 펀드 현황

키워드	펀드 이름	자산운용사	유형*	총보수*	규모*
기후변화	교보악사 기후변화 임팩트 증권 투자신탁[주식] Class S	교보악사 자산운용	해외주식형	연1.205%	초소형급 (43억원)
	교보악사 기후변화 임팩트 증권 투자신탁[주식] Class S-P	교보악사 자산운용	해외주식형, 연금	연1.145%	초소형급 (43억원)
탄소중립	신한글로벌탄소중립솔루션증권 투자신탁(H)[주식](종류S)	신한 자산운용	해외주식형	연1.22%	초소형급 (90억원)
	신한글로벌탄소중립솔루션증권 투자신탁(H)[주식](종류S-P)	신한 자산운용	해외주식형, 연금	연1.16%	초소형급 (90억원)
ESG	한국밸류 지속성장 ESG 증권투 자신탁(주식)S	한국투자밸류자산운용	국내주식형	연0.994%	소형급 (240억원)
	우리G 코리아ESG 증권자투자 신탁[주식] Class S	우리글로벌자산운용	국내주식형	연0.83%	초소형급 (101억원)
	한국투자크레딧포커스ESG증권 자투자신탁1호(채권) 종류S	한국투자신탁운용	국내채권형	연0.281%	초대형급 (6,332억원)
이 외 30여 개					

출처 : 한국포스증권

* 유형, 총보수, 규모는 2022년 12월말 기준.
● 원고 작성 시점에서의 검색 결과일 뿐 앞에서 언급한 펀드를 추천하는 것은 아님을 밝힙니다.

다. 여기서 발생하는 비용은 판매보수, 운용보수, 수탁보수, 사무보수 등이 있으며 이를 합하여 총 보수가 책정된다. 다만 총 보수가 적음에도 수익률이 낮은 펀드도 있을 수 있고, 총 보수가 적음에도 수익률이 높은 펀드도 있을 수 있다. 반대로도 가능하다. 그렇기에 총 보수만을 펀드의 선택기준으로 삼아서는 안 된다.

원자재 시장의 격변

'국가도로망 구축계획'이나 '국가철도망 구축계획'이 나오면 교통이 편리해질 거라고 생각하는 사람이 있는가 하면, 누군가는 부동산 호재로 받아들여 부동산 앱으로 매물을 알아볼 수도 있다. 그러나 투자 측면에서 볼 때 계획이 발표된 이후에 매물을 찾아본다면 이미 늦었다. 나는 이들 중 중간쯤에 있는 듯하다. 이러한 계획을 보면 호재라고 생각하지만, 여유 자금이 없어 투자는 하지 못한다. 그 대신 직업병처럼 수송 부문에서 온실가스 배출량의 변화를 생각하게 된다.

마찬가지로 누군가는 기후변화와 탄소중립 시대에 새로운 투자처를 찾아 헤매고 있다. 요즘 뜨는 투자처가 원자재 시장이다. 특히 코로나19를 극복하고 경제회복이 기대되면서 경제의 선행지표인

원자재 시장에 사람들의 관심이 증가하고 있다. 탄소중립 시대에 희비가 엇갈리는 원자재 시장을 알아보자.

기후변화와 신산업 원자재

2021년 6월 금융으로 유명한 월가에서는 "전기차가 아닌 전기차 원자재에 투자하라"는 권고가 나왔다. 전기차 시장이 활성화될수록 전기차의 핵심인 배터리에 대한 수요도 급증하기 때문이다. 전기자동차용 배터리에는 리튬(Lithium), 니켈(Nickel), 코발트(Cobalt)를 핵심 원자재로 사용하는데, 리튬, 니켈, 코발트는 리튬이온 배터리에서 양극재를 구성하는 원자재로 배터리 가격의 1/3 정도를 차지한다. 이에 국내에서 배터리를 생산하는 SK온, 삼성SDI, LG에너지솔루션은 리튬, 니켈, 코발트의 안정적 수급을 위한 원자재 확보 전쟁에 뛰어들었다. 원자재 확보 전쟁을 반영하듯, 뉴욕상품거래소(NYMEX, New York Mercantile Exchange) 종가 기준 2021년 1월 17,344달러/톤이던 니켈 선물가격이 2021년 말에는 20,925달러/톤으로 21% 상승했다. 2022년 3월 11일에는 역대 최고가인 48,226달러/톤을 기록했다.

내연기관 자동차에서는 온실가스뿐 아니라 질소산화물(NOx)이나 일산화탄소를 배출한다. 내연기관 자동차에는 자동차 배기가스를 감축시키기 위해 촉매변환장치를 설치해야 하는데, 이때 필요

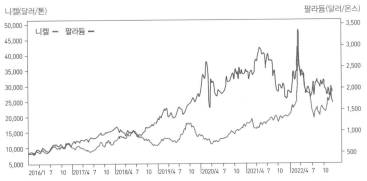

니켈과 팔라듐 선물 가격 변화(2016~2022년)

니켈(달러/톤)　　　　　　　　　　　　　　　　　팔라듐(달러/온스)

출처 : 대신증권

한 원자재가 팔라듐(Palladium)과 로듐(Rhodium)이다. 직관적으로
보면 전기자동차 공급이 증가하면 내연기관 자동차 수요가 줄기에
팔라듐과 로듐의 수요는 줄 수밖에 없다고 생각할 것이다. 그러나
이는 장기적인 시야다. 실제로는 유럽이나 중국 등의 대기오염 규제
가 강화됨에 따라 대기오염 저감장치의 수요가 급증하고 있다. 결
과적으로 팔라듐 가격이 지난 5년 동안 지속적으로 상승했다. 뉴
욕상품거래소 종가 기준 2016년 1월 494달러/온스이던 팔라듐 선
물가격이 2021년 말에는 1,908달러/온스로 마감했다. 다만 2022년
3월을 정점으로 팔라듐 가격이 하향 추세를 나타내는데 이는 잠시
숨 고르기일지, 아니면 진정한 내연기관 자동차의 종말을 의미하는
지는 지켜봐야 할 것이다.

기후변화 에너지

에너지 분야에서 2020년 4월 20일은 역사적인 날로 기억될 것이다. 대표적인 국제 3대 유종은 미국에서 생산되는 서부텍사스산중질유(WTI, West Texas Intermediate), 영국 북해에서 생산되는 브렌트유, 중동에서 생산되는 두바이유다. 이중 WTI의 선물가격이 역사상 처음으로 마이너스(-) 가격(-37.63달러/배럴)으로 거래가 되었다. 어떤 상품을 판매할 때 구매자는 돈을 지불하고 판매자의 물건을 받는다. 가격이 마이너스라는 것은 판매자 입장에서는 사는 사람한테 물건도 주고 돈도 주는 형국이다. 다행히 이 일은 기후변화가 직접적인 원인은 아니었다. 코로나19로 사람들의 이동 봉쇄조치가 전 세계적으로 시행됨에 따라 원유 소비량이 급감하여 이미 비축한 원유도 남은 상황에서 새로 생산된 원유를 더 이상 비축할 곳이 없어서 발생한 문제였다.

산업 부문의 에너지원이 전기화되고, 전기차와 수소차의 공급이 확산되면 자연스레 원유의 수요는 점차 감소할 것이다. 재생에너지 발전량이 증가하면 발전 부문에서의 원유 수요도 계속 감소할 수밖에 없다. 그러나 석유 시대의 종말은 바로 오지 않을 것이다. 국제에너지기구(IEA)는 2030년에야 석유 수요가 정점이 올 것이라 한다. 2030년까지는 적은 폭이나 원유의 수요가 증가할 것이고, 원유 가격이 77달러/배럴이 될 것이라고 예측했다.[196]

석유가 석탄을 대체했듯이 현재는 천연가스가 석유를 대체하고 있다. 다면 석탄(유연탄·무연탄)은 화력발전소에서 아직 사용하고 있고, 석유 수요도 2030년까지 계속 증가할 것으로 예측되듯이, 전 세계에서 탄소중립 정책을 이행하더라도 천연가스 사용량이 갑자기 0이 될 수는 없을 것이다. 우리나라도 현재 석탄발전 비율이 35.6%이고, LNG발전 비율이 26.4%일 정도로 화석연료 의존도가 높다. 다만 천연가스는 석탄과 석유에 비해 온실가스 배출이 적고, 운송 및 보관이 안전하여 점차 석탄과 석유의 자리를 대체할 것으로 전망한다. 반면 미국에서 발생한 셰일혁명 이후 천연가스 가격 하락에 베팅한 사람이 많았는데, 우크라이나 전쟁으로 러시아산 천연가스의 공급이 막혀 천연가스의 가격은 급등한 상태를 유지하고 있다.

천연가스에 투자할 때는 여러 가지 특성을 고려해야 한다. 첫째, 계절성에 유의해야 한다. 천연가스는 냉방과 난방을 위해 쓰이기에 여름철과 겨울철 극한기후가 천연가스 수요에 영향을 미친다. 둘째, 또 다른 극한기후가 천연가스 가격에 영향을 미친다. 전 세계 천연가스의 23.4%는 미국에서 생산되는데[197] 여름철 허리케인과 겨울철 한파가 천연가스 파이프라인에 영향을 줄 경우 천연가스의 공급 불안으로 가격이 급등한다. 셋째, 원유 가격에 영향을 받는다. 이는 원유와 천연가스가 발전 연료로 서로 대체가 가능하기 때문에, 원유 가격이 비쌀 경우 발전사들은 천연가스 발전기 가동률을 높인다. 반대로 원

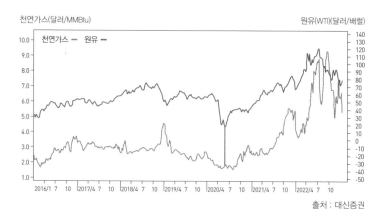

천연가스와 원유(WTI) 선물 가격 변화(2016~2022년)

천연가스(달러/MMBtu)

원유(WTI)(달러/배럴)

출처 : 대신증권

유 가격이 낮아질 경우 발전사들은 천연가스의 발전기 가동률을 낮춘다. 넷째, 지정학적 요인의 영향도 받는다. 우크라이나 전쟁으로 유럽으로 들어가는 러시아산 천연가스 공급이 막히자 천연가스의 공급 부족으로 국제 천연가스 가격이 2022년 8월 9달러/MMBtu 선까지 급등했다. 다섯째, 셰일혁명이다. 미국에서 셰일가스를 저렴한 비용으로 생산할 수 있게 되었다. 매해 셰일가스 생산량은 최고를 찍어 천연가스 가격의 하락을 점쳤으나 극한기후, 한파 및 지정학적 요인들이 천연가스 가격을 끌어올렸다.

기후변화와 식량위기

다음으로 식량자원을 살펴보자. 기후변화는 작물 생산에 직접적으로 영향을 미친다. 예를 들어 지구온난화에 따라 기존에 옥수수 농사를 짓던 농지의 경작환경이 악화되어 옥수수 농사에 적합한 지역은 점차 고위도 지역으로 옮겨갈 것이다. 기후변화에 적응하기 위해 더위에도 견딜 수 있는 품종으로 개량하거나 대체 품목을 경작하면 그나마 나을 것이다. 또한 미래에는 중위도 지역에서도 벼를 이모작하는 지역이 늘어날 수도 있다. 반면 이상기후의 악화에 따라 작물피해도 증가할 것이다. 태풍, 허리케인, 사이클론의 빈도와 강도가 강해짐에 따라 작물 생산에 심각한 영향을 받을 것이며, 특정 지역에서는 극한 가뭄으로 작물 생산량이 급격히 감소할 것이다.

2022년 중반까지 국제 곡물가격이 급등했다. 시카고상품거래소(CBOT, Chicago Board of Trade)의 선물가격 기준으로 2021년에만 옥수수는 27%, 밀은 25%, 귀리는 92% 급등했다. 특히 옥수수 주요 생산지인 미국의 인디애나주, 일리노이주, 미주리주 등의 강수량 증가와 고온 건조한 기후는 옥수수 생산량 감소에 영향을 주었다. 또한 귀리 생산지인 미국 서부 및 남서부 지역과 캐나다 지역의 극심한 가뭄으로 귀리 생산이 급감했다.

그 결과를 옥수수와 귀리의 선물가격 변화로 살펴볼 수 있다. 옥수수 선물가격은 지난 5년간(2016~2020년) 350달러/부셸 선에서 머물고 있었다. 부셸(Bushel)은 국제 곡물시장에서 곡물이 거래되는 단위로 1부셸은 27.216kg이다. 2021년도 기후변화가 심화될 것이라는 예측에 따라 옥수수의 선물가격이 2020년 후반부터 계속

옥수수와 귀리 선물 가격 변화(2016~2022년)

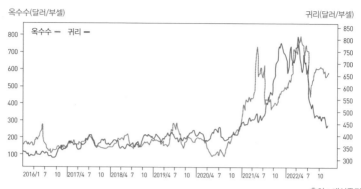

출처 : 대신증권

상승하더니 결과적으로 2022년 4월 역대 최고가인 818달러/부셸도 찍었다. 귀리도 마찬가지다. 귀리의 가격은 지난 5년간 450달러/부셸 선에서 머물다가 2022년 4월에는 780달러/부셸까지 치솟았다. 그나마 2022년 상반기 이후로는 귀리의 수급이 안정되어 가격이 하락한 모양새다.

지구온난화와 이상기후는 한두 해로 끝나는 문제가 아니기에 곡물 생산량에 지속적으로 영향을 줄 것이다. 10년 안에 기후변화로 옥수수 생산량이 14% 줄어드는 반면 밀 생산량은 17% 정도 증가한다는 전망도 있다.[198] 특히 옥수수는 가축의 사료로 쓰이는데, 육류 소비가 빠르게 증가하는 추세이기에 옥수수 생산량까지 감소한다면 미래에 옥수수 가격은 지속적으로 상승할 가능성이 있다는 것이다.

지금까지 기후변화와 원자재 가격의 관계를 광물, 에너지, 식량을 바탕으로 살펴보았다. 기후변화와 탄소중립은 누군가에게는 원자재 투자의 기회일 수도 있다. 다만 전망이라는 것이 다 맞지는 않으므로 결과를 해석하거나 미래를 전망할 때 잘 판단해야 한다. 왜냐하면 코로나19 이후로 풍부한 유동성이 시장을 끌어올린 '유동성 버블'이 반영된 결과일 수도 있다. 코로나19 대책으로 시장에 돈을 무제한 공급한 양적완화 조치로 곡물을 포함한 모든 물가가 급등했다는 의미다. 또한 우크라이나 전쟁이 국제 곡물가격 시세를 올려놓았다. 밀은 우크라이나에서 많이 생산된다. 우크라이나 국기가 파란 하늘과 노란 밀밭을 의미할 정도로 우크라이나는 밀 곡창지대다. 그러나 러시아와 우크라이나의 지정학적 리스크가 밀 가격을 끌어올렸다. 우크라이나 전쟁으로 일어난 밀 수출 봉쇄가 국제 곡물가격을 끌어올린 것이다. 이를 반증하는 것이 2022년 7월의 국제 곡물가격이다. 우크라이나가 흑해 항만을 통해 곡물 수출을 재개하여 공급 문제가 해소되리라 예상하여 7월의 국제 곡물가격이 14년 만에 가장 큰 폭으로 하락하기도 했다.[199]

이번 장에서 예시로 든 원자재들은 선물시장을 통해 거래하는 상품이기에 그만큼 리스크가 클 수 있다. 그렇기에 좀 더 편안하게 원자재 투자를 원한다면, 이번 장에서 예시로 든 원자재들 가격을 추종하는 ETF와 펀드 상품을 통해 투자하는 것도 좋은 방안이 될 것이다.

해수면 상승과
부동산의 미래

해수면 상승 시나리오

2100년

2021년 발간한 IPCC 《제6차 평가보고서》에 따르면, 2100년 까지 전 지구 평균 해수면 상승은 가장 긍정적인 시나리오(SSP1-1.9)일 때 0.28~0.55m, 가장 부정적인 시나리오(SSP5-8.5)일 때 0.63~1.02m 상승할 것으로 전망됐다. 2100년이면 아직까지는 심리적으로 먼 미래일 수 있다. 기간을 좀 더 당겨보자.

2050년

2019년 국제 기후변화 연구단체 클라이밋 센트럴(Climate Central)

의 연구진은 네이처 커뮤니케이션(Nature Communications)[200]에 논문을 게재한다. 2050년에 중국 상하이와 태국 방콕, 이집트 알렉산드리아 등 전 세계 많은 대도시와 주변 도시가 물에 잠긴다고 한다. 이에 따라 전 세계 3억 명이 거주하는 지역에 매년 침수 피해가 예상된다는 것이다. 2050년까지는 아직도 심리적으로 먼 미래일 수 있다. 기간을 좀 더 당겨보자.[201]

2030년

2020년 그린피스 서울사무소는 클라이밋 센트럴의 데이터를 이용하여 한반도의 2030년과 2070년에 대한 해수면 상승 시뮬레이션 결과를 제시한다. 2030년에 해수면 상승과 태풍이 복합적으로 영향을 줄 경우 한반도의 5%가 물에 잠기고 332만 명이 침수 피해를 겪는다.[202] 특히 서울, 경기, 인천 지역에 피해가 집중되고, 이 지역에 기반시설과 인구가 집중되어 있기에 해수면 상승이 주는 피해는 더욱 심각하다. 2030년에는 인천공항도 침수될 수 있다고 한다.

해양환경공단 해수면 상승 시뮬레이터

IPCC 《제6차 평가보고서(2021)》에서 분석한 2100년의 0.28~1.02m 상승은 아직 먼 미래의 예측이라 판단할 수 있다. 그러나 《제5차 평가보고서(2014)》에서 예측한 0.26~0.82m에 비해 해수면 상승 폭이

해수면 상승 시뮬레이터

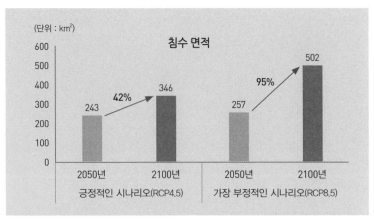

침수 면적

(단위 : km²)

긍정적인 시나리오(RCP4.5): 2050년 243, 2100년 346, 42%
가장 부정적인 시나리오(RCP8.5): 2050년 257, 2100년 502, 95%

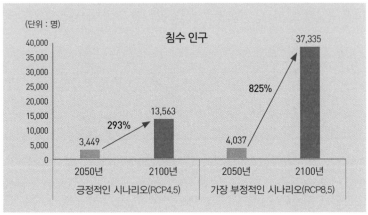

침수 인구

(단위 : 명)

긍정적인 시나리오(RCP4.5): 2050년 3,449, 2100년 13,563, 293%
가장 부정적인 시나리오(RCP8.5): 2050년 4,037, 2100년 37,335, 825%

참고 : 해양환경공단, 해수면 상승 시뮬레이터

더 큰 것은 사실이다. 또한 클라이밋 센트럴은 민간 연구기관일 뿐이고, 그린피스는 NGO 단체이니 더욱 위협적으로 평가했다고 생각할 수도 있다. 그렇다면 공공기관인 해양환경공단의 자료를 살펴보자.

해양환경공단은 2012년부터 기후변화가 초래한 해수면 상승 결과를 볼 수 있는 '해수면 상승 시뮬레이터'를 제공하고 있다.[203] 해수면 상승 시뮬레이터는 온실가스 저감 정책이 상당히 실현되는 중간 정도의 긍정적 시나리오(RCP4.5)와 현재 추세대로 온실가스를 감축하지 않고 배출하는 가장 부정적인 시나리오(RCP8.5)에 대해서 현재, 2050년, 2100년의 해수면 상승에 따른 침수 면적과 침수 인구를 예측하여 공개하고 있다.

2050년에 긍정적 시나리오일 경우에도 우리나라의 해수면은 0.34m 정도 상승하고, 부정적 시나리오일 경우 0.4m 정도 상승한다. 짐작할 수 있듯이 대부분 해안 지역 저지대가 침수 피해를 겪는 것으로 나타났다. 그 결과 침수 면적은 가장 부정적 시나리오의 경우 2050년 257km², 2100년 502km²로 95% 정도 증가한다. 침수 인구는 가장 부정적 시나리오의 경우 2050년 4,037명에서 2100년 37,355명으로 825%나 급증한다. 그나마 긍정적 시나리오에서는 침수 면적이나 침수 인구의 증가 폭이 상대적으로 적다.

해수면 상승에 따른 부동산의 미래

2050년이면 먼 미래일 수 있지만, 2030년은 이제 7년밖에 안 남았다. 2030년일 때도 상당한 규모의 지역이 해수면 상승에 따른 침수 위험에 노출되어 있다. 오션뷰 아파트가 현재는 좋을 수도 있으나 향후에는 해수면 상승 위험의 최전선에 위치할 수도 있다. 해수면 상승 위험에 노출되는 지역을 제시하는 것은 여러 가지 분쟁을 만들 수도 있으므로 지역 이름을 구체적으로 제시하지는 않았다. 여러 기관에서 제공하는 해수면 상승 시뮬레이터를 살펴보고 판단하도록 기본 정보를 제공하니 해수면 상승에 따른 부동산의 미래를 보고자 한다면 참고하기 바란다.

클라이밋 센트럴의 해수면 상승 시뮬레이터에 해수면 상승 폭을 직접 입력해보면, 해수면이 0.1m 상승할 경우 인천광역시가 특히 취약한 것으로 나타났다. 공항, 산업단지, 주거지역을 포함하여 많은 곳이 침수되는 것으로 전망된다. 경기도 서남부 산업단지 지역, 전라북도 산업단지 지역과 전라남도 서남부 지역도 많은 곳이 침수된다. 인천광역시와 경기도 일부 신도시들은 침수에 직격탄을 맞는 것으로 나타난다.

이뿐만 아니라 환경부에서는 '홍수위험지도 정보시스템'을 운영하고 있다. 홍수위험지도는 폭우로 하천제방이 붕괴하거나 우수배제시설의 용량 초과에 따른 역류 등 극단적 홍수 발생 시 침수 범위를 나타내는 지도다. 홍수위험지도는 기후시나리오를 반영하지는 않았으나, 극한 이상기후에 따른 침수 위치를 파악하는 데 용이하다.

2022년 8월 8일 '2차 장마'에 따른 대폭우는 이상기후가 미래 세대뿐 아니라 현재 세대에도 극단적으로 영향을 미침을 인식시켜주

해수면 상승 및 홍수 위험 시뮬레이터

기관	시스템 이름	대상 지역	기후 시나리오
해양환경공단	해수면 상승 시뮬레이터	우리나라	RCP4.5, RCP8.5 현재, 2050년, 2100년
그린피스	2030 한반도 대홍수 시뮬레이션	우리나라	1.5℃ 경로, 현 상태 유지 2030년, 2070년
클라이밋 센트럴	해수면 상승 시뮬레이션	전 세계	0.1m 단위 침수 면적 제시
옐로우의 세계	해수면 상승 시뮬레이션	전 세계	0.1m 단위 침수 면적 제시
홍수위험지도	홍수위험지도 정보시스템	우리나라	미반영

었다. 그렇기에 기후재난을 미리 예측하고 관련 인프라에 투자하는 것은 미래 세대뿐 아니라 현재 세대를 위한 조치이기도 하다.

과거의 경험을 바탕으로 언젠간 발생할 재난에 대비한 중요한 사례가 있다. 2011년 3월 일본 도호쿠 지방에서 규모 9.0의 대지진이 일어났다. 대지진은 순식간에 쓰나미를 몰고왔고, 일본 동북쪽의 이와테현이 가장 큰 피해를 입었다. 당시 사망자 수만 3,518명, 실종자까지 합하면 8천 명이 넘었다. 그런데 인구 3천 명의 '후다이 마을'은 거의 대부분의 주민이 살아남았다. 무엇이 두 지역의 극단적 차이를 만들었을까? 이 마을은 1896년에 발생한 15m가 넘는 초대형 쓰나미로 주민 약 1천 명이 사망했다. 그리고 1933년에 발생한 대형 쓰나미로 또다시 주민 약 600명이 사망했다. 이 당시 생존한 와무라 고토쿠 씨는 이후 후다이 마을의 촌장이 되었다. 와무라 촌장은 두 번이나 반복되어 많은 사망자를 발생시킨 쓰나미 피해를 더이상 겪지 않기 위해 높이 15m 이상의 방조제와 수문을 건설하고 싶었다. 와무라 촌장은 수십 년간 지자체와 주민을 설득해 1984년 높이 15.5m의 방조제와 수문을 건설했다. 그리고 2011년 4월 11일 동일본 대지진이 일어나 14m의 초대형 쓰나미가 몰아쳤으나 15.5m의 방조제 덕분에 오직 후다이 마을만 쓰나미 피해를 겪지 않았다.

2016년 10월 제18호 태풍 차바(Chaba)가 부산광역시에 상륙했다. 최대 풍속 77m/초의 강한 바람을 일으킨 태풍 차바는 사망자 7명, 실종자 3명, 재산 피해 약 2,150억 원을 기록했다. 태풍 차바가 상륙한 부산의 해운대와 광안리 지역을 초대형 바람과 해일이 집어삼킬 듯했다. 해운대 초고층 아파트에 방파제가 없어 바닷물이 범람해 도로를 휩쓸고 아파트를 침수시켰다. 이 당시의 기사는 '태풍에 쑥대밭 된 최고 부촌', '태풍만 오면 침수 피해'라는 제목으로 현장을 보도했다. 원인을 분석한 결과 전문기관에서 제시한 방수벽의 높이는 8.5m인데, 바닷가 조망에 방해된다는 이유로 방수벽을 1.2m로 낮춰 피해가 컸다는 분석이 지배적이었다.[204] 우리는 후다이 마을의 경험을 간과했다. 해수면 상승과 이상기후에 대한 적응 대책이 없으면 자연재해 앞에 속수무책이다.

이제는 주거지와 부동산 투자를 선택할 때 해수면 상승을 고려해야 할 것이다. 특정 지역이 해수면 상승에 취약하다고 공표하면 집값 떨어진다고 비판하는 사람도 있을 것이다. 그렇기에 누구도 선

불리 해수면 상승에 따른 집값의 미래에 대해 의견을 개진하지 못한다. 그러나 언젠가는 이런 뉴스들이 나올 것이다. 그때 가면 이미 늦을 수도 있다.

결국 정부도 이제는 해수면 상승과 이상기후에 따른 침수를 고려한 도시계획을 세울 수밖에 없다. 연안 개발 시 해수면 상승을 고려하여 고도를 더 높게 토지를 준설해야 한다. 또한 기존 개발 지역은 해안 방파제를 기존보다 더 높이 쌓아야 한다. 특히 기반시설과 산업시설, 인구가 집중된 수도권 지역이 집중적으로 침수된다는 전망이니 더욱 빨리 서둘러야 한다.

지금 당장 검색창을 켜서 앞에 제시한 사이트들을 꼭 살펴보기 바란다. 해당 지역에 사는 독자라면 여러 생각이 들 것이다.

기후변화와
생활의 미래

11

가정에서 배우는
기후생활

탄소발자국 계산기

탄소는 발자국을 남긴다. 탄소발자국(Carbon Footprint)이란 인간이 땅 위를 걸어 다니면서 생기는 발자국처럼 사람의 활동이나 상품의 생산과 소비 과정에서 직간접적으로 생산된 이산화탄소(CO_2) 배출량의 총합을 말한다.[205] 그렇기에 우리는 생활하는 동안 계속 탄소발자국을 남긴다.

가정에서도 우리는 탄소발자국을 남긴다. 집에 난방을 하거나 요리할 때 가스를 쓰고, 전자제품을 사용할 때 전기를 쓰면서 탄소발자국을 남긴다. 수돗물 생산과 하수 처리 과정에서도 탄소발자국을 남기고, 자동차를 탈 때도 탄소발자국을 남긴다. 그리고 우리가 사용하는 제품과 식재료를 포함한 모든 상품이 생산되고 배달될 때마다 탄소발자국을 남긴다. 그렇기에 집의 면적, 가족 구성원 수, 차량 이용 패턴에 따라 가정마다 다른 탄소발자국을 만들어낸다.

기후와 환경에 대한 범국민 실천운동을 주관하는 한국기후환경네트워크에서는 가정에서 발생하는 탄소발자국을 쉽게 측정할 수 있도록 '탄소발자국 계산기'를 제공하고 있다.[206] 탄소발자국 계산기에 우리 집에서 한 달 동안 사용한 전기, 가스, 수도, 자동차 사용량 데이터를 넣어 계산해보았다. 입력할 때 사용량이나 요금 둘 중 하나를 고를 수 있으며, 사용량을 모를 경우 요금을 단가로 나누어 사용량을 역산하여 탄소발자국을 계산할 수 있다.

그 결과 우리 집에서 한 달에 발생시키는 이산화탄소는 182.4kg으로 비슷한 다른 가정 평균 대비 70%를 적게 발생시키는 것으로 나타났다. 가스레인지는 없고 인덕션을 사용하기에 전기 사용량에 따른 이산화탄소 발생량은 다른 집에 비해 높으나, 가스 사용에 따른 이산화탄소 발생량은 없다. 4인 가족이라 수도 사용에 따른 이산화탄소 발생량은 4인 가족 평균 수준이며, 대중교통으로 출퇴근을 하고 주말에만 자동차를 사용하기에 교통의 이산화탄소 발생량은 적다. 우리 집에서 한 달 동안 발생시킨 이산화탄소를 나무가 흡수하기 위해서는 소나무 27.6그루를 심어야 한다고까지 알려준다.

한국기후환경네트워크 누리집에서는 전기, 가스, 수도, 교통에서 온실가스 감축을 위한 생활 속 실천방안도 제시한다. 예를 들어 하루 1시간 에어컨 대신 선풍기를 켜면 한 달에 온실가스 3.2kg을 줄이고, 겨울철 난방온도를 20℃로 유지하면 한 달에 14.6kg의 온실가스를 줄인다. 1주일에 한 번쯤 대중교통으로 출근하면 한 달에 온실가스를 39.1kg 줄이고, 실시간 내비게이션을 통해 더 빠른 길로 가면 한 달에 32.6kg의 온실가스를 줄이는 등 생활 속 실천방안에 따른 온실가스 감축 효과를 정량적으로 제시한다.

그리고 '온실가스 1인 1톤 줄이기' 운동에도 참여할 수 있다. 온실가스 1인 1톤 줄이기란 생활 속 작은 실천으로 온실가스를 줄이는 활동 참여 실천서약(최초 1회)을 한 후 매월 이행점검(1회/월)을 하여 지속적인 온실가스 감축을 진행하는 것이다. 우선 '탄소발자국 기록장'에서 자신이 실천할 수 있는 생활 속 수칙을 선택하고, 주간일기

저자 가정의 탄소발자국 계산 결과

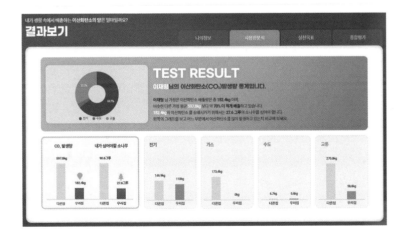

장과 월간실적을 통해 자신의 탄소발자국을 확인할 수 있다. 온실가스 1인 1톤 줄이기 활동을 통해 감축된 온실가스는 앞서 녹색금융 상품을 설명하면서 이야기한 탄소포인트 및 에코마일리지 제도의 포인트로 적립할 수 있으며, 이 포인트를 그린카드 이용 시 사용할 수도 있다.

생활 속 음식 섭취에 따른 탄소발자국을 보여주는 사례도 있다. 한국일보에서는 '한끼밥상 탄소 계산기'를 통해 생활 속 먹는 음식 100가지를 선정하여 한 끼 식사 시 배출하는 온실가스를 쉽게 계산할 수 있도록 했다. 농림축산식품부 산하 한식진흥원의 '표준조리법'에 따라 1인분을 조리할 때를 기준으로 했다. 음식의 종류로는 밥, 죽, 면, 국, 탕, 찌개, 반찬, 전, 후식 등의 카테고리가 있으며, 햄버거와 피자 같은 외식 음식도 포함했다.[207]

카테고리별로 음식을 선택하면 밥상이 차려진다. 차려진 밥상에 반찬을 더하거나, 이미 넣은 국을 다른 것으로 교체할 수도 있다. 결과보기를 누르면 내가 오늘 하루 먹은 한 끼 밥상을 차리는 데 배출한 온실가스를 알려준다. 그리고 온실가스 배출량에 대해 일반 사용자가 이해하기 어려울 수도 있으니, 승용차 한 대가 이동하는 거리라든지, 배출한 온실가스 흡수를 위해 필요한 소나무의 수를 알려준다. 예를 들어 점심식사로 김치볶음밥에 된장국을 먹고, 반찬으로 깍두기, 멸치조림을 먹은 후 매실차를 후식으로 먹었다고 가정하자. 이 한 끼 식사로 2kg의 온실가스를 배출한다. 그리고 이는 승용차 한 대가 8.4km 이동할 때의 온실가스 배출량과 같으며, 배출된 온실가스를 흡수하기 위해서는 소나무 0.3그루를 심어야 한다고 알려준다.

이렇게 탄소발자국은 우리가 살아가는 모든 곳에 남겨진 우리의 흔적이다. 탄소발자국 계산기나 한끼밥상 탄소 계산기로 생활 속에서 우리가 발생시키는 온실가스 배출량을 파악할 수 있다. 우리가 생활 속에서 배출하는 온실가스 배출량을 자녀와 함께 파악해보고, '온실가스 1인 1톤 줄이기' 참여를 통해 다음 세대들의 기후친화적 생활습관을 어렸을 때부터 가르치는 것이 중요하다.

환경성적표지와 탄소발자국

생활 속에서 발생시키는 탄소발자국뿐 아니라, 우리가 사용하는 제품 및 서비스의 탄소발자국을 표시하는 제도도 있다. 정부는 환경성적표지(Environmental Product Declaration) 제도를 통해 해당 제품 및 서비스의 원료채취, 생산, 수송, 유통, 사용, 폐기 등 전과정에서 발생하는 탄소발자국을 표시하도록 한다.[208] 그렇기에 소비자는 제품과 서비스의 탄소발자국을 확인하여 제품의 온실가스 배출량을 쉽게 파악할 수 있으며, 기업은 자신의 제품이 환경친화적 제품임을 대외에 알리는 수단으로 활용할 수 있다.

제품과 서비스에 탄소발자국을 표시하는 방식은 2단계로 이루어져 있다. 1단계는 탄소배출량 인증이다. 기업이 생산한 제품 및 서비스를 생산하기 위해서 원료채취, 생산, 수송, 유통, 사용, 폐기 등 전 과정에 걸쳐 온실가스 배출량이 얼마나 나오는지 파악해 탄소발자국 표시를 제품과 서비스에 부착하는 것이다. 예를 들어 생수 한 병을 판매할 때 지하수 채취, 이송 및 포장, 플라스틱병 제조 및 폐기를 포함한 전과정에서의 온실가스 배출량을 파악하는 것이다. 그리고 KTX나 새마을호를 타고 서울에서 부산으로 이동할 때 한 사람이 배출하는 온실가스 배출량을 파악해 탄소발자국을 표시한다. 2단계는 저탄소제품(Low Carbon) 인증으로 1단계의 탄소배출량 인증을 받은 제품 중에서도 기업이 노력하여 제품 및 서비스 생산 단계에서 온실가스 배출량을 줄이거나, 동일 제품 대비 온실가스 배출량을 줄일 경우 저탄소제품 인증 라벨을 부착할 수 있다.

탄소발자국 및 저탄소제품을 포함하여 환경성적표지 제품을 그린카드로 구매할 경우에도 에코머니 포인트를 적립할 수 있으며 이 포인트 역시 관련 매장에서 사용할 수 있다.

탄소발자국 및 저탄소제품 표지를 홍보하기 위해 환경산업기술원에서는 전국의 기후·환경 체험관과 협력하여 '환경성적표지 상설전시관'을 운영하고 있다. 경기도 '시흥에코센터', 경상북도 '김천녹색미래과학관', 경상남도 '김해기후변화홍보체험관', 강원도 '인제군EM환경센터'에서 탄소성적표지 제품을 찾아볼 수 있으니 방문해보기를 추천한다.

이젠 마트에서 탄소발자국 표지나 저탄소제품 표지가 있는 것을 구매하는 것은 어떨까? 나 스스로도 지구를 구하는 기후친화적 생활을 실천할 수 있으며, 자녀가 있다면 아이들에게 해당 제품의 의미와 뜻을 알려주면 생활 속에서 기후생활을 실천할 수 있는 좋은 방안이 될 것이다. 생활 속 작은 실천으로 온실가스를 줄이고 환경을 지키는 활동들을 나부터 실천히고, 기족들과 지금 당장 시작해보자.

여행에서 배우는
기후생활

기후변화는 현실이기도 하지만 직접적으로 와닿지 않는 순간도 있다. 우리나라에는 기후변화의 현재와 미래를 볼 수 있는 곳이 산재해 있다. 그리고 이것을 한 번에 볼 수 있는 곳도 있다. 바로 제주도다. 여행을 통한 교육 코스로 제주도 여행을 짜보는 것도 좋다.

기후변화의 현재

제주도의 현재는 기후변화의 현실을 바라보는 슬픈 장소가 많다. 제주도의 천연자생종인 구상나무는 한라산 해발 1,000m 이상에서 자란다. 지구온난화에 따라 구상나무의 서식지는 점차 북상하고 있으나, 기존 서식지에 살던 구상나무는 집단으로 고사하고 있다. 지구온난화가 가속된다면 더 이상 북상할 곳이 없는 구상나무는 장기적으로 자취를 감출 것이다. 구상나무는 한라산 백록담 북동쪽 부분과 영실 북서쪽에서 상대적으로 고사율이 높고, 한라산 남서쪽과 북쪽, 북서쪽 부분에서는 고사목이 적다.[209] 성판악 등산로 1,650~1,800m 일대에서 구상나무를 볼 수 있으며, 관음사 등산로 해발 1,750m 일대와 윗세오름 영실등신로 1,600m 일대에서 구상나무 고사목의 슬픈 잔재를 확인할 수 있다.[210] 앞서 크리스마스 트리인 구상나무를 이야기할 때 나온 구상나무 고사목 사진이 내가 윗세오름에서 찍은 것이다.(147쪽 참조)

해수면 상승의 현장을 목격할 수 있는 곳은 제주도 남서쪽의 용머리해안이다. 용머리해안은 지형의 모양이 바닷속으로 들어가는 용의 머리와 닮았다고 붙여진 이름이다. 그런데 해수면 상승에 따라 용머리해안이 바닷속으로 잠기고 있다. 용머리해안의 비경을 관광객이 관람할 수 있도록 1987년에 만든 일주산책로가 해수면 상승으로 자주 침수된다. 바닷물이 가장 많이 밀려오는 사리 시기에는 산책로를 자주 폐쇄하기도 한다. 해수면 상승으로 일주산책로가 물에 잠기는 시간이 많아 지금은 새롭게 산책로를 만들었다. 해수면 상승의 현재를 보려면 용머리해안을 가보라. 향후에는 가보고 싶어도 영영 갈 수 없는 경관이 될 것이다. 또한 용머리해안에 있는 제주기후변화홍보관을 방문하여 기후변화와 해수면 상승의 현실을 눈으로 보는 것도 추천한다. 지금 용머리해안에 가서 사진을 찍고,

기후변화 체험을 위한 제주도 여행코스

30년 뒤에 아이들도 다시 가서 찍는다면, 그때의 용머리해안은 지금과는 전혀 다른 모습일 것이다.

제주도 바다의 현실을 보는 방법으로 잠수함 투어와 스노클링 체험을 추천한다. 제주도는 수온이 30년간 약 1.3℃ 상승했는데, 수온 1℃ 상승은 육지 기온 5~10℃가 오르는 효과다. 그만큼 바닷속의 변화는 심하다. 제주도에 확인되거나 기록된 아열대 어종만 87종이며, 계속 미기록 아열대 어종이 발견되는 추세다. 제주도에서 급변하는 해양생태계를 직접 눈으로 확인하려면 잠수함 투어와 스노클링을 해보라. 다만 스노클링은 허가된 곳에서만 하고 안전을 위해 전문가와 함께 해야 한다.

제주도에는 감귤도 자라지만, 아보카도, 망고, 구아바, 용과 같은 열대과일도 재배된다. 아이를 둔 부모들은 겨울철 제주도에 놀러 가서 감귤이나 한라봉 따기 체험을 하기도 한다. 그 자리에서 바로 따서 먹는 감귤의 달달함과 시원함은 최고다. 특히 아이들이 작은 손으로 가위질해서 감귤을 따는 모습이나, 낑낑대며 바구니를 들고 오는 모습은 사랑스럽기만 하다. 제주도는 이미 바나나, 망고, 파파야 같은 열대과일이 자라고 있다. 기후변화로 인한 슬픈 모습이기도 하지만 기후변화에 적응하는 새로운 영농 수익사업이기도 하다. 감귤이나 한라봉 체험 말고, 열대과일 따기 체험도 해보면 좋을 듯하다.

기후변화의 미래

제주도는 유네스코에서 지정한 생물권보전지역(Biosphere Reserves)이다. 그리고 제주도 북동쪽에는 땅콩으로 유명한 우도가 있다. 제주도는 제주시 우도와 서귀포시 가파도를 대상으로 '탄소제로관광지'로 선포하고, 탄소제로 섬으로 만들기 위해 노력하고 있다. 특히 2022년 8월 제주도는 '청정 우도 프로젝트'를 SK텔레콤과 함께 시작했다. 이는 우도에서 발생하는 폐기물을 줄이고 재활용을 활성화하기 위해, 우도 지역의 카페에서는 일회용 플라스틱 컵 대신 다회용 컵을 사용하는 제도다. 다회용 컵 순환시스템은 고객이 카페에서 커피 등 음료를 마실 때 보증금(1,000원)을 내고, 무인 반납기에 다회용 컵을 반납하면 보증금을 환급받는 제도다. 우도를 찾는 관광객은 연간 150만 명으로, 관광객이 우도 내 180여 개 카페와 식당에서 사용하는 1회용 플라스틱 컵만 1년에 630만 개에 달한다고 한다. 일회용 플라스틱 컵 사용을 지양하여 온실가스 배출을 줄이고, 미세플라스틱으로 인한 해양생태계 파괴와 생물다양성 보전에 대해 체험해볼 수 있는 살아 있는 교육 공간이다.[211]

전기차의 배터리는 사용상 안전을 위해 효율이 70% 수준 이하로 떨어지면 바꿔야 한다. 그런데 이 폐배터리는 안전상 자동차에는 사용할 수 없으나 에너지저장장치(ESS)로는 재사용할 수 있다. 2019년 BMW그룹코리아는 폐배터리를 이용한 친환경 전기자동차 충전소 'e-고팡'을 월정리 해변가에 설치했다. '고팡'은 제주도 방언으로 '저장소'를 의미한다. e-고팡은 부지에 설치된 풍력발전기를 통해 생산된 전기를 폐배터리를 활용해 만든 ESS에 저장하고, 사용자들이 전기차를 충전하러 왔을 때 ESS에 저장된 전기로 충전하는 방식이다. e-고팡에는 전기차 급속(50kwh급) 충전기와 완속 충전기 5대가 있으니 이왕이면 제주도에 여행 갔을 때 전기차를 렌트해 e-고팡에 가보는 것도 좋은 경험이 될 것이다.[212]

e-고팡 근처에는 제주에너지공사에서 운영하는 'CFI(Carbon Free Island) 에너지 미래관'이 있다. CFI 에너지 미래관은 '탄소 없는 섬, 제주'를 실현하기 위한 에너지 정책 및 기술 정보 교류의 공간을 목적으로 설립되었다. 2층부터 관람할 수 있는데 2층에는 탄소 없는

섬 가파도, 풍력·태양광·태양열·해양·폐기물·바이오·지열·수력 등 신·재생에너지에 대한 전시 및 교육, 지능형 송배전망, 스마트에너지타운, 스마트에너지시티와 스마트그리드 플랫폼과 같이 ICT 기술을 활용한 탄소저감 관리 및 저감 기술을 안내하고 있다. 1층에는 'CFI2030 글로벌 에너지의 미래'라는 주제로 제주도 그린뉴딜, 그린수소, 제주카본프리 에너지 시스템에 대한 제주도의 미래상을 제시하고 있다. 또한 야외에는 풍력발전 설비와 태양광발전 설비가 설치되어 있어 실내 전시관을 보고 야외에서 눈으로 직접 재생에너지 발전시설을 보면 좋은 경험이 될 것이다.

제주 신창풍차해안도로에서 바라본 일몰

출처 : 연합뉴스

제주도 e-고팡과 CFI 에너지 미래관이 있는 구좌에서 정반대 한경에는 해상풍력단지가 조성되어 있다. 한국남부발전 국제풍력센터에서 운영 중인 해상풍력단지는 '해안도로를 따라 조성된 풍력발전기'를 뜻하는 의미로 도로 이름도 '신창풍차해안도로'다. 구불구불 해안도로를 천천히 지나가다 싱계물공원에서 잠시 산책도 하고 노을 지는 바닷가를 바라보며 사진도 찍을 수 있다.

이렇게 제주도는 기후변화의 현재와 미래를 동시에 볼 수 있으며, 가족과 같이 할 수 있는 공간이기도 하다. 지금 못 보면 다시는 못 볼 곳도 존재하기에 서글플 수도 있지만, 새로운 미래를 준비하는 곳이기도 하다. 그렇기에 지금 꼭 가봐야 하는 곳이기도 하다. 지면의 한계로 모두 소개하지는 못했는데, 더 많은 곳이 있으니 이번 휴가에는 제주도로 체험 여행을 가보는 것은 어떨까?

체험에서 배우는 기후생활

아는 만큼 보이고 보이는 만큼 느낀다

유홍준 교수의 《나의 문화유산 답사기》에 나오는 유명한 문구다. 이 구절의 힘은 세상의 모든 곳에 적용할 수 있다는 것이다. 기후변화도 마찬가지다. 기후변화에 대해서도 아는 만큼 보이고, 보이는 만큼 느낄 것이다.

이 책을 쓰게 된 계기 중 하나가 TV를 보면서 큰아이가 '기후변화'가 무엇인지, '온실가스'가 무엇인지 물어보는 질문에 하나하나 답해주면서다. 자녀가 있는 현재 세대들이 다음 세대들에게 기후변화를 좀 더 쉽게 설명하고, 기후변화가 우리 삶에 어떠한 영향을 미치는지 공유하고 싶었다. 그러나 아이들은 글자로 된 설명자료보다는 몸으로 된 활동을 통해 배우는 것을 더욱 좋아하고 습득력도 뛰어날 수 있다. '이번 주말에는 뭐하지?'라고 고민하고 있다면 자녀들과 함께 기후변화를 눈으로 몸으로 체험할 수 있는 장소를 방문해보자.

기후변화교육센터

우리의 여정은 한국기후환경네트워크에서 운영하는 'e-기후변화교육센터' 누리집에서 시작한다. e-기후변화교육센터 누리집에는 전국 지자체에서 운영하는 기후변화와 환경 관련 교육센터를 안내하고 있다. 그렇기에 내가 사는 지역에서 가까운 기후변화교육관과 체험장 정보를 쉽게 찾을 수 있다. 예를 들어 경기도를 선택하면 경기도에 있는 기후변화교육관과 체험장을 찾을 수 있으며, 상세보기를 통해 해당 시설의 위치나 운영하는 프로그램을 살펴볼 수 있다.

e-기후변화교육센터 누리집[213]에는 다양한 교육자료와 영상자료를 확인할 수 있다. 영유아, 초중등 및 일반인을 대상으로 한 소책자와 지도안, 교구 등을 무료로 다운로드받아 사용할 수 있으니, 주말에 자녀들과 함께 이용해보기를 추천한다. 마찬가지로 서울특별시도 서울시 환경교육포털[214]을 운영하고 있다. 여기에서는 서울특별시 산하 기초지자체의 환경교육 기관·단체의 교육프로그램을 주제, 유형, 대상별로 찾아볼 수 있도록 했다.

다만 기후변화교육센터별로 교육프로그램만 운영하는 곳이 있고, 체험관을 같이 운영하는 곳도 있으니 해당 기후변화교육센터의 누리집이나 인터넷 검색을 통해 자세한 정보를 먼저 확인해야 한다.

주말 나들이를 위한 체험관 및 관람관

코로나19 이전에는 주말이면 아이들과 실내 키즈카페에 자주 갔다. 또한 집에서 가까워 과천과학관이나 용인 경기도어린이박물관도 종종 갔다. 그러나 코로나19로 한동안 야외 공간을 많이 찾았다. 지금은 코로나19 방역수칙이 달라졌기에 아이들과 같이 갈 수 있는 체험관 및 관람관을 소개한다.

e-기후변화교육센터 누리집에서는 전국에 있는 기후변화 관련 주요 체험장을 안내하고 있다. 2023년 현재 약 190개의 체험장이 등록되어 있다. 여기에서도 지자체별로 내가 살고 있는 지역에 가까운 곳을 가보기를 추천한다. 특히 기후변화 관련 체험관 및 관람관은 야외 공원이나 야외 체험시설과 같이 있어 아이들과 가볍게 소풍 가는 마음으로 갈 수 있다.

경기도 용인시 처인구에는 용인시에서 운영하는 '기후변화체험교육센터'가 있다. 지상 2층 규모의 전시실을 운영하고 있으며, 월요일에 휴관하고 관람료는 무료다. 전시실에는 기후변화에 대한 이해, 원인, 현실, 대응 및 실천에 관한 내용을 아이들의 눈높이에 맞추어

용인시 기후변화체험교육센터

저자와 함께 기후변화체험교육센터를 방문해 '초록이의 비밀'을 체험해보는 두 딸의 모습. © 이재형
온실효과와 지구온난화를 일으키는 원인과 해결책을 디지털 게임 형식으로 알아볼 수 있다.

그림으로 쉽게 설명해놓았다. 1층 입구에서 '미션북'을 받아 6가지
미션을 수행하면서 체험교육센터를 관람할 수 있다. 미션북을 채워
가면서 아이들과 재활용로봇 리보 앞에서 사진도 찍고, 대기전력
제로 게임, 쓰레기 분리수거 터치게임, 풍력발전 체험 등 기후변화
를 몸으로 학습할 수 있도록 꾸며놓았다. 또한 야외로 나오면 넓은
생태습지가 있어 날씨 좋은 날에는 산책하기 좋다.

강원도 원주시에는 원주시에서 운영하는 '기후변화홍보관'이 있
다. 이곳에서도 아이들을 위한 전시 및 체험공간을 운영하며, 월요
일에 휴관하고 관람료는 무료다. 홍보관에서는 환경위기시계, 더위

지는 지구, 생활 속 물 절약에 대해서 다채로운 색깔과 그림으로 아이들이 이해하기 쉽게 전시하고 있다. 그리고 자동차 타기, 자전거로 전기 만들기 체험도 할 수 있으며, 시기별로 기획 전시실을 운영한다. 과거에는 기후변화와 식량위기, 그린 비트(Green Beat), 큐브 놀이터와 같은 프로그램을 운영했으며, 최근에는 재활용이라는 주제로 전시하고 있다. 원주시 기후변화홍보관 옆에는 넓은 행구수변공원이 있어 편안한 시간을 보내기에 좋다.

전라남도 담양군의 담양에코센터 내에는 '호남기후변화체험관'이 있다. 호남기후변화체험관은 태양광발전 시스템과 지열에너지 시스템을 사용한 친환경 건물로 담양에코센터 2~3층에 관람관을 운영한다. 신·재생에너지에 대한 교육자료와 체험을 할 수 있으며, 기후변화에 따른 동식물들의 기후위기도 설명해준다. 그리고 담양 체험존에서는 자전거를 타면서 영상으로 보이는 담양의 명소를 구경할 수 있고, 온실가스 감축량도 보여준다. 그리고 개구리생태공원도 같이 있으니 담양의 죽녹원이나 메타세콰이어길을 보러 간다면 여행코스에 호남기후변화체험관을 넣어보기를 추천한다.

이외에도 전국 각지에는 아이들과 같이 방문할 수 있는 체험관이 있으니 e-기후변화교육센터 누리집이나 이 책에서 소개한 장소를 찾아가보자. 다음 세대의 아이들이 세상을 슬기롭게 헤쳐나갈 수 있도록 알게 해주는 일도 부모의 몫이라 생각한다.

전국 지자체 체험관 및 관람관

지자체	체험관 및 관람관	체험 및 관람 내용
서울 마포구	서울에너지드림센터	신·재생에너지 소개 및 체험, 기후변화에 대한 교육, 햇빛교실, 태양광자동차 만들기 등 체험 및 관람 운영
부산 기장군	학리기후변화교육센터	압전소자 발전판, 태양광 자동차, 자전거 발전기, 풍력발전 체험, 주스를 만드는 자전거, 태양열 조리기
대구 동구	국립대구기상과학관	세계의 날씨, 지구 ON, 기상과의 만남, 날씨 속 과학, 예보의 과학 관람관 운영
인천 부평구	부평 굴포누리 기후변화체험관	지구온난화관, 굴포천 생태관, 기후변화홍보관, 주제영상관, 야외 생태체험관 및 아이뜨락 운영
경기 부천시	부천시 기후변화체험관	기후변화 이해, 기후의 역습, 기후변화 대응, 우리의 실천, 포토존 등 체험 및 관람 운영
경기 수원시	수원시 기후변화체험교육관	위기의 한반도, 북극곰의 눈물, 쓰레기 분리 체험, 적정기술 체험실, 3D 영상실, 신·재생에너지 관람
경기 용인시	기후변화체험교육센터	기후변화 이해, 풍력발전기 체험, 대기전력 제로 게임, 생태체험관, 3D 영상관 체험
강원 원주시	기후변화홍보관	태양광발전, 자전거 발전기, 자투리놀이터, 기후변화 전시관 운영
충북 충주시	국립충주기상과학관	바람, 태풍, 태양과 대기, 비와 눈 관람관 및 특별체험관 운영
경북 구미시	구미시 탄소제로교육관	기후변화관, 탄소제로관, 제로실천관 등 체험 및 관람 시설 운영
경남 김해시	김해시 기후변화홍보체험관	기후변화 이해/현상/피해/대책에 관한 전시, 환경 퀴즈 및 체험, 신·재생에너지 체험놀이터 운영
경남 밀양시	국립밀양기상과학관	기상현상관, 기상예보관, 기후변화관, 영상관, 야외체험관 운영
전남 담양군	담양에코센터 호남기후변화체험관	체험교육실, 신·재생에너지 체험, 기후변화 전시, 3D 영상관, 자전거 탄소 감축 체험
제주 서귀포시	용머리해안 기후변화홍보관	CO_2 줄이는 방법, 주행 중 CO_2 줄이기 게임, CO_2 줄이기 체험공간, 영상 및 그래픽 체험

출처 : 저자 작성

미래 세대를 위한
현재 세대의 여정

하루 24시간 중 지금 시간을 저녁 8시라고 가정하자. 오늘 하루가 끝나기 전까지 4시간 정도 남았다. 그리고 시계 옆에는 비커 1개가 있다. 비커 안에는 곤충이 들어 있다. 1분마다 곤충의 숫자가 두 배씩 증가한다. 예를 들어 저녁 8시 1분에 두 마리, 8시 2분에 네 마리, 8시 3분에 여덟 마리······. 이렇게 증가하여 밤 12시에 비커 안에 곤충이 꽉 찬다. 이럴 경우 비커 안에 곤충이 반만 차는 시간은 언제일까? 밤 11시 59분이다.

곤충들 사이에서 비커가 점점 가득 차는 것과 관련하여 뜨거운 논쟁이 벌어진다. 어떤 곤충은 "우리의 기술발전 속도는 너무 빨라 궁극에는 이런 문제를 해결할 수 있어" 하며 기술 긍정론을 설파한다. 다른 곤충은 "기다려봐! 병이 곧 꽉 찬다는 결론을 내리기에는 아직 증거가 부족하단 말이야"라며 회의론을 제기한다. 그리고 다른 곤충 중에서는 "미래를 예상한다는 것은 너무 불확실해", "행동을 취하기에는 너무 성급해"라며 아직 모든 것이 불확실하다며 신중론을 제기한다. 그러던 순간 어느 똑똑한 곤충이 마침내 자신들에게는 2분만 남았다는 것을 계산해낸다. 그렇다면 지금 시간은 언제일까? 밤 11시 58분이다.

그리하여 곤충들은 새로운 비커를 찾기 위해 모든 가능한 에너지와 자원을 투입했다. 그리고 기적적으로 11시 59분에 새로운 비커 3개를 찾아냈다. 곤충들은 기적적으로 새로운 비커 3개를 발견한 것에 축배를 들었다. 그렇다면 이들이 번 시간은 얼마나 될까? 단 2분뿐이다.

기후시계(Climate Clock)라는 것이 있다. 이 책에서 줄곧 강조한 인류가 지속가능하게 살 수 있는 평균기온 상승 폭 1.5℃까지 남은 시간을 나타내는 시계다. 2023년 1월 현재 1.5℃까지는 6년 180여 일이 남았다. 기후시계가 6년 정도밖에 남지 않은 시점에서 인류도 이런 모습이지 않을까 싶다.

누군가는 기후변화에 대한 과학적 근거가 아직도 부족하다고 한다. 누군가는 기후변화는 사실이나 막는 것은 불가능하고 이미 늦었기에 포기하자고 한다. 누군가는 기술발전 속도가 너무 빠르기에 언젠가는 기후변화 문제는 알아서 해결될 것이라도 한다. 그러나 우리는 기적적으로 새로운 지구 3개를 찾는 것은 불가능하다. 우리에겐 절대적 시간이 얼마 남지 않았다.

이 책은 과거 세대와 현재 세대가 배출한 온실가스 때문에 기후 변화 피해를 받을 미래 '기후피해세대'를 위한 책이지만, 그 이면은 현재 세대의 행동을 변화시키기 위한 '어른들을 위한 기후변화 지침서'다. 왜냐하면 미래 세대가 우리의 나이가 됐을 경우 이미 임계점을 넘어 과거 상태로 절대로 돌이키지 못할 수도 있기 때문이다. 기후변화를 막기 위한 노력은 다음 세대가 사회의 중심이 될 미래에 그들이 기후변화를 막아야 하는 것이 아니라, 현재 세대의 어른들이 지금부터 변화를 만들어가야 한다. 그렇기에 어른들이 지금부터라도 적극적인 노력을 시작해야 한다.

2022년 11월에 이집트 샤름 엘 셰이크에서 열린 제27차 당사국총회(COP27)에 다녀왔다. COP27은 원래의 기간을 2일이나 연장한 끝에 개발도상국과 최빈국에 대한 기후변화 '손실과 피해' 보상방안을 합의했다. 이러한 협상 결과는 가나의 10대 기후활동가의 노력에 따른 결과이기도 하다. 또한 협상장 밖 '어린이 및 청년 전시장(Children and Youth Pavilion)에서는 다음 세대들이 현재 세대의 노력을 촉구하고 있었으며, 청년들이 행사장 곳곳에 앉아 자신들의 미래를 위해 진지하게 토론하는 모습을 보았다. 다음 세대는 스스로 미래를 만들어가고 있다.

기후변화가 변화시킬 미래는 아직도 불확실하다. 우리는 산업화 이후 1℃ 상승의 '미래'를 이미 겪고 있으나, 2℃, 3℃ 더 나아가 6℃

까지 상승한 지구의 변화는 아직까지 불확실한 것은 사실이다. 그러나 지구온난화와 기후변화가 발생하는 것은 사실이며, 이상기후의 급증과 생물다양성 파괴가 곳곳에서 발생하는 것 또한 사실이다. 이러한 현실에서 우리는 무엇을 할 것인가? 막연한 무한 긍정론으로 남들이 혁신적으로 온실가스를 감축하는 기술을 개발해줄 때까지 기대하며 '무임승차'를 할 것인가? 언제가 될지 모를 그 미래를 기다리는 동안 기후변화는 나에게, 우리에게, 모두에게 피해를 줄 것이다. 누군가가 온실가스 감축기술을 개발해도 그때까지 생존해 있어야 그 혜택도 누릴 수 있다.

이 책은 미래에 대한 무한한 긍정론도 아니고, 무한한 부정론도 아니다. 다만 기후변화에 대한 진실 앞에서 우리는 똑바로 정신을 차리고 미래를 위해 대비하고 준비해야 한다는 경각심을 일깨워주기 위한 것이다.

이 책에서 살펴보았듯이 이미 기후변화는 과학, 정치, 경제, 사회, 문화, 역사, 자원, 금융, 투자, 교육 등 우리에게 전방위적인 영향을 미치고 있으며, 우리는 현재 기후변화와 떼려야 뗄 수 없는 삶을 살고 있다. 그리고 시간이 갈수록 기후변화가 우리의 삶에 미칠 강도와 범위는 더욱 넓어질 것이다.

이제 우리는 마지막일지 모를 선택을 해야 한다. 2050년 탄소중립 혹은 넷제로 경로를 맞추기 위해 최대한으로 노력해서 온실가스 배출 속도를 늦출 것인지, 현재까지 우리가 누려온 생활방식을 유지하는 대신 기후피해를 받을 것인지 말이다. 아니면 그 중간 어디쯤을 선택하는 삶을 살 것인지 말이다. 극단적으로 지금 당장 배출하는 온실가스를 0으로 만들면 좋겠지만 이러한 선택지는 없다. 혹여 지금 당장 배출하는 온실가스를 0으로 만들더라도 현재까지 배출된 온실가스의 기후관성으로 기후변화는 한동안 계속될 것이다.

정부와 기업은 이미 움직이기 시작했다. 국제사회는 파리협정을 준수하기 위한 합의를 도출했으며 전 세계 주요 국가들은 탄소중립 목표를 설정하면서 구조적 전환을 준비하고 있다. 기업은 희비가 갈리고 있다. 내연기관 자동차 회사들은 전기차 및 수소차 생산체계를 마련하고 있으며, 자본시장의 돈은 친환경 기업에 몰리고 있다. 반면, 전통적으로 온실가스 배출이 많은 발전, 철강, 시멘트, 석유화학 및 정유 업종은 저탄소 혹은 무탄소 생산기술 개발을 서두르고 있다. 기업의 명운이 걸린 문제다.

개인도 변해야 한다. 개인의 생활 속 실천도 중요하다. 정부가 아무리 많은 예산을 투입하여 재정지원과 인프라를 구축하더라도 개인이 이용하지 않으면 정책은 실패한다. 또한 기업이 아무리 저탄소 상품을 개발하더라도 소비자가 구매하지 않으면 생산을 중단할 수밖에 없을 것이다. 개인들은 정부가 구축하는 저탄소 인프라를 적극적으로 활용해야 한다. 저탄소 제품을 생산하는 기업의 제품을 적극적으로 구매하여 저탄소 기업의 생산활동을 독려해야 한다.

이젠 전방위적으로 펼쳐지는 기후변화 영향 속에서 슬기롭게 살아남기 위한 방안을 고민해야 한다. 기후변화로 일자리가 바뀔 것이며, 투자 지형이 바뀔 것이기 때문이다. 그리고 우리의 라이프스타일도 극단적으로 바뀔 것이다. 우리 세대가 해야 할 일은 다음 세대들이 생활 속에서 자연스럽게 극한기후 속에 살아남을 수 있도록 생존력을 높여주는 것이다. 우리는 이미 알게 모르게 실생활에서 기후변화에 생존하기 위한 길을 가고 있는지도 모른다.

기후변화의 영향이 방대한 만큼 이 책에서 다루는 주제도 방대하다. 한정된 지면에 모든 것을 담기 어려워 아쉬운 점도 있다. 그렇기에 더 심도 깊은 이야기를 나누기를 원하는 독자도 있을 것이다. 이를 위해 저자의 이메일이나 블로그를 통해 소통의 채널을 열어놓았다.

이 책에서 내용상, 편집상 아쉬운 점을 느낀다면 전적으로 저자의 잘못이니 너그럽게 양해 부탁드린다. 짧은 책이지만 이 책이 더 나은 세상을 만들기 위한 여러분의 시작에 도움이 되기를 바란다. 그리고 다음 세대를 위하여 하루하루 최선을 다해 현실에서 싸우는 이 시대의 독자들에게 진심으로 감사드린다.

마지막으로 이 자리를 빌려 감사하다는 말씀을 전하고 싶은 분들이 있다. 더불어 사는 삶(生)을 알려주신 양석진 선생님, 더 나은 세상을 만들기 위한 일(業)의 방향을 알려주신 이우균 교수님, 다음 세대를 위한 길(路)을 알려주신 박호정 교수님께 감사드린다. 이

책이 나오기까지 아낌없는 지원을 해주신 퍼블리온 출판사 박선영 대표님과 이효선 편집장님께 감사드린다. 그리고 두 아이를 사랑으로 키우고 있는 아내에게도 사랑한다고 전하고 싶다.

1부 기후변화를 마주한 인류

1 권현경, "2020년 출생아 수 27만 2300명…평균 출산 연령 엄마 33.1세",
〈베이비뉴스〉, 2021.08.25.

2 IPCC, Global Warming of 1.5℃, 2018.

3 한국대기환경학회 대기환경용어사전

4 IPCC 누리집 (https://archive.ipcc.ch)

5 조은비, "뉴질랜드, 메탄 발생하는 가축 트림에 '비용 부과' 추진", 〈뉴스
펭귄〉, 2022.06.10.

6 Our World in Data 누리집 (https://ourworldindata.org)

7 기상청, 〈우리나라 109년 기후변화 분석 보고서〉, 2021.

8 Thompson, The impacts of warming on rapidly retreating high-
altitude, low-latitude glaciers and ice core-derived climate records,
2021.

9 이근영, "열대지방 고산지대의 만년설이 사라지고 있다", 〈한겨레〉,
2021.06.29.

10 심재율, "영구 동토층 해빙으로 지구온난화 빨라져", 〈The Science Times〉,
2020.02.07.

11 이정호, "북극 영구동토서 탄소 매년 17억톤 방출…'시한폭탄' 불은 댕겨
졌다", 〈경향신문〉, 2019.11.17.

12 임애신, "한반도, 물에 잠겨간다. 해수면 30년간 9.1cm 상승", 〈이데일리〉,
2021.12.20.

13 박동민·이윤식·고보현, "해운대 백사장의 실종…축구장 3개 면적 사라져", 〈매일경제〉, 2021.10.22.

14 이후림, "북극 해빙, 한반도 면적 8배 사라졌다", 〈뉴스펭귄〉, 2021.03.31.

15 송경은, "지구온난화 여파? 엘니뇨로 남극 빙하 방어막 무너진다", 〈동아사이언스〉, 2018.01.09.

16 한준규, "빙하 녹는 속도 빨라져… 한국 100년 뒤 서울 면적 1.6배 바다로", 〈서울신문〉, 2019.02.18.

17 조홍섭, "실제 산호초에서 실험해보니…기후변화 '산성화 효과' 심각했다", 〈한겨레〉, 2018.03.15.

18 한종구, "세계 최대 산호초지대서 산호 절반 사라져…수온상승 여파", 〈연합뉴스〉, 2020.10.14.

19 김기범, "세계 최대 산호초 '그레이트배리어리프'에서 역대 최악의 백화현상, 기후변화로 산호초 대량 폐사", 〈경향신문〉, 2020.04.08.

20 차근호, "탄소배출 증가로 바다가 산성화되고 있어요", 〈연합뉴스〉, 2022.03.19.

21 Katy Watson, "환경 파괴: '지구의 허파' 아마존, 산림파괴 15년만에 최대", 〈BBC Korea〉, 2021.11.20.

22 WWF 누리집 (https://www.worldwildlife.org/places/amazon)

23 IPCC, The 4th Assessment Report, 2007.

24 IPCC, The 5th Assessment Report, 2014.

25 에너지관리공단, 〈탄소중립 가이드라인〉, 2014.

26 IPCC, Global Warming of 1.5℃, 2018.

27 관계부처 합동, 신기후체제 협상 극적 타결…"파리 협정" 채택, 2015.12.12.

28 UNFCCC, 파리협정 제2조.

29 강영두, "트럼프, 파리기후협정 탈퇴 공식발표…'오늘부터 전면 이행중단'", 〈연합뉴스〉, 2017.06.02.

30 천권필, "0.5도에 지구 운명 바뀐다…IPCC '1.5도 특별보고서' 채택", 〈중앙일보〉, 2018.10.08.

31 Climate Initiative Platform 누리집 (https://climateinitiativesplatform.org)

32 Megan Darby · Isabelle Gerretsen, "Which countries have a net zero carbon goal?", 〈Climate Home News〉, 2019.06.14.

33 Net Zero Tracker 누리집 (https://zerotracker.net)

34 https://www.visualcapitalist.com/sp/race-to-net-zero-carbon-neutral-goals-by-country/

35 국무조정실, 신기후체제 출범에 따라 효율적 기후변화대응을 위한 국가 차원의 중장기 전략과 정책방향 제시, 2016.12.06.

36 환경부, 2030 온실가스 감축 로드맵 수정안 및 2018~2020년 배출권 할당계획 확정, 2018.07.14.

37 2050탄소중립녹색성장위원회, "윤 정부, 탄소중립·녹색성장 비전과 추진 전략 발표", 〈2050탄소중립녹색성장위원회 보도자료〉, 2022.10.26.

38 조성란, "팜투어가 꼽은 '내년 봄 인기 신혼여행지 베스트 6'", 〈투어코리아〉, 2021.11.02.

39 천권필, "이대로면 나라가 사라질 판…산호 위 5만 도시 쌓은 몰디브", 〈중앙일보〉, 2021.04.12.

40 권이선, "아름다운 풍경 사진처럼 보이십니까", 〈세계일보〉, 2015.07.17.

41 조일준, "'수몰위기' 섬나라 투발루 이번엔 물부족 비상 선포", 〈한겨레〉, 2011.10.04.

42 외교부, "제27차 유엔기후변화협약 당사국총회(COP27) 폐막", 〈외교부 보도자료〉, 2022.11.20.

43 국가기후변화적응포털 누리집 (https://kaccc.kei.re.kr)

44 https://journals.openedition.org/cybergeo/25297

45 영주 닐슨, "최고 직장 골드만삭스의 지옥 인터뷰", 〈조선비즈〉, 2013.05.31.

46 조유라·이윤태, "기후변화, 貧國-빈곤층에 직격탄… '貧者'에 대한 비양심적 공격'", 〈동아일보〉, 2019.07.13.

47 강지원, "32만톤 담는 '신월 빗물터널' 덕에 양천구 침수 피해 없었다", 〈한국일보〉, 2022.08.11.

48 김윤주, "빗물터널 백지화, 강남 물난리 키웠다", 〈조선일보〉, 2022.08.10.

49 오달란, "기후위기 불평등…저개발국·사회적 약자에게 더 가혹", 〈서울신문〉, 2021.10.18.

50 김민제, "세계 어린이 10억명, 기후변화로 극한 위험에 내몰렸다". 〈한겨레〉, 2021.08.23.

51 Thery, Intergenerational inequities in exposure to climate extremes, 2021.

2부 기후변화가 뒤흔들 세상

52 환경부, "지구 온도가 1℃ 오르면?…기후변화 시나리오", 〈대한민국 정책 브리핑〉, 2019.09.23.

53 기상청, 《우리나라 109년 기후변화 분석 보고서》, 2021.

54 강찬수, "한반도서 가장 긴 계절…온난화 탓에 겨울 제치고 여름이 차지", 〈중앙일보〉, 2019.11.15.

55 통계청, 기후변화에 따른 주요 농작물 주산지 이동현황, 2018.04.10.

56 정상원, "벌벌 끓는 지구, 한반도 어상지도가 바뀐다-2021 어종 변화 보고서", 〈현대해양〉, 2021.09.08.

57 차근호, "[기후 위기와 해양] ⑦ 달라진 어장지도…'국민생선'된 난류성 어종 고등어", 〈연합뉴스〉, 2022.03.05.

58 백진엽, "가을전어 아니라 여름전어?…지구온난화가 바꾼 밥상", 〈뉴스트리〉, 2022.08.17.

59 박지호, "[픽!제주] '더 화려해졌다'…서귀포 바다 아열대 어종↑", 〈매일경제〉, 2021.11.02.

60 통계청, 기후변화에 따른 주요 농작물 주산지 이동현황, 2018.04.10.

61 김문기, "관광객 1000만명 돌파…제주관광 '청신호'", 〈제주일보〉, 2022.09.26.

62 이정호, "200년만에 육지 쪽으로 800m 밀린 조선시대 염전 위치…이유는?", 〈경향신문〉, 2021.10.26.

63 이근영, "토착 조개류 95% 멸종, 열대종 번성…지중해의 기후변화 증거", 〈한겨레〉, 2021.01.10.

64 김정연, "빨간 사과 없는 2100년 추석 차례상…'제주산' 대신 '강원산' 감귤 오른다", 〈중앙일보〉, 2020.09.21.

65 시오도어 듀머스, 《내일은 못 먹을지도 몰라》, 롤러코스터, 2021.

66 국제커피기구(ICO) 누리집 (https://www.ico.org)

67 이용성, "세계 최대 커피생산국 브라질 덮친 한파에 원두가격 '급등'", 〈조선비즈〉, 2021.07.22.

68 곽노필, "기후위기에 내몰린 위기의 커피산업 구할 커피종 찾았다", 〈한겨레〉, 2021.04.20.

69 정석원, "커피도 멸종 위기? 기후변화가 세계 커피 생산량 감소 초래",

70 헬렌 브릭스, "기후 변화: 따뜻한 곳에 서식하는 '미래형' 야생 커피 찾았다", 〈BBC코리아〉, 2021.04.21.

71 시오도어 듀머스, 《내일은 못 먹을지도 몰라》, 롤러코스터, 2021.

72 Italian Wine Central 누리집 (https://italianwinecentral.com)

73 유성호, "세계 와인 생산량, '기후 문제'로 3년 연속 하락세…사상 최저 수준", 〈소믈리에타임즈〉, 2021.11.09.

74 박주영, "프랑스, 최악의 냉해로 와인산지 '농업재해' 선포", 〈한국일보〉 2021.04.15.

75 이민선, "기후변화에 이상 기후까지…작물 지도가 바뀐다", 〈그린포스트코리아〉, 2021.04.30.

76 Italian Wine Central 누리집 (https://italianwinecentral.com)

77 신수지, "기후변화가 바꿔버린 포도맛…기온이 오르면 와인 도수도 오른다", 〈조선일보〉, 2021.09.03.

78 천권필, "360도로 본 충격 장면, 한라산 크리스마스 나무의 죽음", 〈중앙일보〉, 2020.02.22.

79 오수정, "100년 이상 나무들이 쓰러져 간다, '크리스마스 트리' 제주 구상나무 멸종 위기", 〈FT스포츠〉, 2021.09.27.

80 유소민 외, 기후변화에 따른 멸종위기 침엽수종 분포 변화 예측, 2020.

81 공우석 외, 한반도 주요 산정의 식물종 분포와 기후변화 취약종, 2014.

82 박소아, "산꼭대기로 내쫓긴 빙하기 꼬마 나무 더는 갈 곳이 없다", 〈한겨레〉, 2020.06.29.

83 안영인, "2070년대…개나리·진달래 축제는 2월에, 벚꽃축제는 3월에 열린다?", 〈SBS〉, 2019.03.23.

84 김진희, 신 기후변화시나리오 조건에서 한반도 봄꽃 개화일 전망, 2013.

85 임예신, "한반도, 물에 잠겨간다…해수면 30년간 9.1cm 상승", 〈이데일리〉, 2021.12.20.

86 문정임, "30년간 제주 해수면 15cm 높아졌다", 〈국민일보〉, 2021.10.07.

87 박동민·이윤식·고보현, "해운대 백사장의 실종…축구장 3개면적 사라져", 〈매일경제〉, 2021.10.22.

88 환경부, "기후변화로 생태계 몸살", 〈환경부 보도자료〉, 2010.11.04.

89 이정호, "200년만에 육지 쪽으로 800m 밀린 조선시대 염전 위치…이유

는?", 〈경향신문〉, 2021.10.26.

90 해양수산부, 연안포털 누리집

91 해양수산부, 2020년도 연안침식 실태조사 결과, 2021.

92 해안수산부 보도자료, "연안침식 막을 10년 계획 준비 완료!", 해양수산부, 2020.06.03.

93 차창희, "'억소리' 침수㈜ 보상…보험㈱ 악재 아니라는데", 〈매일경제〉, 2022.08.10.

94 스위스리 시그마 익스플로러 누리집 (https://www.sigma-explorer.com)

95 Howard·Sylvan, Gauging Economic Consensus on Climate Change, 2021.

96 조남준, "전 세계 경제학자 730여명, '기후변화 대응 더딜수록 비용만 커져'", 〈에너지데일리〉, 2021.03.30.

97 Swiss Re Institute, The economics of Climate change-no action no an option, 2021.

98 윤연정, "스위스리 한국지사장, '韓, 기후변화 방치하면 GDP 13% 손실'", 〈서울신문〉, 2021.11.12.

99 이재형, 배출권거래제도, 2015.

100 한국전력공사 누리집 (https://cyber.kepco.co.kr)

101 신에너지 및 재생에너지 개발·이용·보급 촉진법 시행령 [별표 3] 연도별 의무공급량의 비율

102 한국소비자원, 녹색표시 그린워싱 모니터링 및 개선, 한국소비자원, 2012.

103 지현영, "그린워싱 구별법과 규제방안", 《월간참여연대》, 2021.10.03.

104 이율, "EU, 원자력·천연가스 발전 '녹색'으로 분류", 〈연합뉴스〉, 2022.01.02.

105 김윤종, "EU '원전 없인 탄소중립 달성 어려워' 원전-천연가스, 친환경에너지로 분류", 〈동아일보〉, 2022.07.08.

106 환경부, "한국형 녹색분류체계, 원전 포함 초안 공개", 〈환경부 보도자료〉, 2022.09.20.

107 산업통상자원부, "제5차 신재생에너지 기본계획(2020~2034) 발표, 〈산업통상자원부 보도자료〉, 2020.12.29.

108 환경부, "태양광 폐패널 등 미래 폐기물 재활용 체계 마련된다", 〈환경부 보도자료〉, 2018.10.01.

109 권선형, "산업부, 태양광모듈 재활용센터 준공···연간 3,600t 폐모듈 처리", 〈인더스트리뉴스〉, 2021.12.21.

110 안현덕·한민구, "이번에 산사태 왜이리 많나···주범은 '태양광 난개발'", 〈서울경제〉, 2020.08.09.

111 관계부처 합동, 2050 탄소중립 시나리오안, 2021.10.08.

112 이호, 환경규제의 새 길잡이, 전과정평가(LCA), 2021.

113 키움증권 리서치센터, 중국기업분석-강봉리튬, 2021.06.18.

114 이상원, "전기차 배터리, 심각한 인권유린, 환경재앙 불러온다. 국제앰네스티 보고서", 〈M Auto〉, 2019.04.02.

115 이해도, "친환경 전기차의 두 얼굴", 〈KBS〉, 2021.12.18.

116 김보민, "친환경 전기차의 딜레마···'배터리 생산·폐기 과정서 환경오염 유발'", 〈New Quest〉, 2021.03.04.

117 김재경, 전기차 사용후 배터리 거래시장 구축을 위한 정책연구, 2018.

118 이세아, "텀블러 220번 써야 일회용컵보다 나은데···재사용률 20% 그쳐", 〈여성신문〉, 2021.10.24.

3부 우리는 미래를 바꿀 수 있다

119 미국 에너지정보청 누리집 (https://www.eia.gov)

120 박호정, 《탄소전쟁》, 미지북스, 2015.

121 한국에너지공단, 셰일혁명을 통해 바라본 셰일자원의 현황과 전망, 2018.

122 IEA, World Energy Outlook 2021, 2021.

123 네옴(NEON) 누리집 (https://www.neom.com/en-us)

124 선한결, "脫석유 나선 사우디···'사막의 실리콘밸리'에 5000억弗 투입", 〈한국경제〉, 2019.12.08.

125 전승렬, 2021년 사우디아라비아 프로젝트 시장동향 및 전망, KOTRA, 2021.11.30.

126 IIEA, World Energy Outlook 2021, 2021.

127 MGI, The Net-zero Transition, 2022.

128 차민주, "연간 5.7조달러도 부족하다고?···맥킨지가 전망하는 '넷제로' 비용", 〈뉴스트리〉, 2022.01.08.

129 김능현, "현대차, 2040년부터 내연車 국내판매 중단", 〈서울경제〉,

2021.09.06.

130 현대자동차, "현대자동차, '2045년 탄소중립' 선언", 〈현대자동차〉, 2021.09.06.

131 한국전력공사, 한국전력통계, 2021.

132 산업통상자원부, 제9차 전력수급기본계획, 2020.12.28.

133 전력거래소 누리집

134 성은숙, "CES 2023은 우리 기업 '친환경 경연장'", 〈뉴스펭귄〉, 2023.01.03.

135 Priyamvada Mathur, Why investors are raising climate tech funds at a torrid pace, 〈Pitch Book〉, 2021.01.20.

136 안소영, "인공위성·AI·라이다로 전 세계 숲과 탄소 데이터 분석", 〈조선 비즈〉, 2020.12.22.

137 그리니엄, "기업의 재테크인 숲테크 '파차마'", 〈그리니엄〉, 2021.08.04.

138 임수정, "이산화탄소를 돌로 만드는 세계 최대 DAC 공장 건설", 〈이코노 미조선〉, 2020.12.14.

139 관계부처 합동, 수소경제 활성화 로드맵, 2019.01.17.

140 노정연, "현대차그룹, 수소연료전지 조직 확대 개편…'수소 경쟁력 강화'", 〈경향신문〉, 2021.11.19.

141 박준호, "쿠팡, 11톤급 '친환경 수소화물차' 시범 도입", 〈전자신문〉, 2021.12.23.

142 박진호, "충전소 찾아 100km…수소차 산 사람들 주차장서 한숨 쉰다", 〈중앙일보〉, 2019.09.01.

143 최연영, "인천 동구 '연료전지발전' 주민 갈등 딛고 본격 가동" 〈가스신문〉, 2021.07.02.

144 송현수, "바닷물로 수소 생산·저장하는 시스템 나왔다", 〈부산일보〉, 2021.11.24.

145 이새봄·이종화, "안전성 1만배 높인 '꿈의 원전' SMR…탄소중립 핵심 대 안으로", 〈매일경제〉, 2021.06.17.

146 황민규, "빌 게이츠, 2024년부터 차세대 원전 SMR 건설 본격 추진", 〈조 선비즈〉, 2021.11.17.

147 우상규, "SK그룹, 美 테라파워 투자로 '넷제로' 전략 탄력", 〈세계일보〉, 2022.08.16.

148 전국경제인연합회, SRM(소형모듈원전) 주요국 현황과 한국의 과제, 〈Global Insight〉, 2021.06.24.

149 이훈, "미래 먹거리 '소형모듈원자로(SMR)' 시장 확대 본격 시동", 〈전기저널〉, 2021.05.07.

150 한우람, "두산중공업, 소형원전의 TSMC 노린다", 〈매일경제〉, 2021.05.19.

151 주성호, "52년 전 그린 만화 '예언서인 줄'…화상폰·전기차 모두 등장", 〈News1뉴스〉, 2017.04.21.

152 에너지경제신문, "신재생E 계절별 '들쭉날쭉' 발전시간…태양광 '봄' 풍력 '겨울' 가장 많아", 〈에너지경제〉, 2021.02.03.

153 이지윤, "텍사스주 블랙아웃에도 불 밝힌 유일한 집…비결은 테슬라 ○○○", 〈머니투데이〉, 2021.03.02.

154 이경아, "2030년 자동차 대전환…내연기관차 저물고 전기차 떠오른다", 〈매일경제〉, 2021.09.07.

155 배진용, "2020년부터 본격적인 전기차 시대가 펼쳐진다", 〈테크월드〉, 2020.04.13

156 김기중, "서울~부산 20분 만에…머스크의 상상이 10년후 현실로", 〈한국일보〉, 2020.12.19.

157 곽노필, "머스크의 세번째 야심작, 땅속 '터널루프' 개통했지만…", 〈한겨레〉, 2021.06.14.

158 국토교통부, 〈교통부문수송실적보고〉, 2020.

159 김성진, "포항 CCS사업 '지진과 무관' 조사결과에도 재개 결정 늦춰", 〈연합뉴스〉, 2019.05.24.

160 관계부처 합동, 이산화탄소 포집·활용(CCU) 기술혁신 로드맵(안), 2021.06.15.

161 이대수, CO_2 저장기술 개요, 〈전기저널〉, 2011.05.16.

162 박기락, "가스 다 뽑아낸 동해가스전에 온실가스 저장, 산업부 '9500억원' 예타 추진", 〈News1〉, 2021.11.18.

163 임수정, "이산화탄소를 돌로 만드는 세계 최대 DAC 공장 건설", 〈이코노미조선〉, 2020.12.14.

164 김윤화, "탄소포집기술에 1억 달러 내건 머스크…대회는 참가자들 열기로 '후끈'", 〈녹색경제신문〉, 2021.12.28.

165 이상석, "빌 게이츠 기후펀드, 청정기술에 18조원 투자…탄소포집·그린

수소 등 주력", 〈오피니언뉴스〉, 2022.01.11.

166 해양수산부, "온실가스를 줄이는 파란 신호 '블루카본'", 〈대한민국 정책
브리핑〉, 2020.11.05.

167 IPCC, 2019 Refinement to the 2006 IPCC Guidelines for National
Greenhouse Gas Inventorie, 2019.

4부 미래 세대를 위해 어떤 유산을 남겨줄 것인가

168 시흥신문, "나라별 기후변화교육", 〈시흥신문〉, 2020.08.26.

169 윤은지, "2018 서강대 모의 논술 어떻게 나왔나. '환경문제와 기후협약'",
〈베리타스〉, 2017.09.29.

170 한겨레·초록우산어린이재단, 기후변화와 나의 생활환경 인식조사, 2020.

171 서금영·김우현·김현아·이재형, 우리나라 청소년의 과학기술과 환경, 기
후변화 관련 인식 연구, 2013.

172 ILO and UNEP, Green Jobs: Toward decent work in sustanable,
low-carbon world, 2008.

173 IRENA, Renewable Energy and Jobs-Qnnual Review 2021, 2021.

174 산업통상자원부·한국에너지공단, 2020년 신·재생에너지 산업통계,
2021.12.

175 이동재, "해줌, 태양광 발전량 예측하는 앱 출시…예상 수익 확인도",
〈HelloT〉, 2021.10.25.

176 차민주, "연간 5.7조 달러도 부족하다고?…매킨지가 전망하는 '넷제로' 비용",
〈뉴스트리〉, 2022.01.08.

177 IRENA, World Energy Transitions Outlook: 1.5°C Pathway, 2022.

178 여인규, "2050년 세계 신재생E 일자리 4,300만개 전망", 〈칸〉,
2022.01.21.

179 IEA, Net Zero by 2050, 2021.

180 정귀일, 앞으로 다가올 수소경제의 미래-주요국 정책 동향과 시사점을
중심으로, 〈Trade Focus〉, 한국무역협회, 2020.10.

181 Hydrogen Council, Hydrogen scaling up, 2017.

182 관계부처 합동, 《수소경제 활성화 로드맵》, 2019.01.17.

183 산업통상자원부, 수소경제 활성화 로드맵 수립 연구, 2019.

184 관계부처 합동, 〈한국판 뉴딜〉 종합계획, 2020.07.14.

185 나눔과기술, 《36.5도의 과학기술 적정기술》, 허원미디어, 2015.

186 스미스소니언 연구소, 《소외된 90%를 위한 디자인》, 에딧더월드, 2019.

187 백선기, "크리스마스 선물로 '솔라카우' 어때요?", 〈이로운넷〉, 2020.11.17.

188 CES 누리집 (https://www.ces.tech)

189 이재형, 배출권 가격 불확실성을 고려한 고효율 쿡스토브 보급사업 실물 옵션 연구, 2019.

190 이경탁, "SK 텔레콤, 미얀마 쿡스토브 보급…SK 관계사 11개 동참", 〈조선비즈〉, 2019.11.14.

191 이재형, 한국의 탄소중립 대응 현황, 〈대전세종포럼〉, 2021년 가을호.

192 한국거래소, 온실가스 배출권시장 개장일 거래현황, 2015.01.12.

193 온실가스종합정보센터, 2018 배출권거래제 운영결과 보고서, 2020.

194 환율 : 1달러=1,200원, 1유로=1.32달러

195 한국거래소 ETF 누리집

196 IEA, World Energy Outlook 2021, 2021.

197 IEA, Key World Energy Statistics 2020, 2020.

198 이근영, "기후변화로 10년 안에 옥수수 생산 14% 줄고, 밀 17% 증가", 〈한겨레〉, 2021.12.27.

199 황정환, "세계 식량가격지수, 14년 만에 최대폭 하락", 〈한국경제〉, 2022.08.07.

200 Kulp, Strauss, New elevation data triple estimates of global vulnerability to sea-level rise and coastal flooding, 2019.

201 클라이밋 센트럴 누리집 (https://coastal.climatecentral.org/)

202 정상훈, "우리 동네는 홍수 피해로부터 안전할까?", 〈그린피스〉, 2020.09.03.

203 이한태, "해양환경관리공단, 해수면 상승시뮬레이터 서비스 개시", 〈농수축산신문〉, 2012.03.12.

204 황선윤·강승우, "'바다 안 보인다' 방수벽 1.2m로 낮춰 피해 키운 마린시티", 〈중앙일보〉, 2016.10.07.

205 한국기후환경네트워크, 우리 가족의 탄소발자국, 2010.

206 한국기후환경네트워크 탄소발자국 계산기 누리집 (http://www.kcen.kr/tanso/intro.green)

207   신혜정, "한 끼 밥상의 탄소 배출량을 알아보세요", 〈한국일보〉, 2021.06.01.

208   환경성적표지 누리집 (http://www.epd.or.kr)

209   고성식, "고유종 '한라산 구상나무' 20년간 3그루 중 1그루 고사", 〈연합뉴스〉, 2019.11.29.

210   고현준, "한라산 구상나무, 고사목 45.9%…'심각'", 〈제주환경일보〉, 2014.06.13.

211   오수연, "SKT, '청정 우도 프로젝트' 맞손…연간 630만개 일회용 컵 줄인 나", 〈아시아경세〉, 2022.08.18.

212   박태준, "BMW, 중고 배터리로 전기차 충전소를…제주에 'e-고팡' 오픈", 〈전자신문〉, 2019.08.12.

213   e-기후변화교육센터 누리집 (https://educenter.kcen.kr)

214   서울시 환경교육포털 누리집 (https://ecoedu.seoul.go.kr)

기후피해세대를 넘어
기후기회세대로

1판 1쇄 발행 2023년 1월 30일

지은이   이재형
펴낸이   박선영

편집   이효선
마케팅   김서연
디자인   새와나무
발행처   퍼블리온
출판등록   2020년 2월 26일 제2022-000096호
주소   서울시 금천구 가산디지털2로 101 한라원앤원타워 B동 1610호
전화   02-3144-1191
팩스   02-3144-1192
전자우편   info@publion.co.kr

ISBN   979-11-91587-35-7 03300

※ 책값은 뒤표지에 있습니다.

이 도서는 한국출판문화산업진흥의 '2022년 중소출판사 출판콘텐츠 창작 지원 사업'의
일환으로 국민체육진흥기금을 지원받아 제작되었습니다.